L'atelie

MANGA 画

Tadashi Ozawa

MOUVEMENTS & EXPRESSIONS

fleurus manga

Illustrations :	Tadashi Ozawa
Maquette :	Ken Sasahara
Traduction :	Matthew Johnson
Édition :	Andy Grossberg
Responsable de l'impression :	Fred Lui
Assistant :	Eric Rosenberger
Édition en langue anglaise :	John Ott
Éditeur :	Hikaru Sasahara

L'atelier manga
Mouvements et expressions

Titre original en langue anglaise : *Let's Draw Manga – Bodies and Emotions*
Traduction : Virginie de Bermond-Gettle
Adaptation française et suivi éditorial : Sarbacane Design

Édition anglaise publiée par :
DIGITAL MANGA PUBLISHING
1487 West 178th Street, Ste.300
Gardena, CA 90248
www.dmpbooks.com
tél. : (310)817-8010
fax : (310)817-8018

Dépôt légal : avril 2007
1re édition – N° d'édition : 93885
ISBN : 978-2-215-09300-8
Imprimé en Italie par Stige
www.editionsfleurus.com

Sommaire

Pourquoi ce livre ?

L'anime et le manga japonais ont conquis un public international.

Un jour, à Los Angeles, un étudiant américain m'a confié sa frustration : selon lui, il fallait avoir du sang japonais pour être capable de dessiner des personnages de mangas. Voilà un préjugé courant parmi les non-Japonais. Et pourtant rien n'est plus faux ! Si vous avez réellement envie d'apprendre les secrets et les techniques des dessinateurs professionnels de mangas, votre code génétique n'a aucune importance.

Ce livre a pour but de vous transmettre les bases du dessin de personnages dans les styles manga et anime. Le mot « manga » désigne les bandes dessinées japonaises. Le mot « anime » (prononcez animé) est issu de l'abréviation du mot japonais « animééshon », transcription phonétique de l'anglais « animation ». Il qualifie un dessin animé d'origine japonaise. Nous emploierons systématiquement le mot « anime » dans ce livre, ainsi que celui d'« animateur » pour évoquer l'artiste spécialisé dans les dessins d'animation.

Lorsque vous dessinerez vos personnages en suivant les leçons présentées dans cet ouvrage, efforcez-vous de comprendre la démarche artistique des dessinateurs japonais. Au passage, je vous révélerai toutes les astuces que m'ont données mes professeurs lorsque je travaillais dans un studio d'animation au Japon.

C'est grâce à leurs conseils que j'ai pu trouver du travail dans ce secteur et devenir un professionnel du manga.

À votre tour, en assimilant le contenu de cet ouvrage, franchissez la première étape d'un voyage extraordinaire dans le monde de l'anime et des mangas !

À vos crayons !

Les secrets d'un bon croquis

Il est bien connu qu'avant de s'attaquer au dessin de personnages, mieux vaut s'être longtemps exercé avec des croquis. Les apprentis dessinateurs de mangas n'échappent pas à cette règle : ils ne cessent de dessiner des croquis d'après modèles, comme on le fait dans les écoles d'art traditionnelles. Au bout d'un certain temps, leur professeur cesse de leur donner des conseils et attend d'eux qu'ils tirent les leçons de leurs erreurs.

Cela dit, pour les dessinateurs de mangas et les animateurs, l'aptitude à dessiner d'après des modèles en plâtre n'est pas le plus important. Réfléchissez un instant. Selon les proportions réalistes, la hauteur de la tête est comprise sept à huit fois dans le corps humain. Or, dans les mangas il n'est pas rare de trouver des personnages d'une taille égale à seulement trois fois celle de la tête sans que cela choque le lecteur. En effet, ce dernier sait que ce dessin est réalisé selon les codes propres au manga.

D'ailleurs, les proportions sont souvent déterminantes pour le lecteur, qui aimera ou non un personnage pour sa taille et son apparence physique. Pourquoi ? Tout simplement parce qu'il s'agit d'un être de fiction. Dès lors, comment juger de ce qui est bon et de ce qui est mauvais ? Tout est affaire d'opinion personnelle.

Le test suivant a été réalisé au Japon. On a montré à un enfant qui ne parlait pas encore différentes reproductions du visage de sa mère, afin d'étudier ses réactions. Tout d'abord, on lui a présenté un visage maternel barbu, ensuite un visage maternel doté d'un troisième œil, enfin un visage n'ayant qu'un seul œil. Selon vous, lequel des trois portraits a déclenché le plus de réactions négatives ? Le troisième.

Par instinct, l'être humain attend d'un visage qu'il soit dessiné avec harmonie. L'enfant n'a pas semblé effrayé par l'image de sa mère portant la barbe. En revanche, celle du visage aux trois yeux et, encore davantage, celle à l'œil unique ont provoqué chez lui une vive inquiétude.

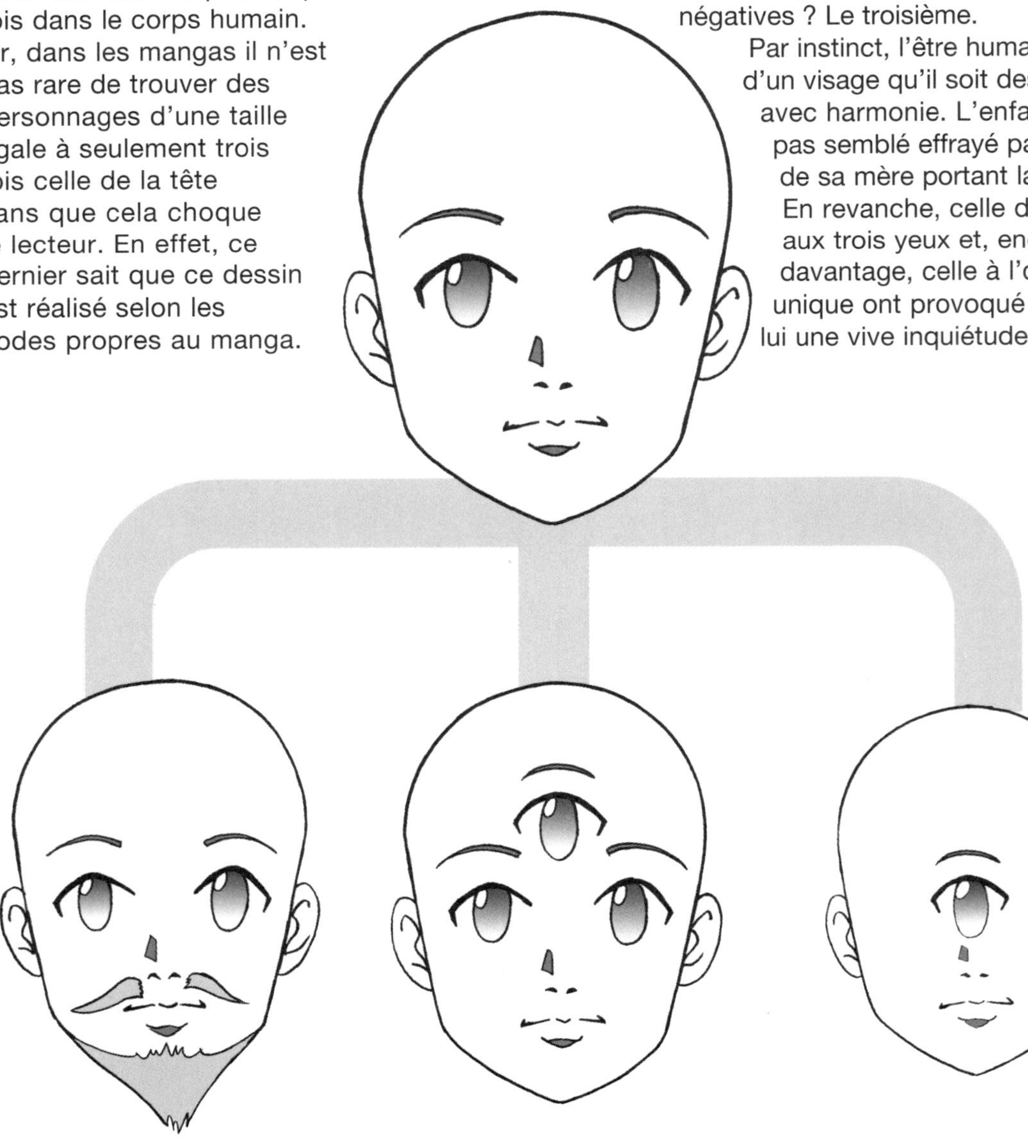

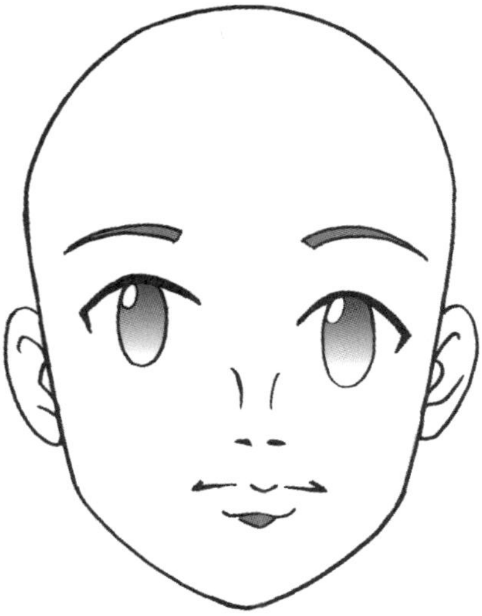

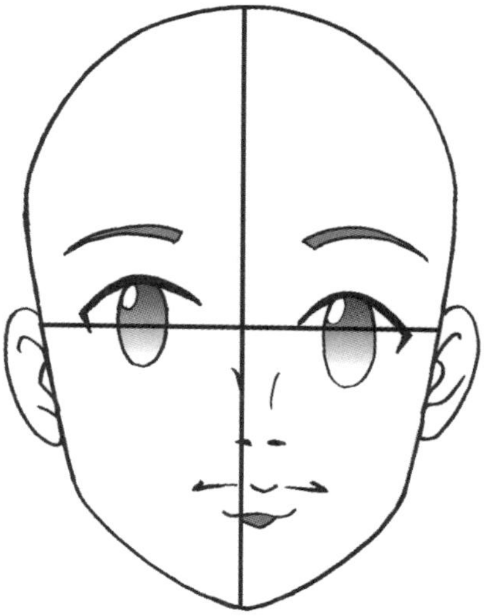

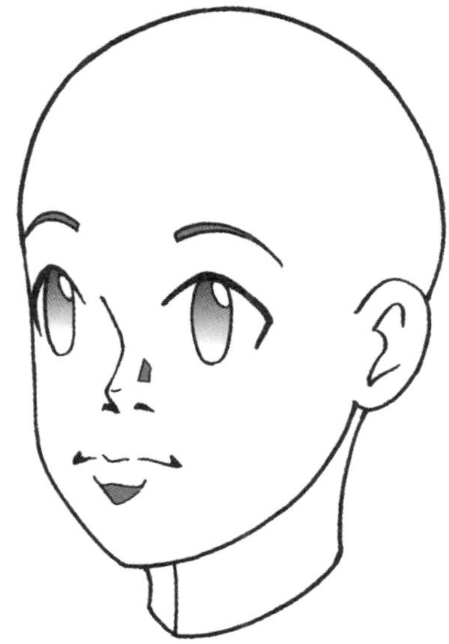

Il est vraisemblable que l'enfant aurait aussi pleuré face à un visage comportant bien deux yeux, mais disposés anormalement de part et d'autre du nez. Vous pouvez appliquer une méthode similaire pour tester la qualité de vos dessins. Que vous respectiez ou non les proportions du corps humain, si votre dessin manque d'équilibre, il sera mauvais.

L'équilibre est fondamental pour bien représenter les personnages. Les dessinateurs de mangas s'assurent d'en respecter les règles en effectuant des croquis d'après des figures en plâtre. Si vous ne parvenez pas à rendre l'équilibre des objets, vous ne pourrez pas dessiner correctement. Mais si vous maîtrisez cet aspect, votre talent s'épanouira en un rien de temps.

Si vous ne disposez pas de modèles en plâtre chez vous, vous obtiendrez des résultats similaires en copiant le croquis de quelqu'un d'autre. Les dessinateurs de mangas et d'anime ont passé leur enfance à reproduire les dessins des autres. Qui n'a jamais copié tel ou tel personnage de la bande dessinée qu'il était en train de lire ? Copier, c'est-à-dire reproduire l'original tel que vous le voyez, le plus fidèlement possible. Ceux qui sont devenus des professionnels n'ont cessé, au cours de leurs années d'apprentissage, d'imiter le travail des maîtres au moindre détail près. C'est cette attention au détail qui en fait de véritables experts du genre.

En d'autres termes, ces experts ont habitué leur œil à regarder le travail des autres dans les moindres détails. Si vous souhaitez apprendre à dessiner des mangas, vous devez en faire autant. En somme, quel que soit le style que l'on développe, pour bien dessiner, il ne suffit pas d'avoir du talent ou de la technique, il faut avant tout savoir observer.

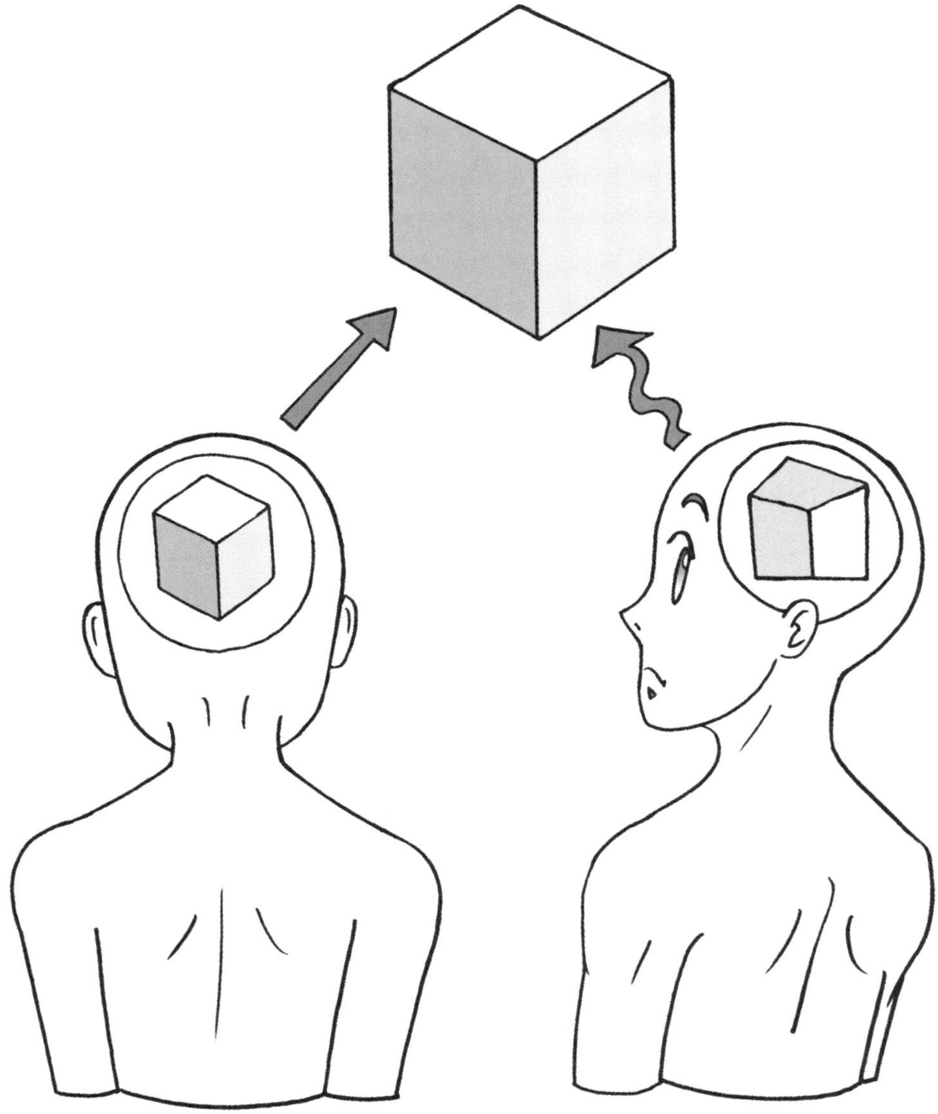

Quand deux dessinateurs regardent un même objet, ils ne le perçoivent pas de la même façon.

Vous verrez toujours le monde tel que vous voulez le voir. Il en va de même quand vous lisez un manga ou que vous regardez un anime. Certes, l'histoire compte, mais il faut aussi que les personnages et les machines soient rendus avec talent. C'est parce qu'ils sont originaux ou séduisants que vous appréciez une œuvre. Mais observons d'abord comment ces images sont dessinées.

Chapitre 1

La représentation des volumes

La technique des boîtes

Observez les différents niveaux de détail des images ci-dessous. Pour bien dessiner, il est indispensable d'apprendre à saisir l'aspect tridimensionnel des objets. Entraînez-vous à représenter des boîtes en trois dimensions. Par définition, le dessin se limite d'abord à un plan à deux dimensions, auquel les dessinateurs donnent l'illusion du volume. Aussi sympathique que soit votre personnage, si vous n'arrivez pas à créer cette illusion de volume, vous ne progresserez pas.

Essayez de vous rappeler votre enfance et ce que vous aimiez dessiner. Quand vous représentiez une voiture, vous vous contentiez sans doute d'une vue de profil et donc d'un objet plat équipé de deux roues. Puis vous avez fait des progrès et peut-être cherché à dessiner des voitures sous différents angles. Vous ne vous en rendiez pas forcément compte, mais vos dessins donnaient d'autant plus l'illusion de la réalité que vous parveniez petit à petit à mieux exprimer les volumes.

La technique des boîtes est essentielle pour réaliser des dessins complexes et permet des progrès rapides. Les croquis ci-dessous vous montrent qu'une voiture ou un char ne sont d'abord qu'un empilement de boîtes. Le reste n'est que détails.

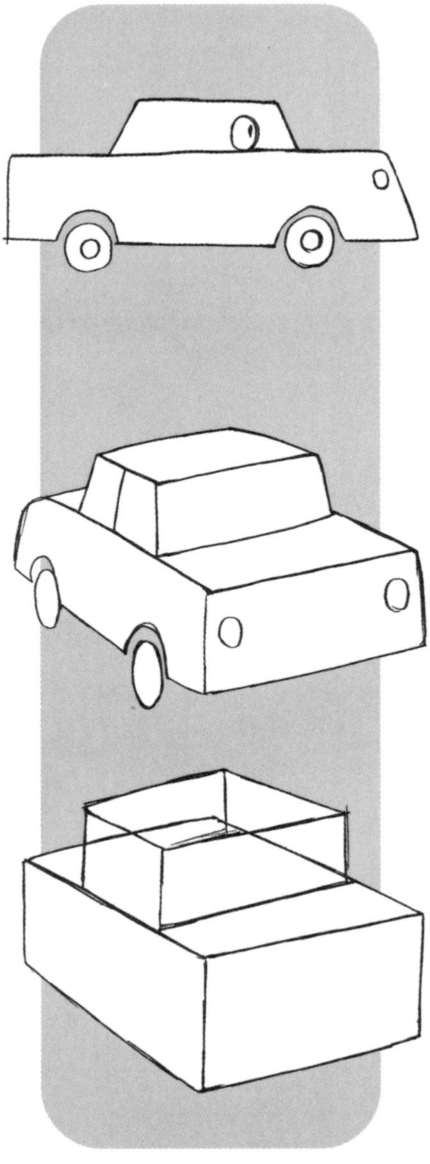

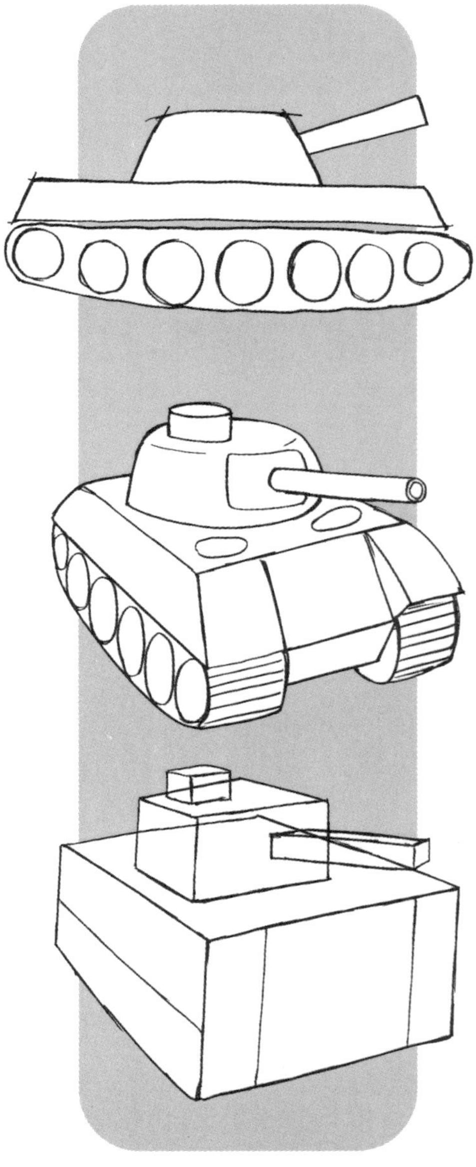

Même les pros l'utilisent !

Que l'on soit débutant, diplômé d'une école d'art ou professionnel, est-il plus facile de représenter des personnages ou des machines ? Vous connaissez la réponse car vous réussissez probablement mieux les machines que les êtres humains. Il est vrai que les machines conviennent bien aux débutants car, contrairement aux personnages, elles ne se contorsionnent pas et n'affichent pas d'émotions.

L'expérience montre que ceux qui font preuve de talent pour dessiner des machines sont tout aussi doués pour créer des personnages. À l'inverse, ceux qui ne savent pas dessiner les machines n'ont pas plus de succès avec les personnages car ils ne maîtrisent pas la représentation des volumes.

Pour bien rendre les volumes d'une machine, il est important de commencer par créer une image de base à l'aide de boîtes ; les détails sont ajoutés ensuite. De la même manière, quand on dessine un personnage en pleine action, il est impératif de bien connaître l'anatomie humaine afin de pouvoir le représenter de façon réaliste sous tous les angles d'observation.

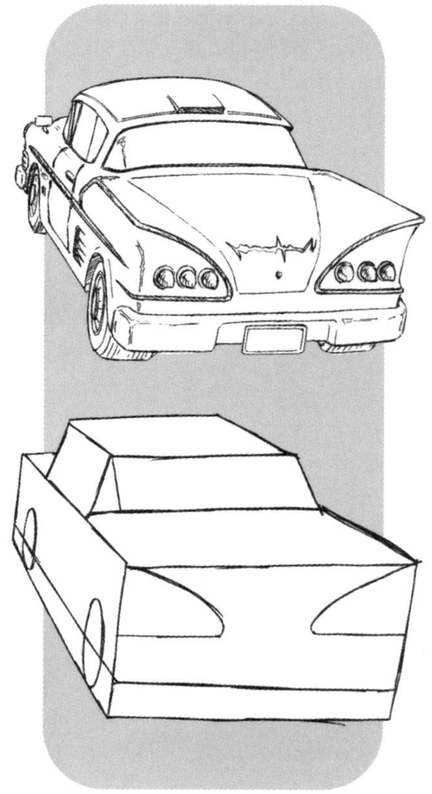

Les détails viennent ensuite

Même si les machines sont en principe plus faciles à dessiner que les personnages, certaines peuvent présenter de réelles difficultés. Quand on crée des jeux vidéo, par exemple, il faut porter autant d'attention aux détails des machines qu'à ceux des personnages.

Un professionnel disait un jour : « Une voiture n'est pas simplement une voiture. Le dessinateur doit penser en termes de modèles et de marques. Il faut que le lecteur puisse reconnaître qu'il s'agit,

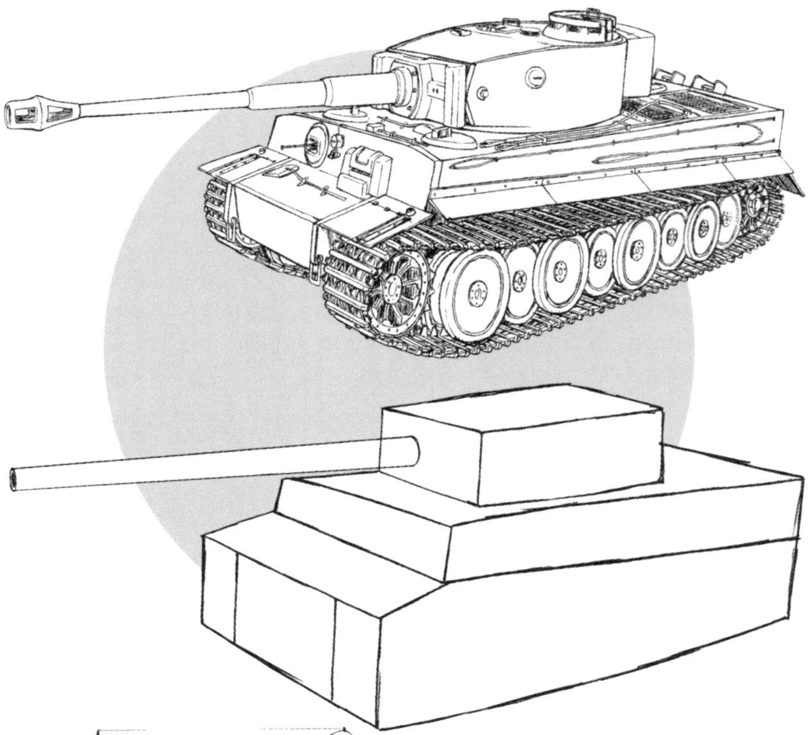

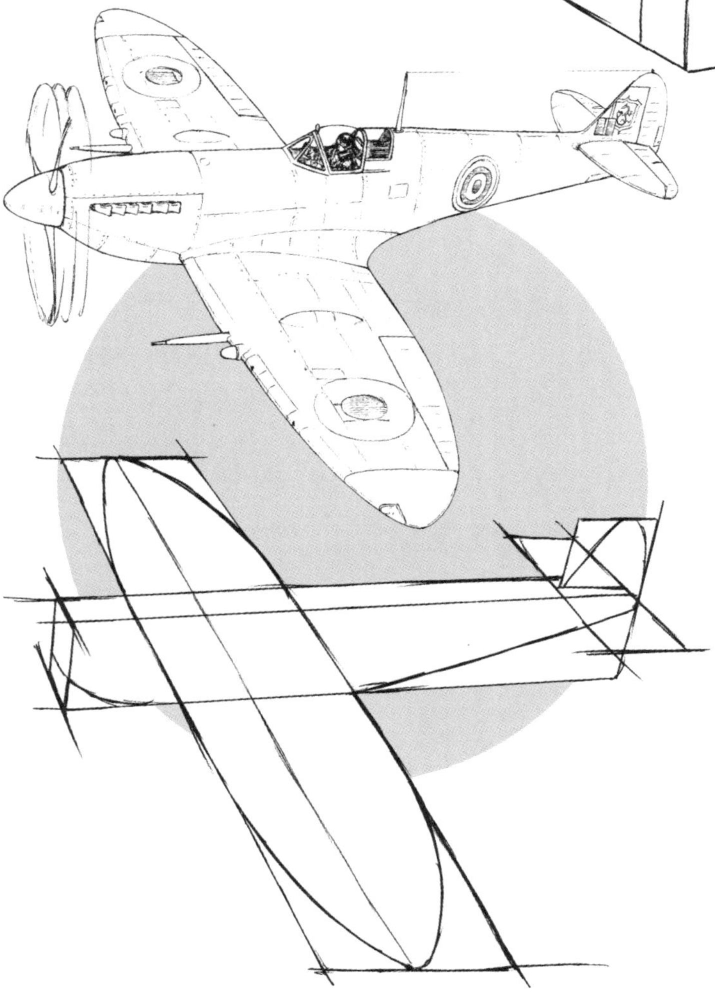

par exemple, du char allemand Tiger 1 de la Seconde Guerre mondiale ou du Spitfire, l'avion de combat anglais. »

Pour réaliser des versions fictives et futuristes, il est très utile de bien connaître les différentes machines, anciennes ou actuelles, et leurs caractéristiques.

Les dessinateurs expérimentés possèdent le don de « voir » les machines et de les dessiner sans avoir recours à un modèle. Il en va de même pour les professionnels du manga et de l'anime lorsqu'ils représentent des personnages. Ils peuvent également les « voir » et les dessiner de mémoire.

Bases de la technique des boîtes

Les croquis ci-dessous montrent des dessins de boîtes à divers stades. Dans les mangas, et plus particulièrement dans les anime, il est nécessaire d'adapter la perspective en fonction de l'effet souhaité pour chaque scène.

Si vous avez déjà fait de la photographie, vous savez que la taille des objets et la perspective dépendent surtout de l'objectif et du zoom que vous utilisez. Essayez de reproduire ces boîtes sans vous servir d'une règle.

En vue frontale, il ne s'agit que d'un simple carré.

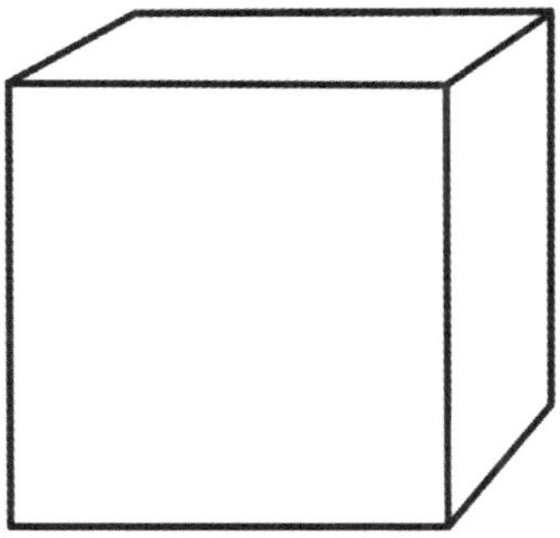

Vue d'un peu plus haut, la boîte révèle son sommet et un autre de ses côtés.

Lorsque l'on voit la boîte d'encore plus haut, ses côtés semblent s'allonger.

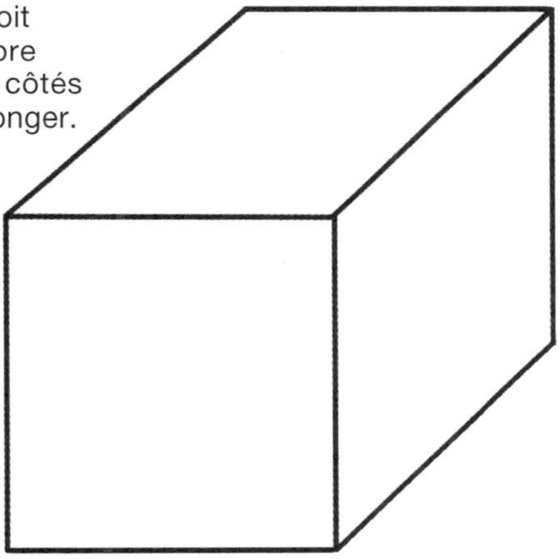

Pour rendre la perspective, dessinez l'arrière un peu plus petit que l'avant.

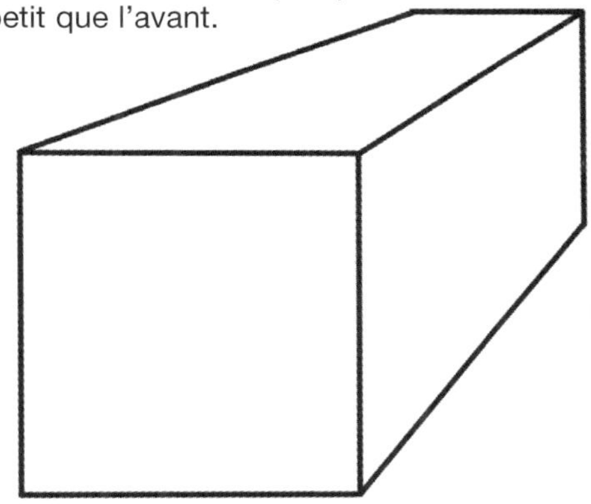

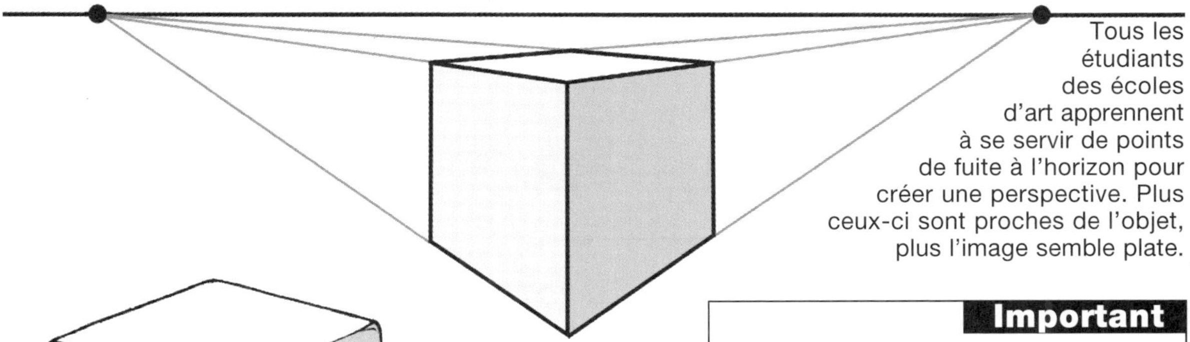

Tous les étudiants des écoles d'art apprennent à se servir de points de fuite à l'horizon pour créer une perspective. Plus ceux-ci sont proches de l'objet, plus l'image semble plate.

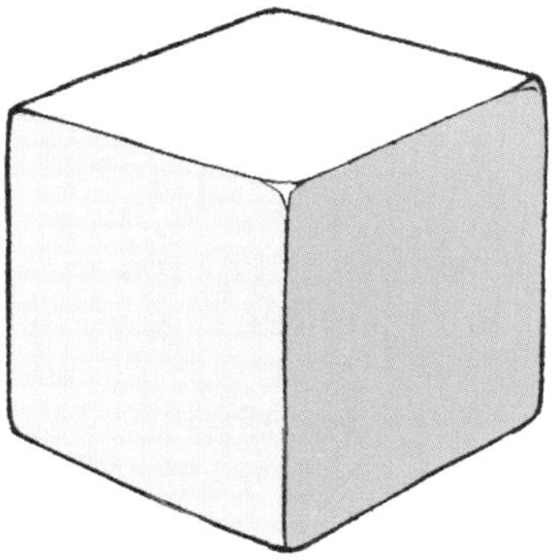

Lorsque les points de fuite sont si lointains qu'il devient difficile de les représenter dans le cadre du dessin, les lignes de l'objet paraissent presque parallèles, comme ci-contre.

Important

Dans l'anime et le manga, les dessinateurs veillent tout particulièrement aux rapports entre les personnages et les constructions ou les arrière-plans. Cet aspect de leur travail est si important que l'on ne juge pas du talent d'un artiste selon son aptitude à dessiner un personnage, mais d'après sa maîtrise de la perspective.

Mettre les personnages en boîtes

Ce qui fait l'intérêt des mangas et de l'anime comme des films, c'est qu'ils vous laissent une grande liberté de composition et de cadrage. Si vous diversifiez la forme et la taille de vos cadrages, vos dessins seront de meilleure qualité et plus originaux.

Voici deux scènes similaires : l'une est un grand-angle, l'autre une vue rapprochée. Observez les différences de perspective pour le dessin du revolver. Elles modifient non seulement l'image elle-même mais aussi sa charge émotionnelle.

Mettre les personnages en boîtes

La technique des boîtes est tout aussi efficace pour esquisser l'anatomie humaine que pour représenter des machines ou des armes de poing. Avant de vous lancer dans le dessin d'une jolie jeune fille, vous devez d'abord imaginer et visualiser l'intégalité de son corps comme une succession de boîtes. Cette méthode employée dans les écoles d'art équivaut au travail d'esquisse à partir de modèles. Une fois que vous aurez pris l'habitude de considérer ainsi chaque élément du corps en trois dimensions, vous n'aurez plus besoin d'utiliser la technique des boîtes.

Par quoi commencer un dessin ?

Voici une méthode ainsi qu'un processus de réflexion qui vous seront utiles pour réaliser vos illustrations. Les professionnels n'ont plus guère recours aux boîtes, mais se les imaginent toujours pour créer des personnages en trois dimensions.

Certes les détails du dessin ont tous leur importance, de même que la technique employée, mais surtout n'oubliez jamais que l'objet ou l'être humain que vous voulez représenter est avant tout une figure en trois dimensions.

Pour commencer, déterminez la position de votre personnage au centre d'une boîte.

Déterminez ensuite la pose et esquissez votre héros. Une fois qu'il est équilibré…

… commencez à en dessiner chaque élément.

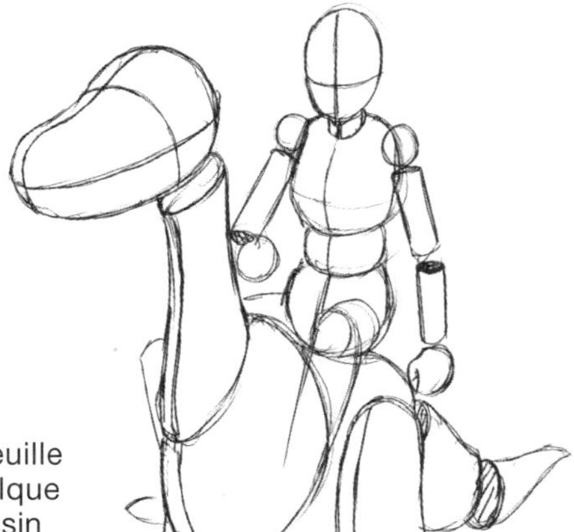

Posez une feuille de papier calque sur votre dessin et esquissez les formes du tracé. Si vous colorisez vos dessins à l'ordinateur, ne remplissez pas les espaces au crayon.

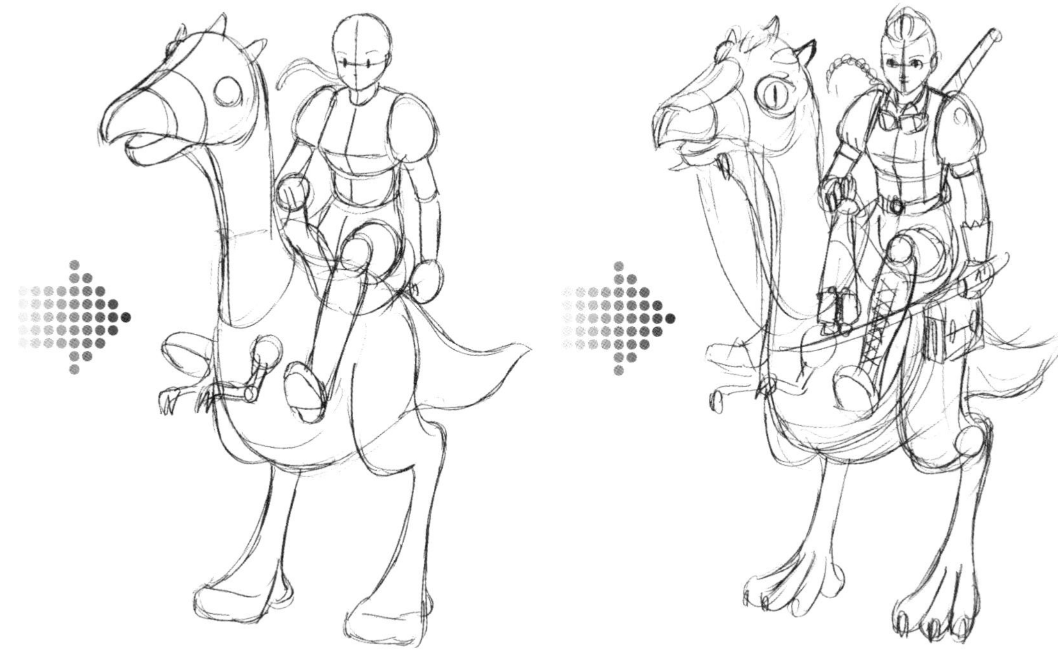

Il s'agit d'une méthode de dessin parmi d'autres, et elle ne conviendra pas forcément à tous. Que cela ne vous empêche pas de toujours penser au volume occupé par vos personnages.

Les proportions

Une fois que vous maîtrisez bien la représentation des volumes, passez à la recherche de l'équilibre.

Certes, quand vous concevez des personnages, vous devez d'abord réfléchir aux proportions que vous allez donner à la tête et au corps. Mais ce n'est pas tout. Si vous dessinez pour votre plaisir personnel, vous n'êtes probablement pas aussi à cheval sur les notions d'équilibre que ne le serait un professionnel. Toutefois, s'il vous arrive de remarquer que quelque chose ne va pas dans votre dessin, c'est très probablement qu'il s'agit d'un défaut d'équilibre.

Les dessins de manga sont des créations très personnelles. Bien qu'il s'agisse le plus souvent d'une affaire de goût, il est toujours possible d'améliorer la qualité de ses propres dessins.

Par exemple, les mains et les pieds des deux personnages représentés dans les séries ci-dessous résultent d'un jeu sur les proportions.

Quel que soit votre choix, vous remarquerez qu'une simple modification de la taille de la tête et de l'épaisseur des doigts entraînera chaque fois un rendu totalement différent.

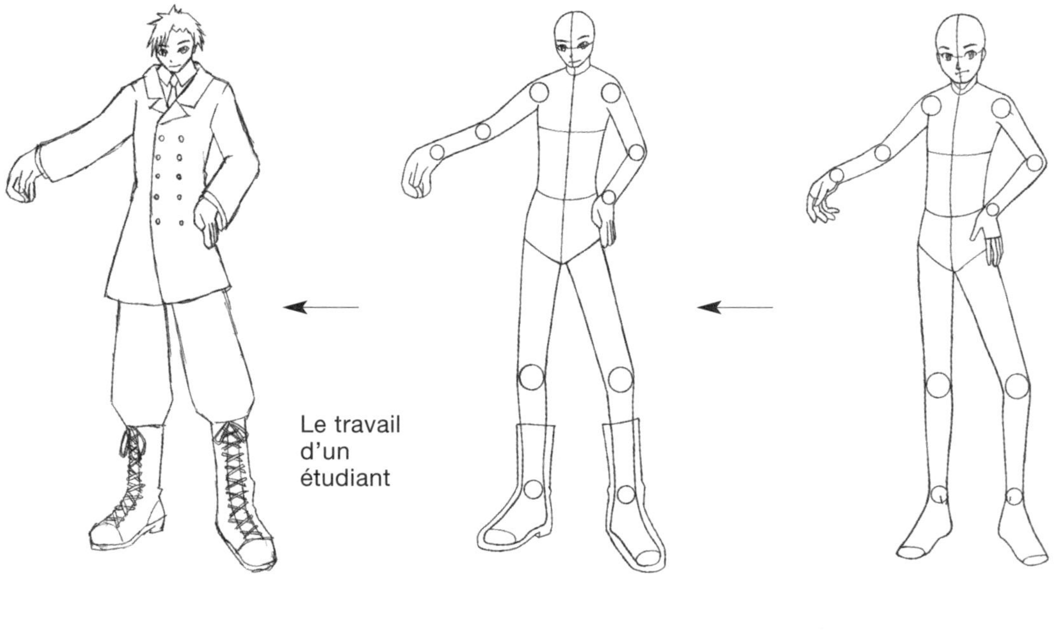

Observons les croquis d'un autre étudiant (fig. 1A et 1B). Avant de juger la qualité du dessin, pouvez-vous dire quelles parties ont besoin d'être rééquilibrées ?

L'épaisseur et l'inclinaison du buste ont été modifiées et les pieds déplacés (fig. 2).

Si l'on vous fait seulement remarquer que votre croquis a l'air bizarre ou que vous ne savez pas dessiner, sans critique concrète, vous aurez du mal à déterminer ce qui ne va pas. Mais à coup sûr, il doit s'agir d'un problème d'équilibre.

Le travail d'un étudiant

fig. 1B

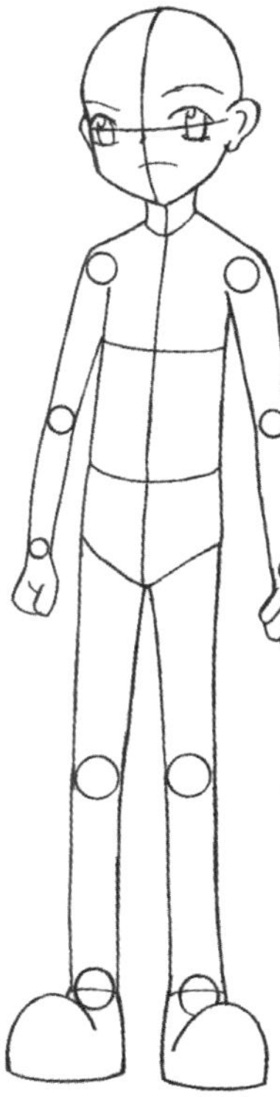

fig. 1A

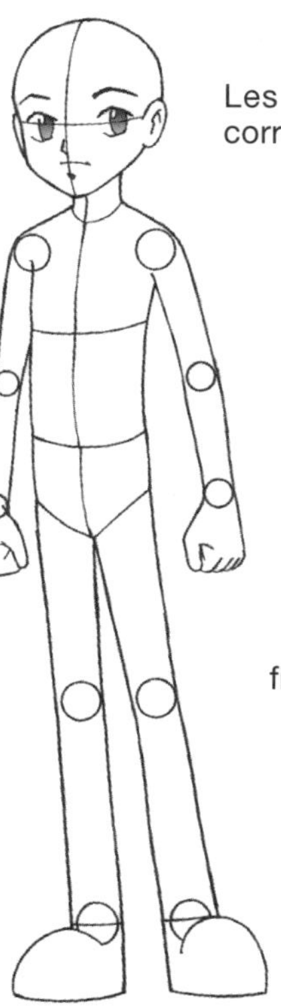

Les corrections

fig. 2

Cela vous surprendra sans doute, mais les pros commettent eux aussi des erreurs. Pouvez-vous discerner ce qui ne va pas dans les croquis 1A et 1B ?

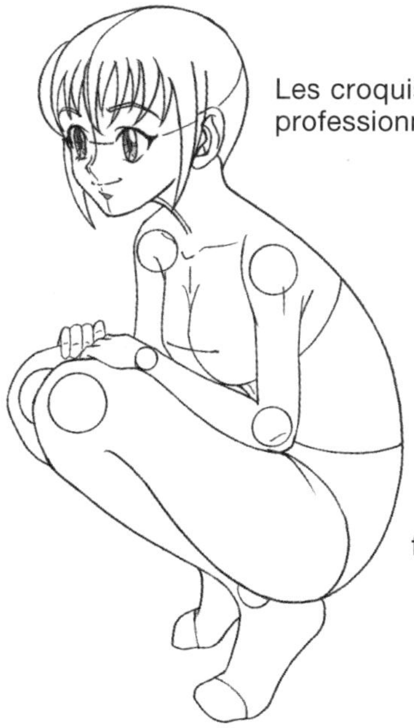

Les croquis d'un professionnel

fig. 1B

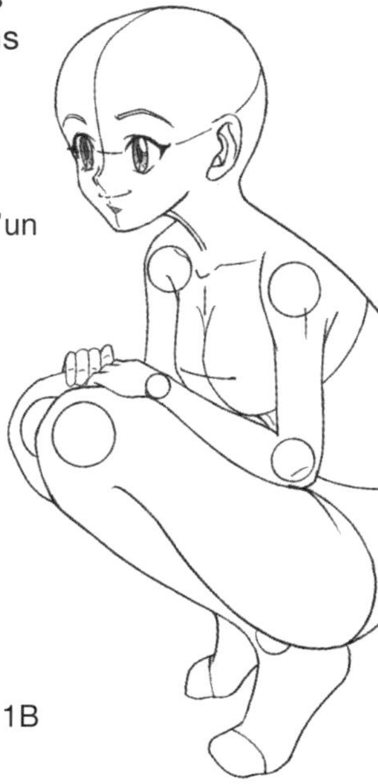

fig. 1A

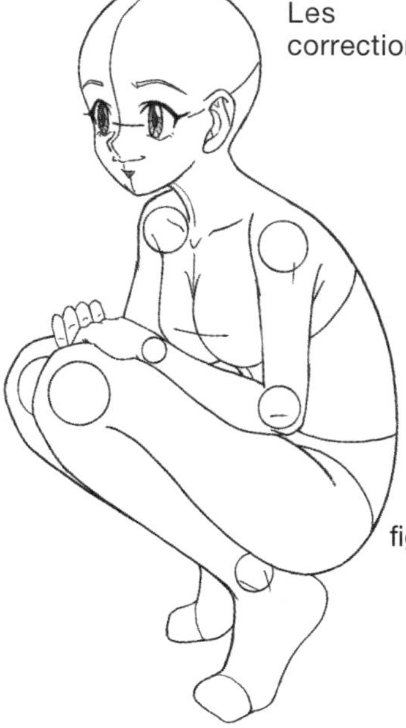

Les corrections

fig. 2

Avez-vous trouvé ?

Les erreurs fréquentes

L'une des erreurs les plus fréquentes concerne le rattachement de la tête au cou, comme le montre l'exemple ci-dessous.

Si vous comparez rapidement le croquis de gauche à celui de droite, dont le rendu est meilleur, vous sentez bien que quelque chose ne va pas. En effet, à gauche, le cou a été dessiné après le visage et non simultanément. En outre, les clavicules ne sont pas placées correctement et le visage n'est pas en trois dimensions. Même les pros commettent des erreurs sur cette zone du corps, et vous trouverez aussi cette faute dans des livres censés vous apprendre à dessiner.

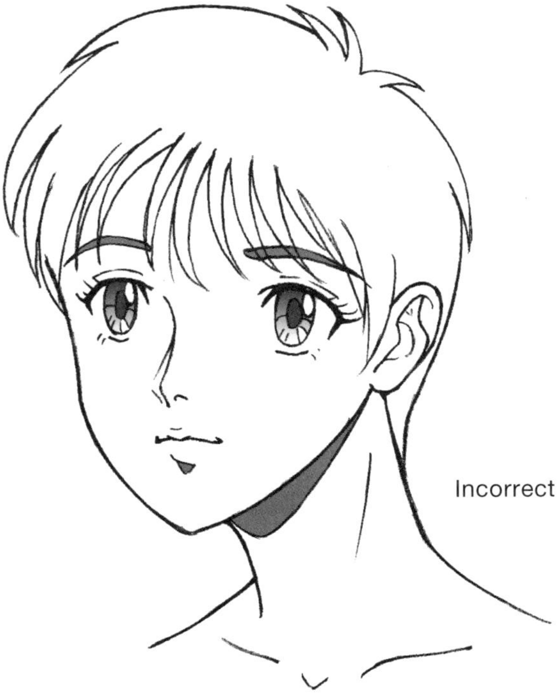

Incorrect

Correct

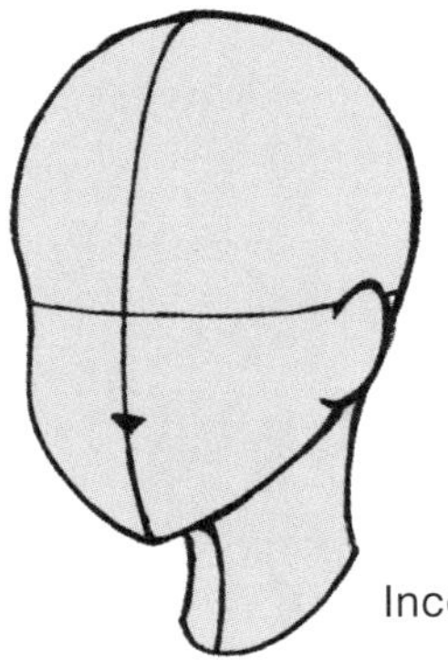

Incorrect

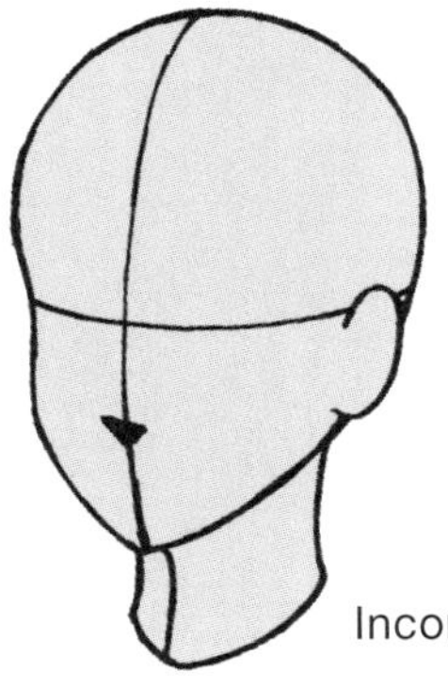

Incorrect

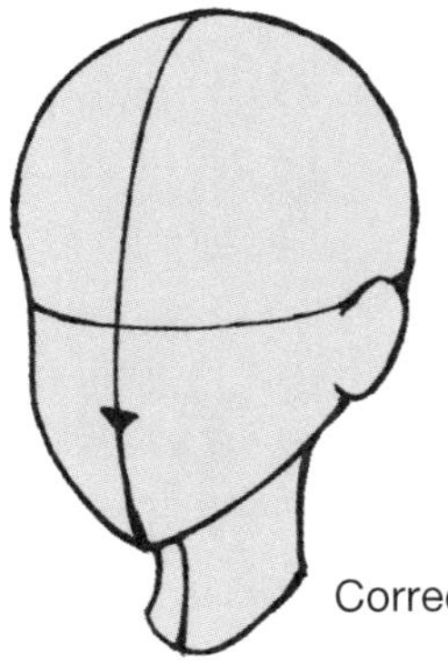

Correct

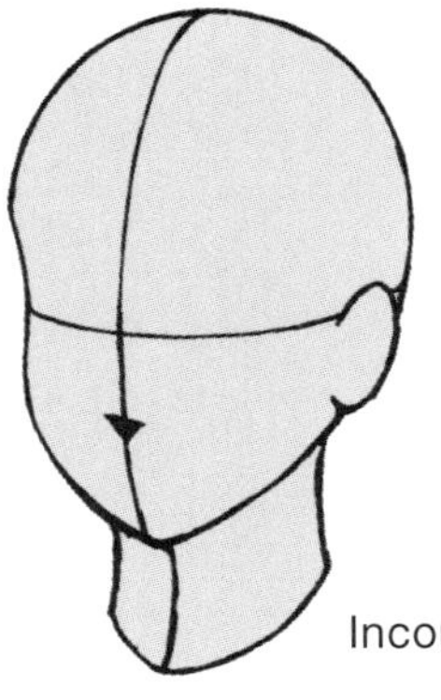

Incorrect

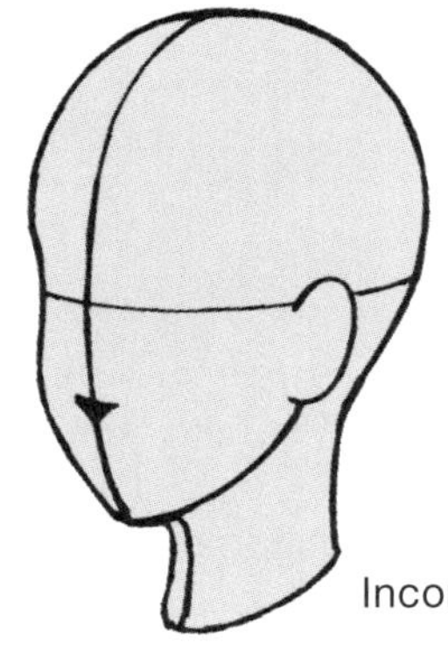

Incorrect

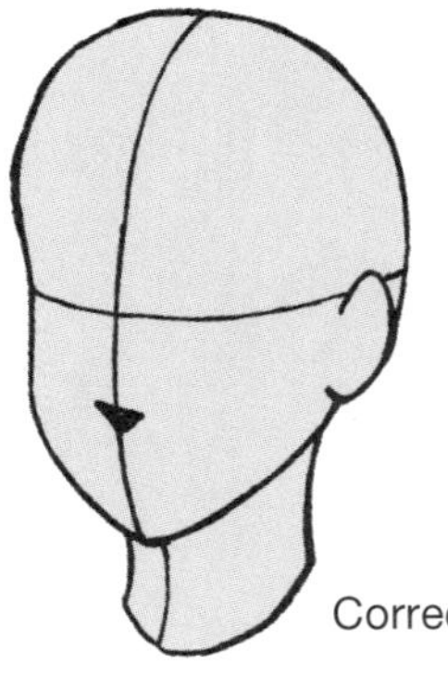

Correct

Garder le sens de l'équilibre

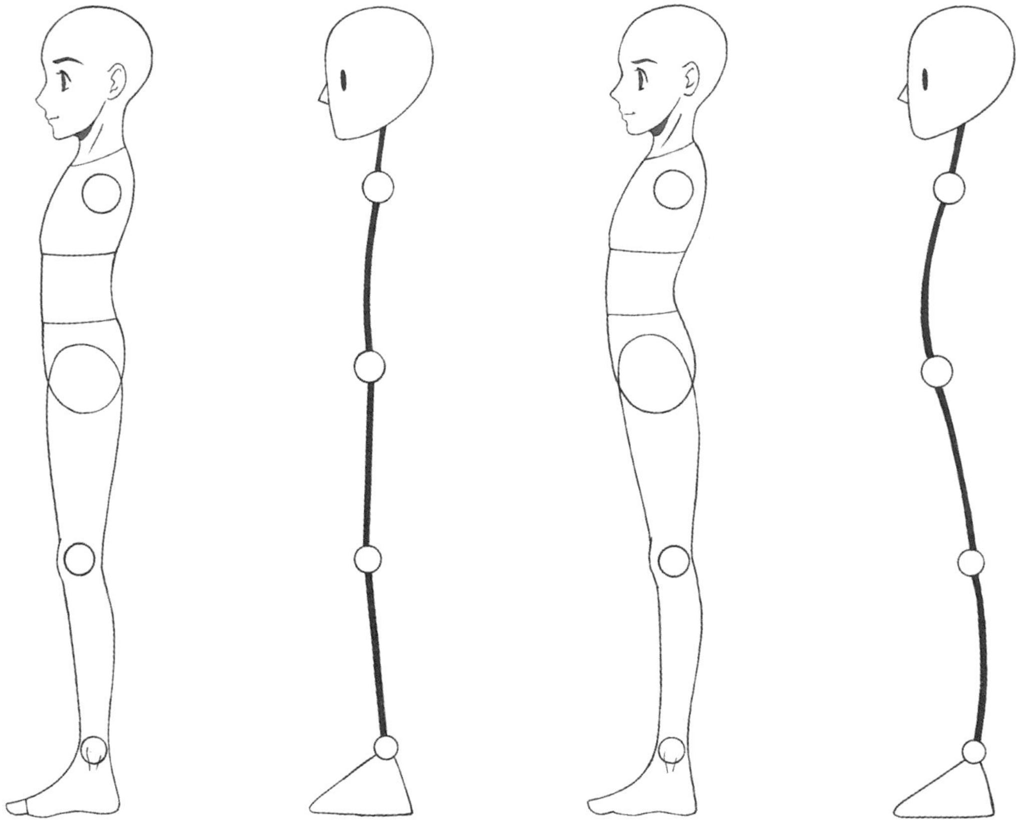

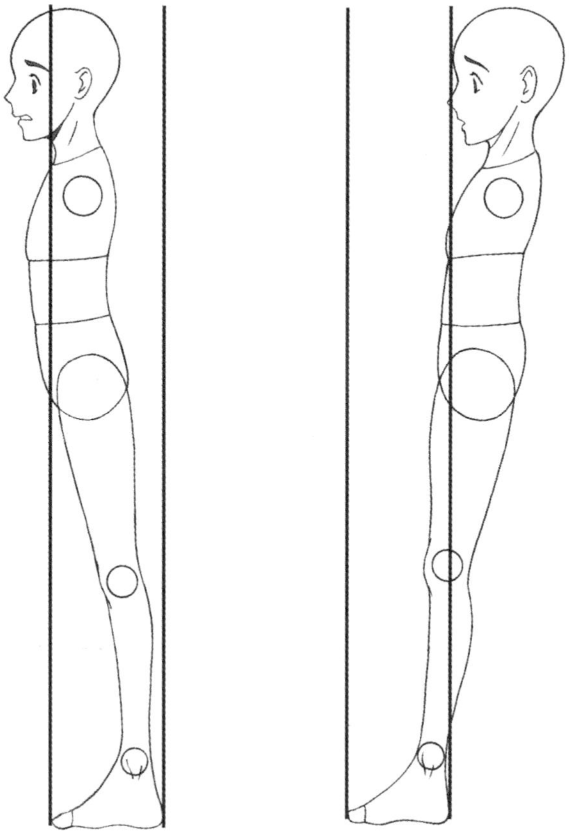

Observez bien les deux exemples ci-dessus.

Dans le monde de l'anime et du manga, vous pouvez constater que le corps comporte davantage de courbes que dans la réalité.

Pour autant, en dessin comme dans la réalité, le corps et ses courbes s'intègrent toujours dans un espace compris entre deux droites rectilignes allant de la tête aux pieds, et, s'il s'en écarte, le corps ne tient pas en équilibre (voir ci-contre).

Comment placer des pieds vus de face

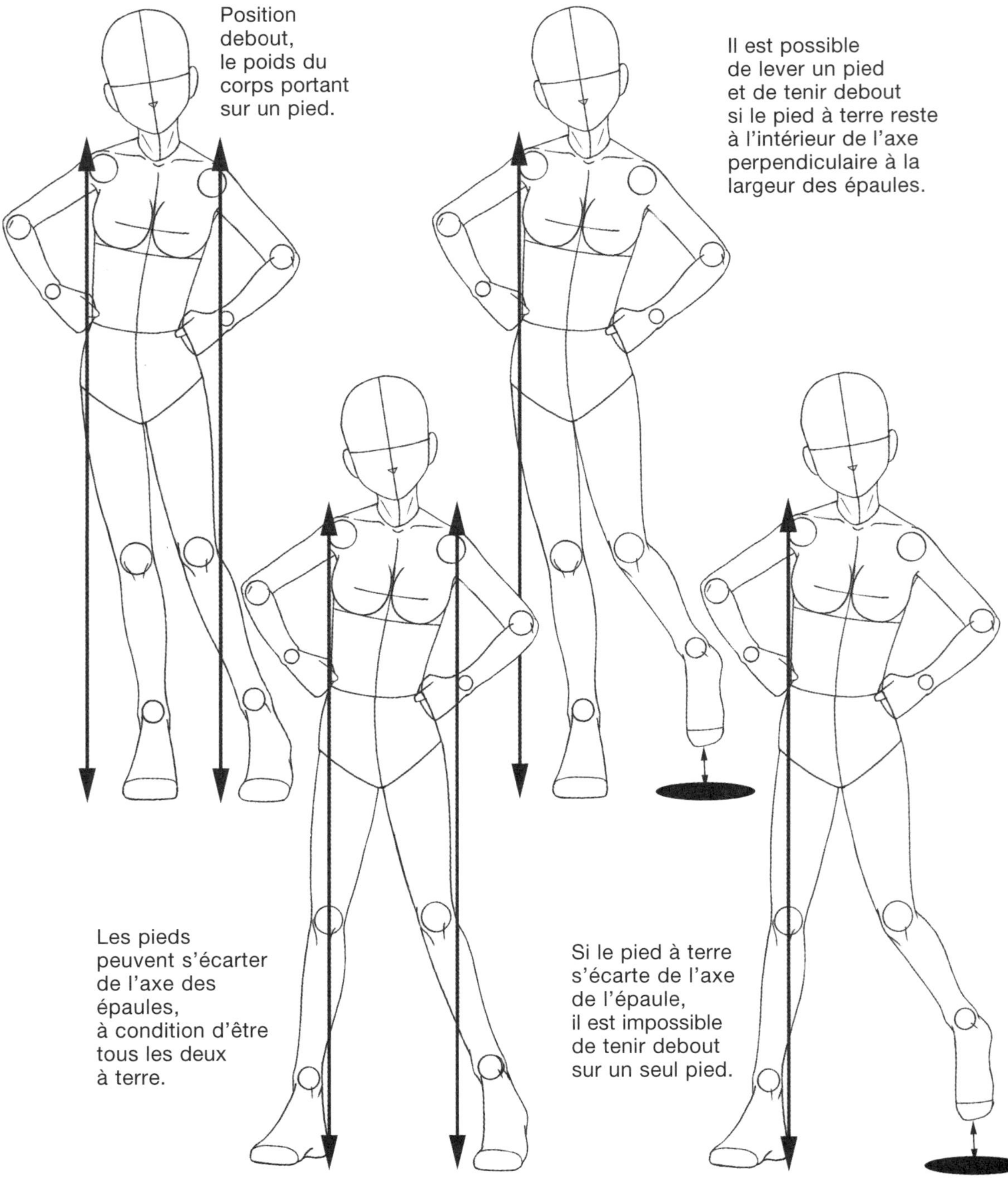

Comme nous l'avons vu avec les travaux des étudiants (voir p. 18), il arrive souvent que l'on fasse des erreurs dans la position des pieds d'un personnage vu de face. Le poids du corps peut reposer sur un pied ou sur l'autre, ou encore sur les deux s'ils sont écartés. Les problèmes n'apparaissent d'habitude que si le poids repose sur un seul pied. En règle générale, le pied porteur ne doit pas sortir de l'axe de l'épaule.

Essayez de vous tenir debout comme sur le dessin ci-dessus, et vous comprendrez en quoi la posture n'est pas réaliste. Ce dessin n'est certes pas choquant, mais il est imparfait, et un professionnel saura déceler l'erreur.

La tête et le corps : Europe et Amérique

Tant que vous ne réalisez qu'un seul personnage, et ce dans un style qui vous est propre, les proportions de la tête et du corps importent peu. Mais si vous travaillez au sein d'une équipe, vous devez multiplier les dessins d'un seul et même personnage, voire partager la tâche avec plusieurs dessinateurs. Une fois que vous avez déterminé le rapport entre la tête et le corps, tenez-vous-y. Chez les Européens et les Américains, la taille du corps correspond en général à huit fois celle de la tête.

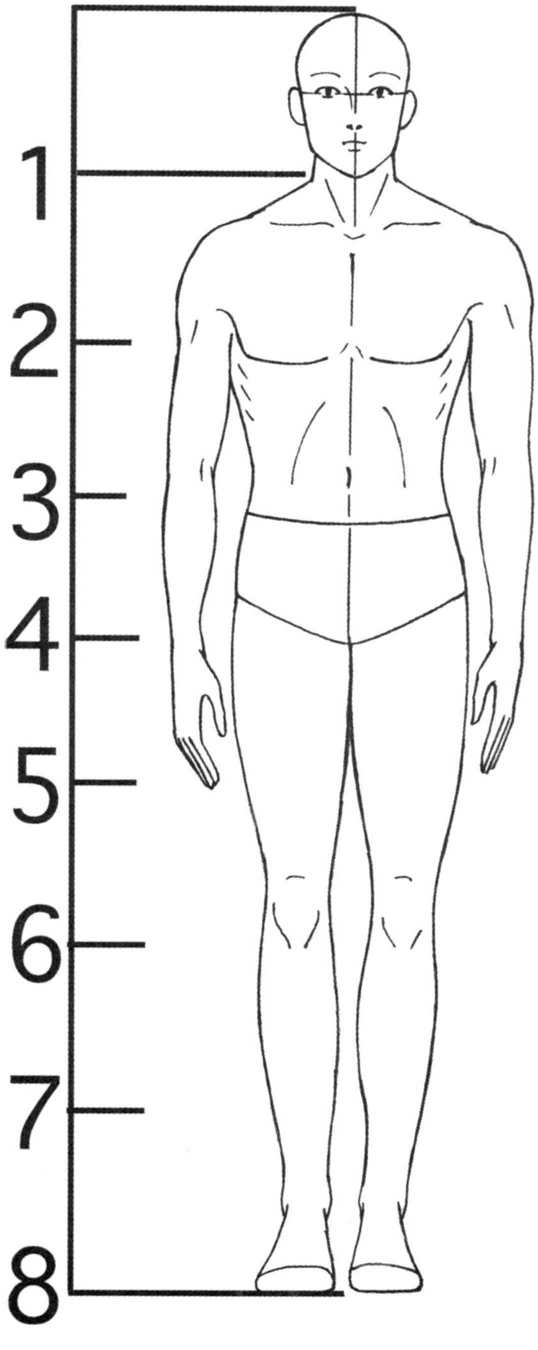

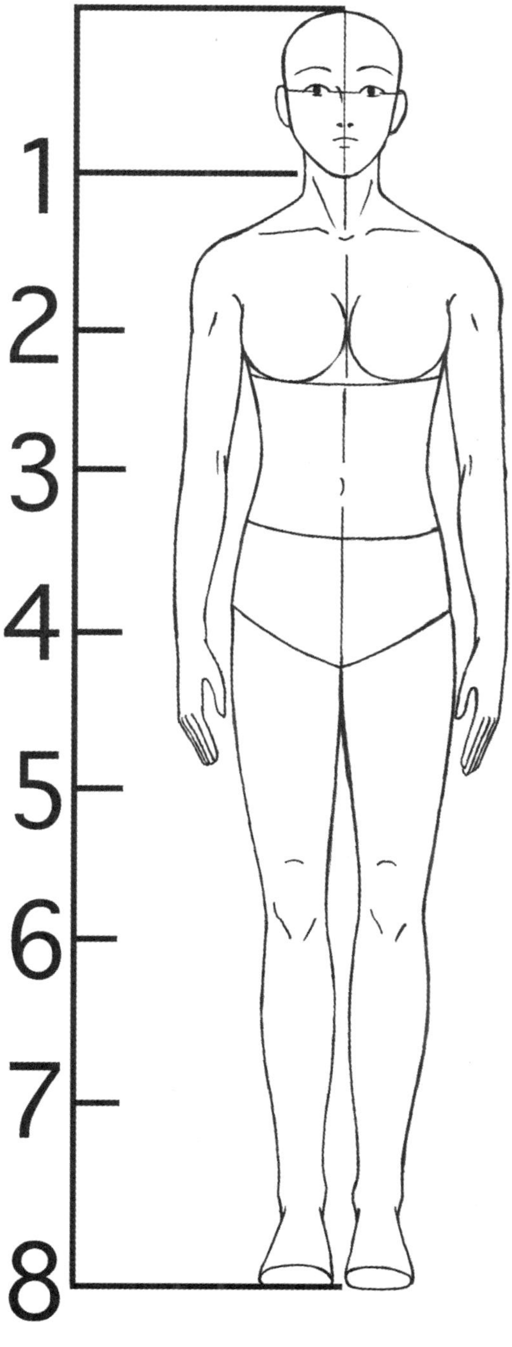

La tête et le corps : Asie

Chez les Asiatiques, le corps correspond en général à sept fois la taille de la tête. Mais des variations existent selon le style de dessin.

Dans l'anime et le manga, le personnage semble parfois mesurer huit à neuf têtes de haut, alors qu'il n'en compte que sept : c'est parce que le corps est beaucoup plus fin que dans la réalité, que le buste est raccourci et que les jambes sont en contrepartie plus longues.

Avez-vous déterminé le rapport entre la tête et le corps de votre héros ? Trouvez celui qui lui donne le meilleur équilibre.

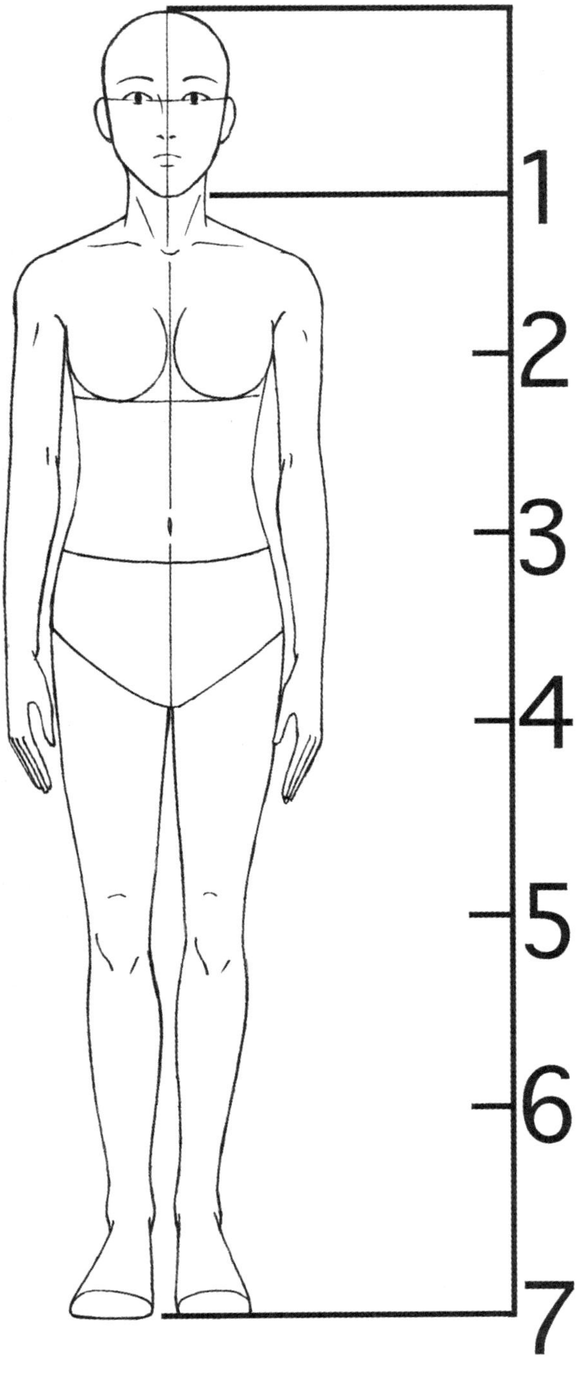

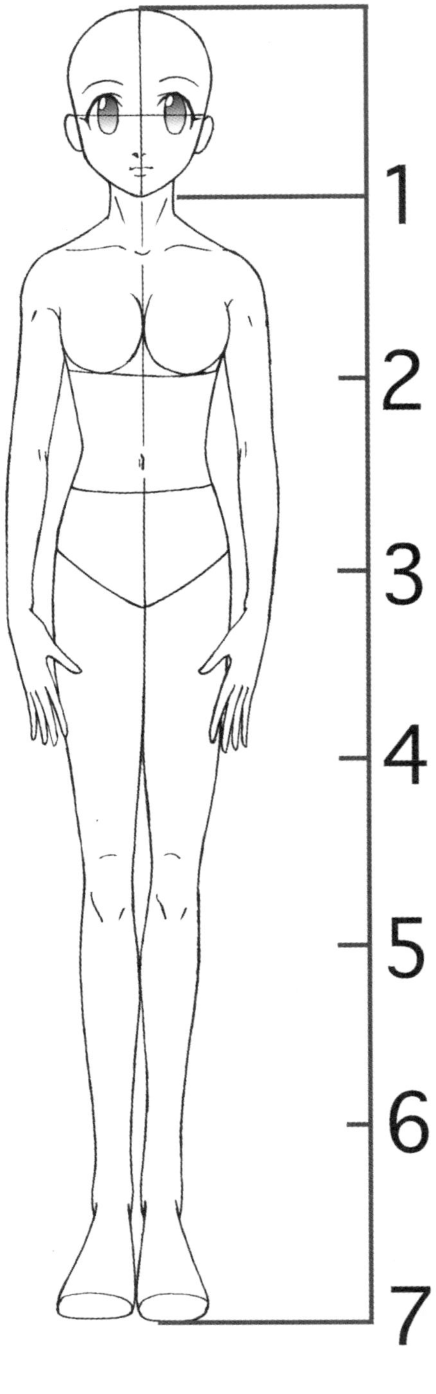

Chapitre 2

Le corps humain

Le squelette

Quand vous dessinez un personnage, vous ne représentez pas son squelette. C'est pourtant un exercice utile, qui vous aidera à progresser. D'ailleurs, vous aurez peut-être à dessiner un squelette un jour, lorsque vous serez devenu un professionnel. Prenez votre temps, observez ces exemples, puis essayez de dessiner un squelette au moins une fois. Cela vous aidera à bien identifier les parties mobiles du corps.

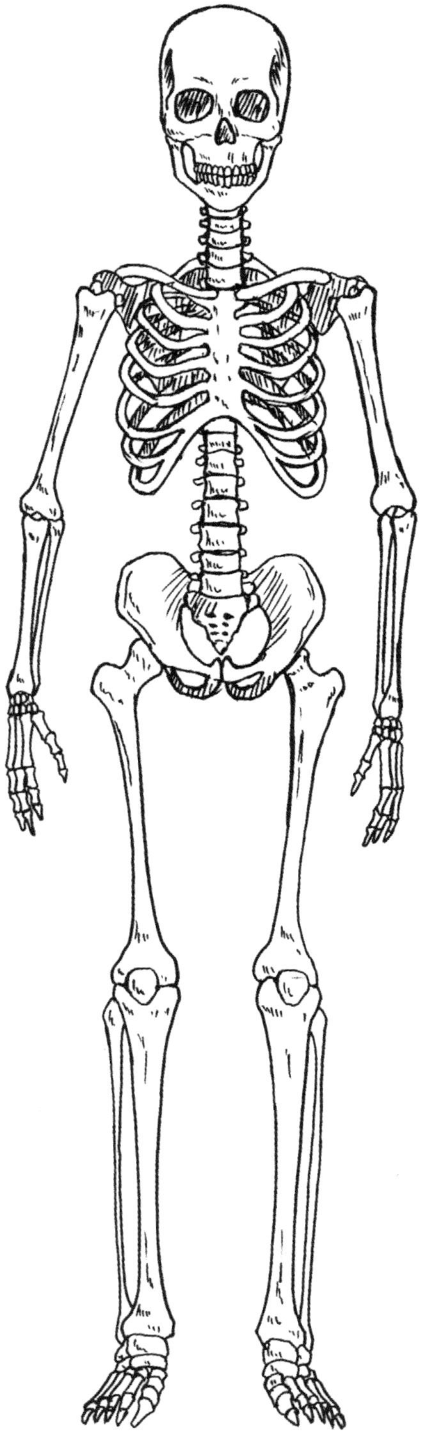

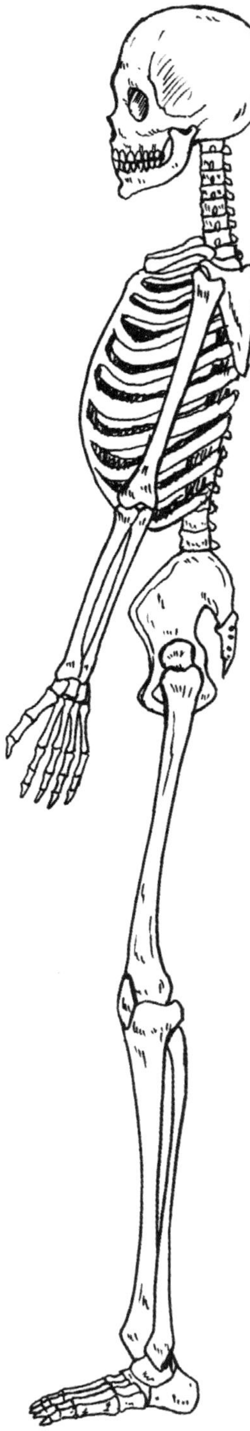

Comment simplifier le squelette

Si vous deviez dessiner le squelette entier de chacun de vos héros, ce serait un travail considérable. Voici comment débuter plus simplement. Pour le moment, appelons cette première ébauche de personnage le « squelette en fil de fer ».

Les figures ci-dessous montrent comment étoffer peu à peu cette structure. Dans le chapitre 1, nous avions choisi les boîtes comme éléments de construction : ici c'est le cylindre que nous adoptons pour construire les parties du corps.

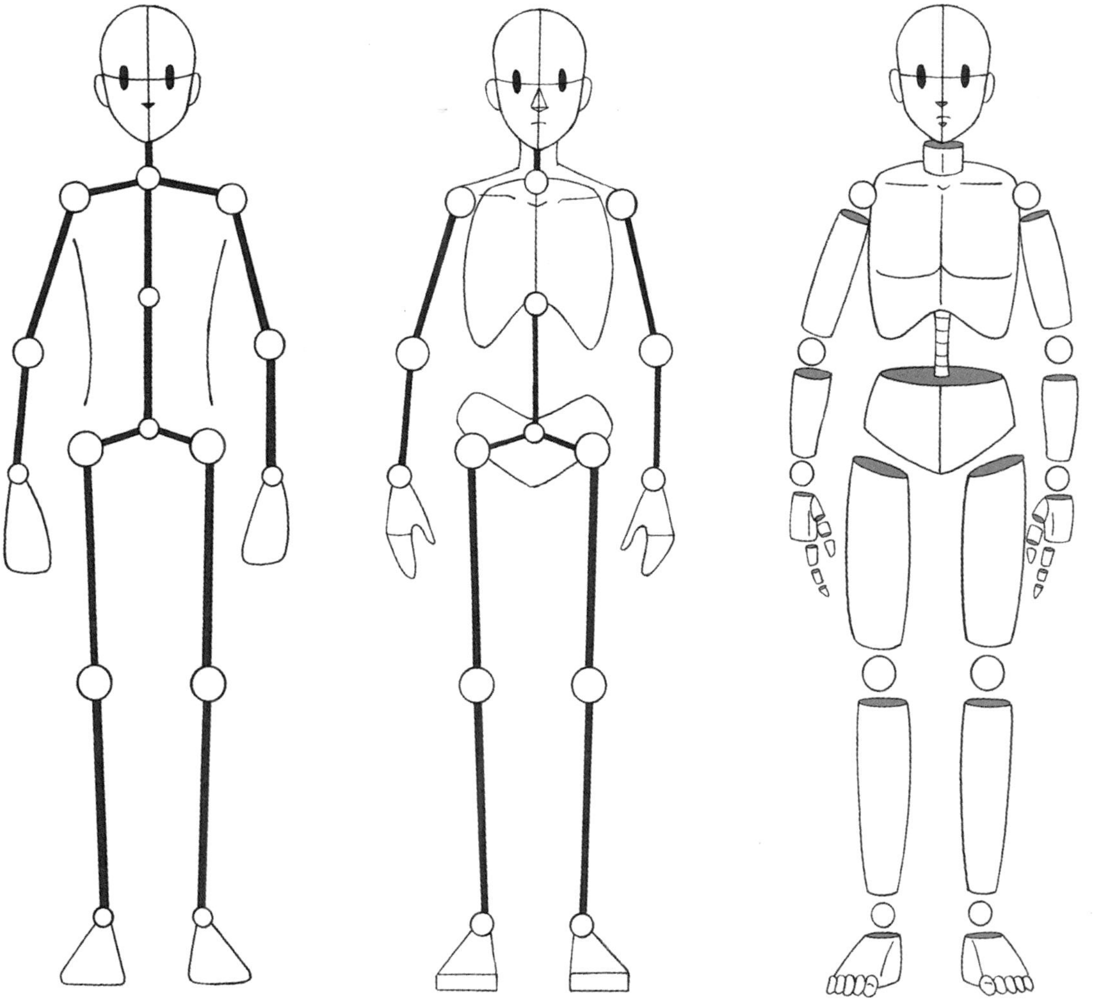

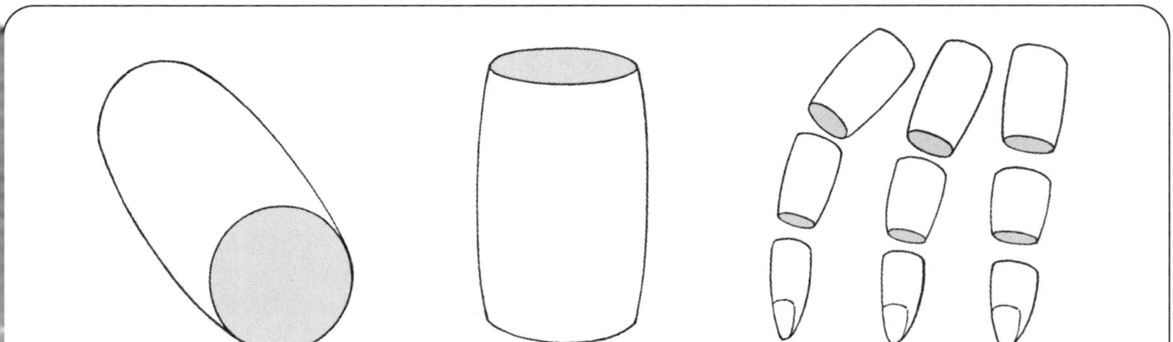

Imaginer des poses à l'aide du « squelette en fil de fer »

Avant d'esquisser les muscles et le visage, déterminez la pose, la taille et l'équilibre de votre héros grâce au « squelette en fil de fer ». Cela permet d'éviter les erreurs de dessin à un stade précoce. Tous les dessinateurs de mangas et d'anime utilisent cette méthode, même s'ils ne le font pas de manière aussi soignée qu'ici.

Quand bien même vous sauriez représenter les muscles, votre dessin ne sera jamais satisfaisant si la pose et l'équilibre sont défaillants. Quel que soit le volume de muscles, la posture sous-jacente reste la même.

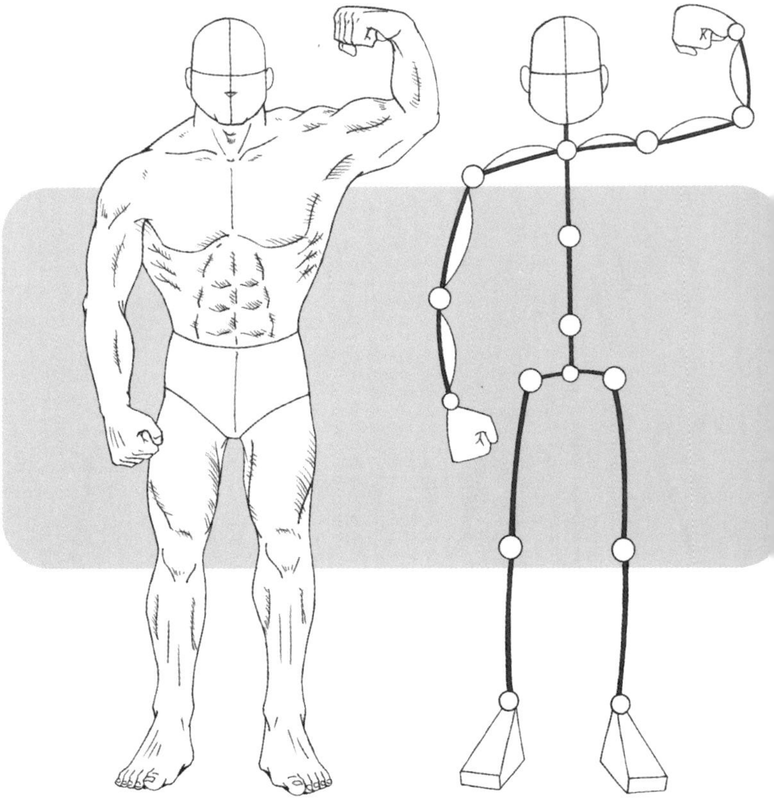

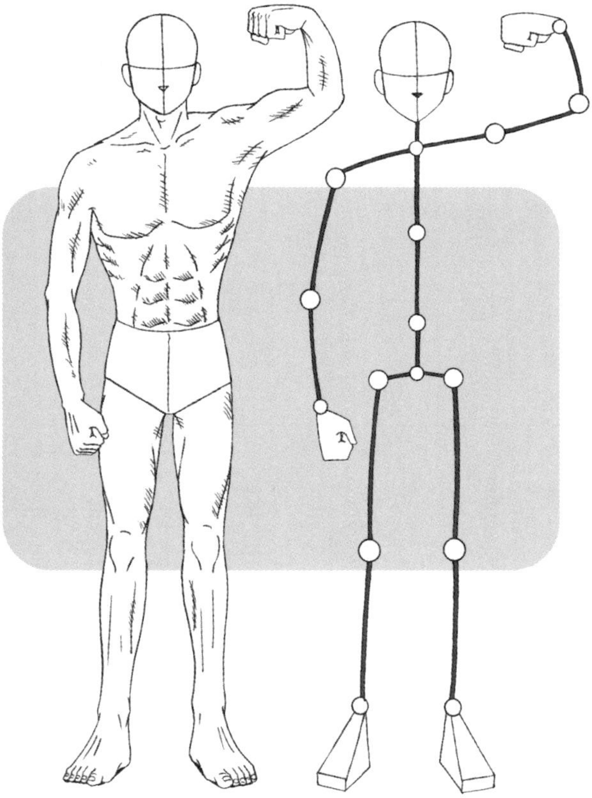

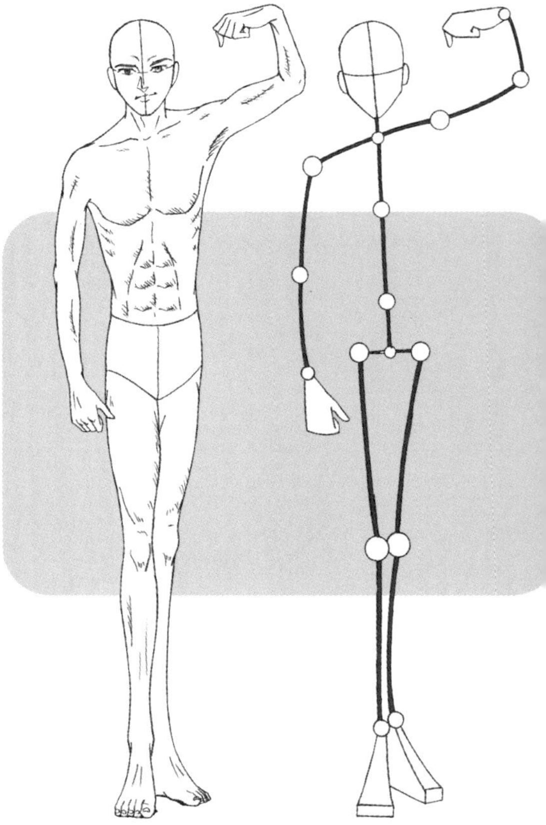

Les anime : des personnages en chair et en os

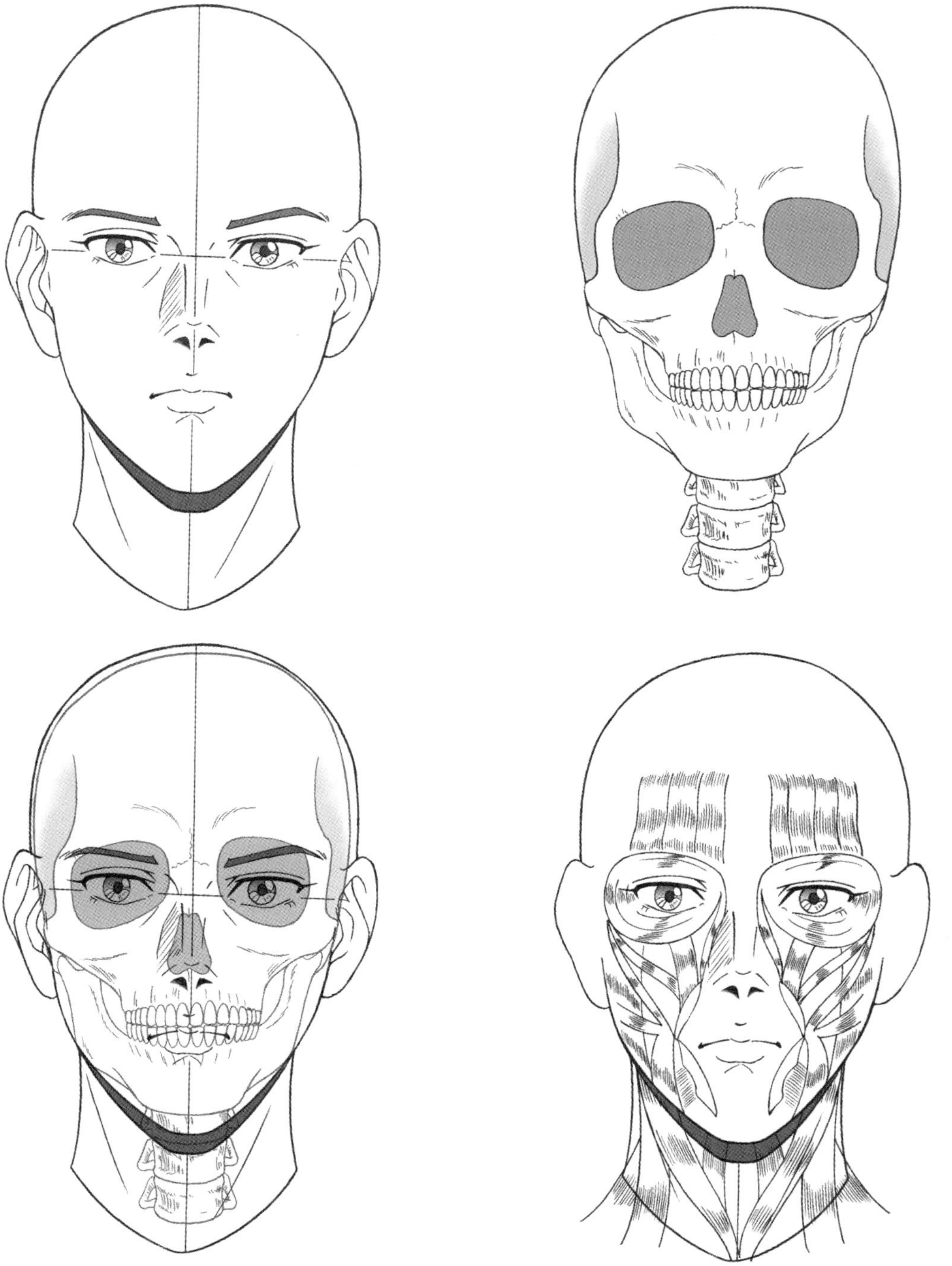

S'il n'est pas indispensable d'accorder autant d'importance à tous les éléments du squelette, vous devez en revanche réfléchir particulièrement à la forme du crâne.

Que vos personnages d'anime et de manga soient purement fictifs ou qu'ils s'inspirent de véritables êtres humains, la forme de leur crâne déterminera celle du visage. Le crâne lui-même ne sera pas visible dans votre dessin final, mais n'oubliez pas que votre personnage en a un ! Entraînez-vous à dessiner votre héros de face et de profil, en insistant tout spécialement sur son visage et sur la forme de son crâne.

Les anime : des personnages en chair et en os

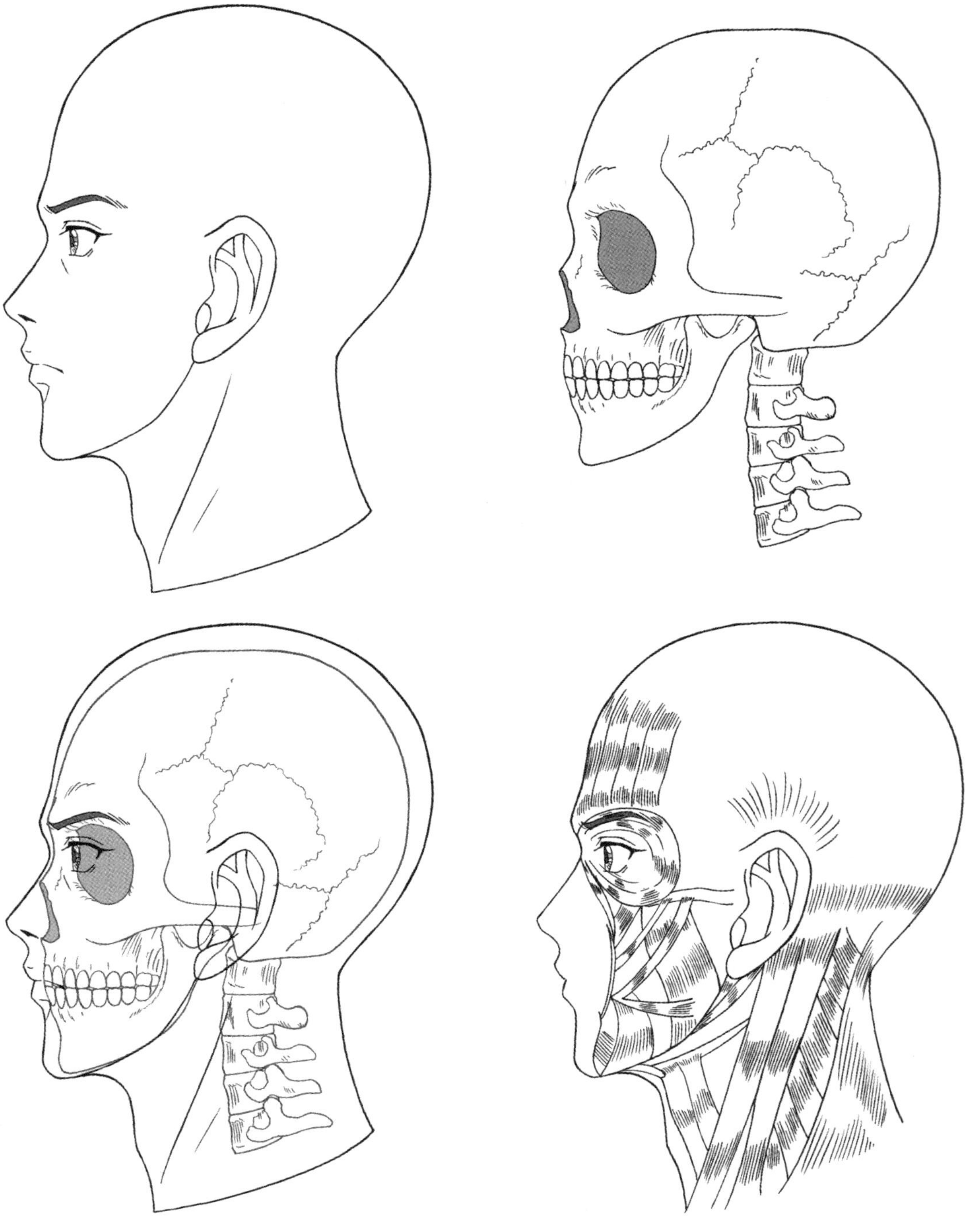

Dans tous les anime, vous verrez un personnage de profil se tourner vers le spectateur. Pour réaliser ce type de scène, il est nécessaire de comprendre et de savoir rendre avec le crayon non seulement la forme du crâne mais aussi la structure des muscles faciaux, comme vous le montrent en détail les exemples présentés ci-dessus.

Les anime : des personnages en chair et en os

Bien entendu, ces règles de base s'appliquent aux personnages aussi bien masculins que féminins.

Soignez tout particulièrement la position du nez et des yeux, ainsi que la forme des mâchoires, dans les vues de profil et de face.

Les os et les muscles du tronc

Il n'est pas nécessaire de connaître par cœur les noms des os et des muscles, mais il faut avoir leur forme à l'esprit quand vous les dessinez. Pour représenter votre personnage avec fidélité, vous devez savoir ce qui se trouve sous la peau.

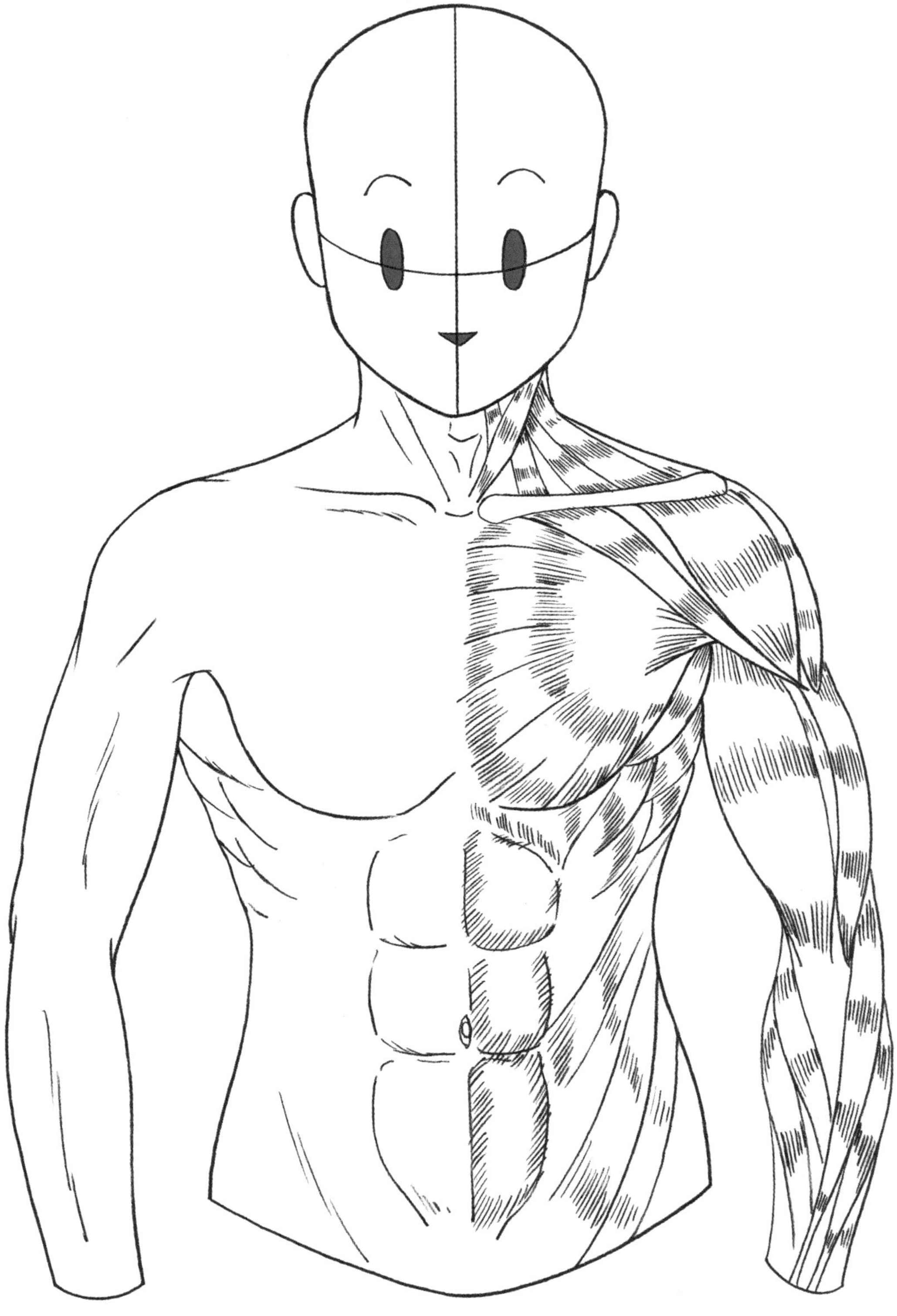

Les os et les muscles du tronc

Regardez bien les muscles qui se tendent quand le héros lève les bras.
Vous remarquerez que les muscles de l'épaule se contractent et qu'ils sont cachés.

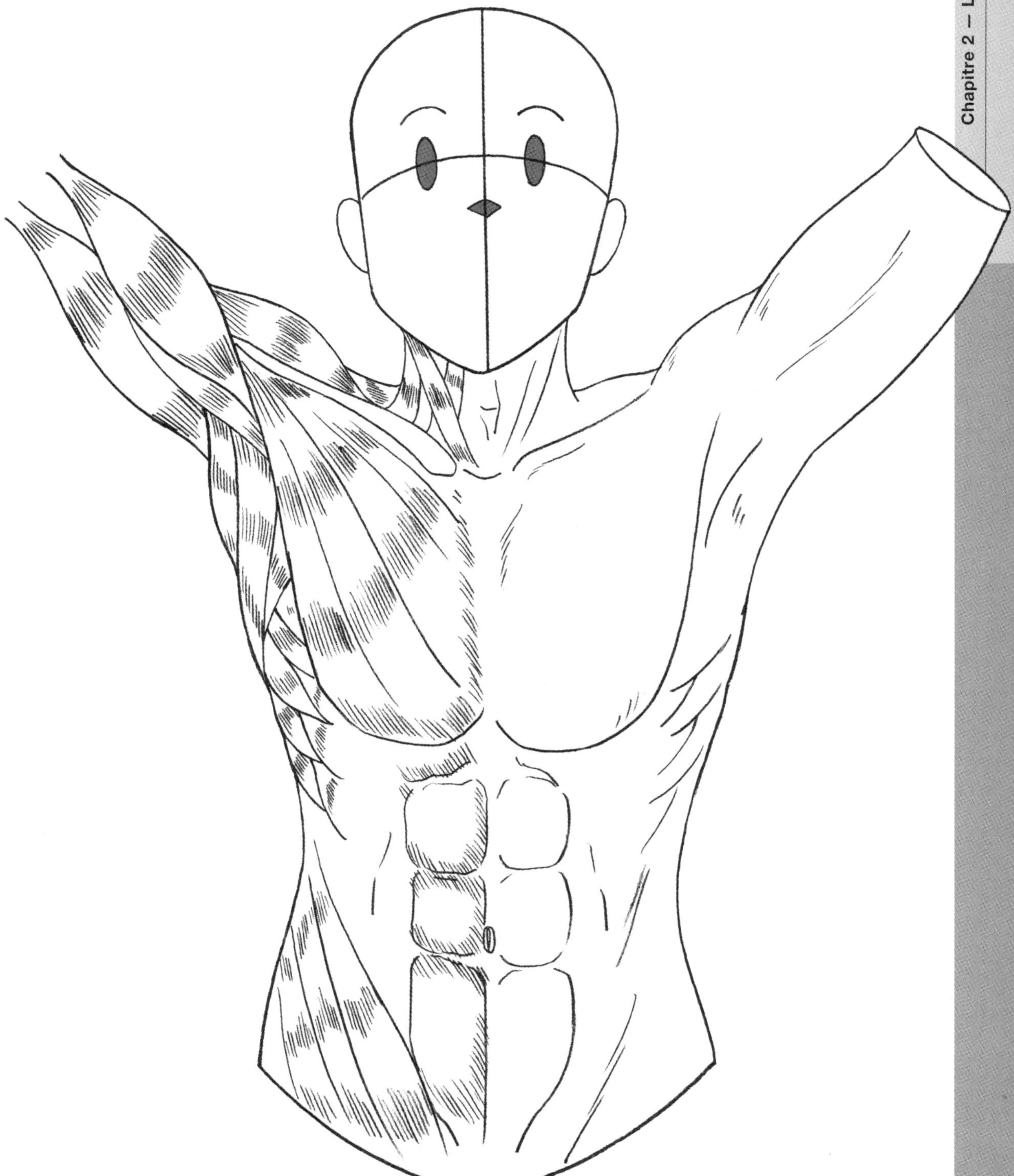

Les os et les muscles du dos

Pour le dos, dessinez les lignes formées par la colonne vertébrale et les omoplates.

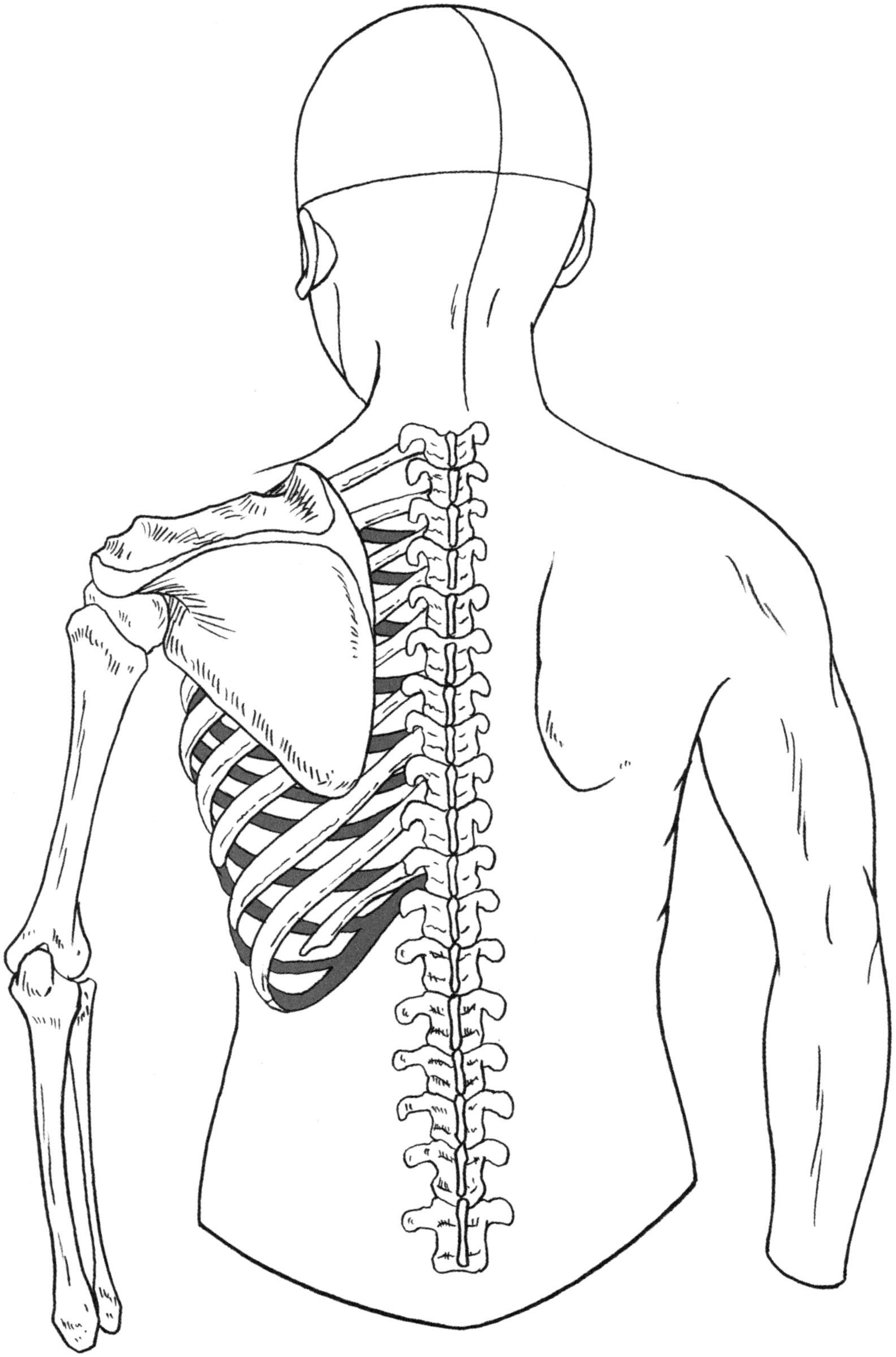

Les os et les muscles du dos

Les muscles du dos forment un réseau complexe ;
ils sont rarement visibles dans les mangas et les anime.

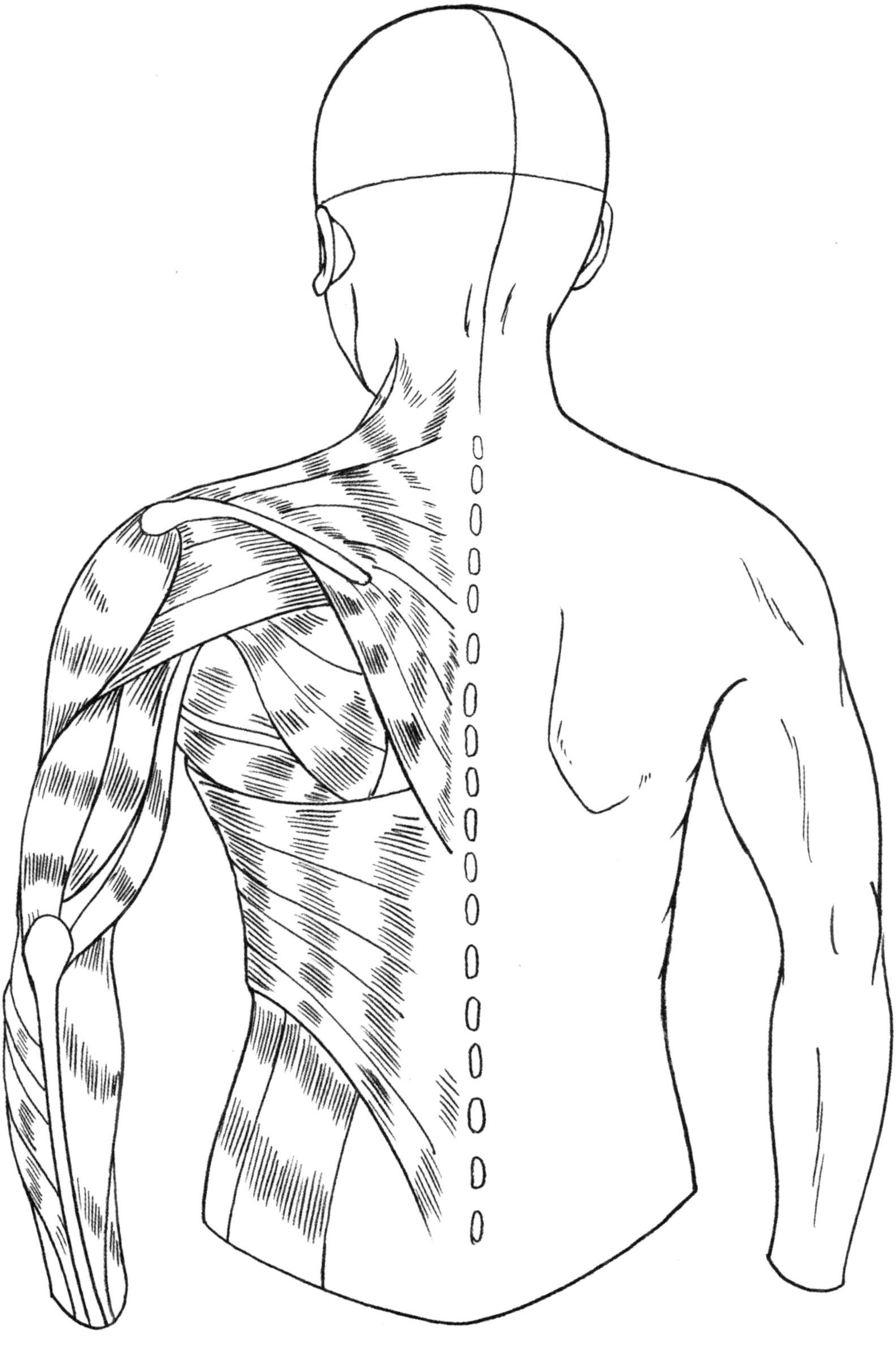

Les os et les muscles du flanc

Quand vous regardez ce personnage de profil, vous voyez nettement les attaches des bras, ainsi que les muscles entourant les côtes et les omoplates.

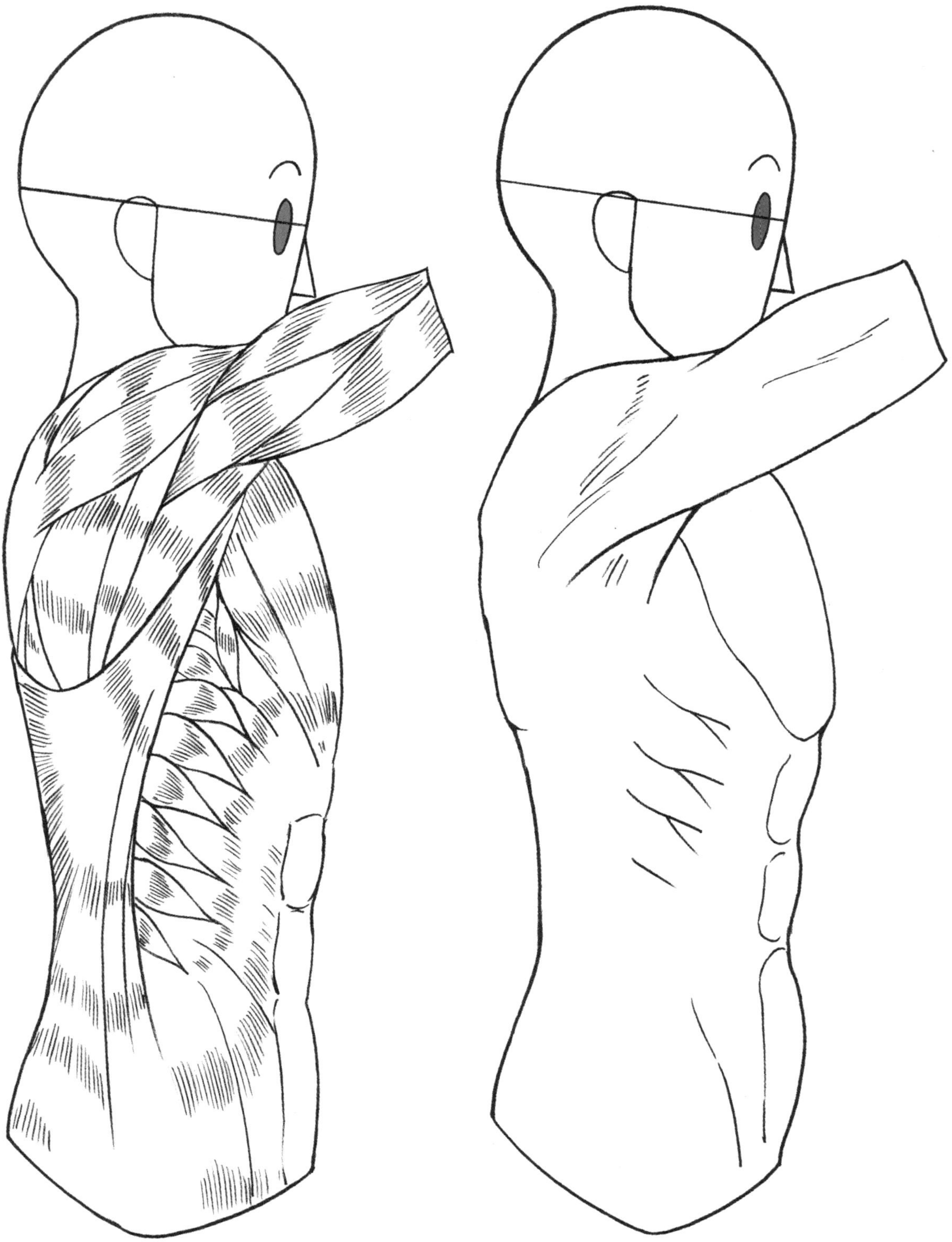

Les os et les muscles du bras

Observez les formes des os et des muscles de l'épaule jusqu'à la main. Dans l'anime et le manga, les dessinateurs les représentent avec différents niveaux de détails selon le style du personnage.

Les os et le gonflement des muscles sont plus importants chez les hommes que chez les femmes. Dans certaines œuvres, les détails de cette partie de l'anatomie peuvent aussi être volontairement gommés.

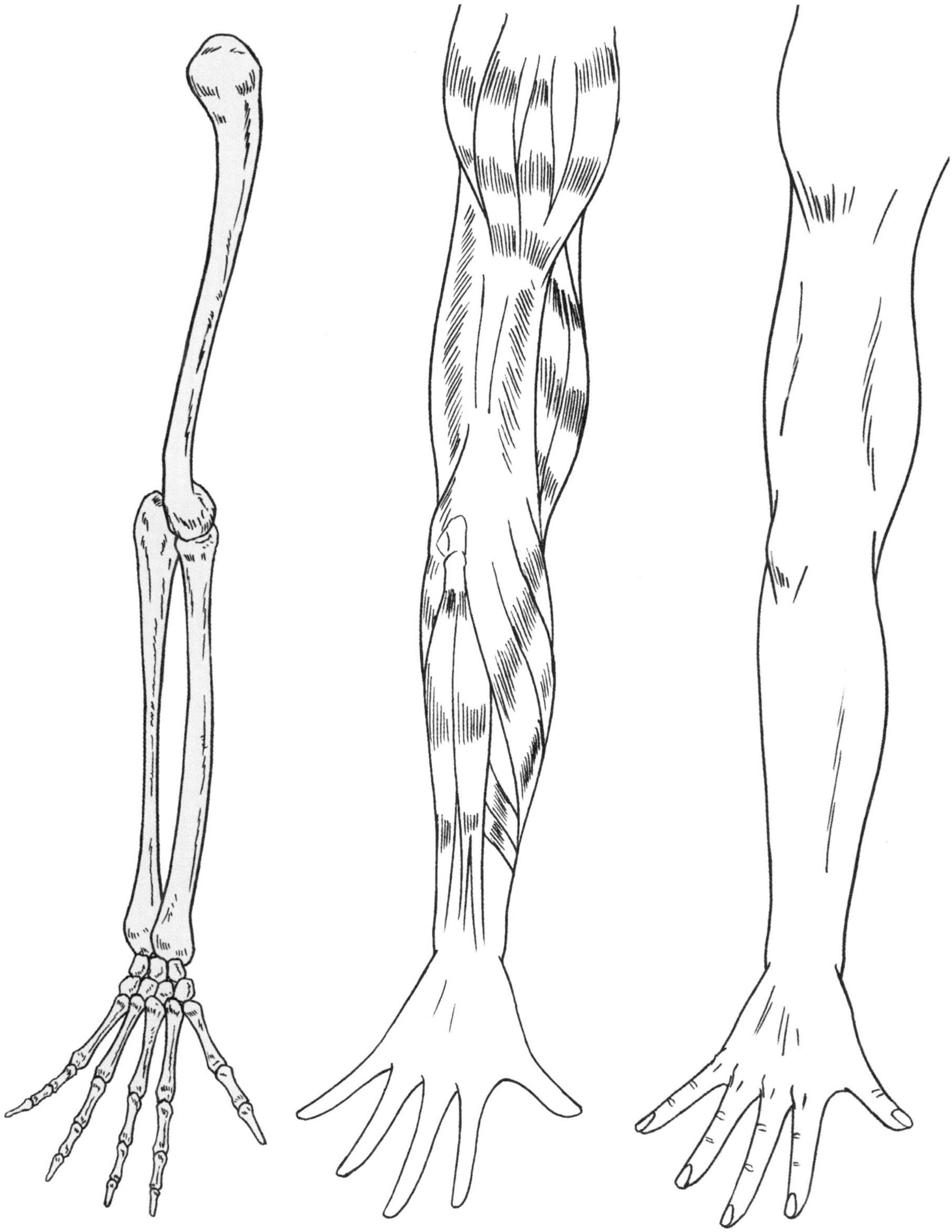

Comment représenter les formes de la main

Comme pour le visage, on remarquera vos qualités artistiques à la façon dont vous saurez trouver le juste équilibre entre la main et les doigts. Certains d'entre vous auront beaucoup de mal à représenter les mains.

Une fois de plus, il n'est pas indispensable de savoir le nom de tous les os, mais il faut connaître la place des articulations et leur fonctionnement. Pour bien dessiner une main, commencez par apprendre à réaliser chaque doigt.

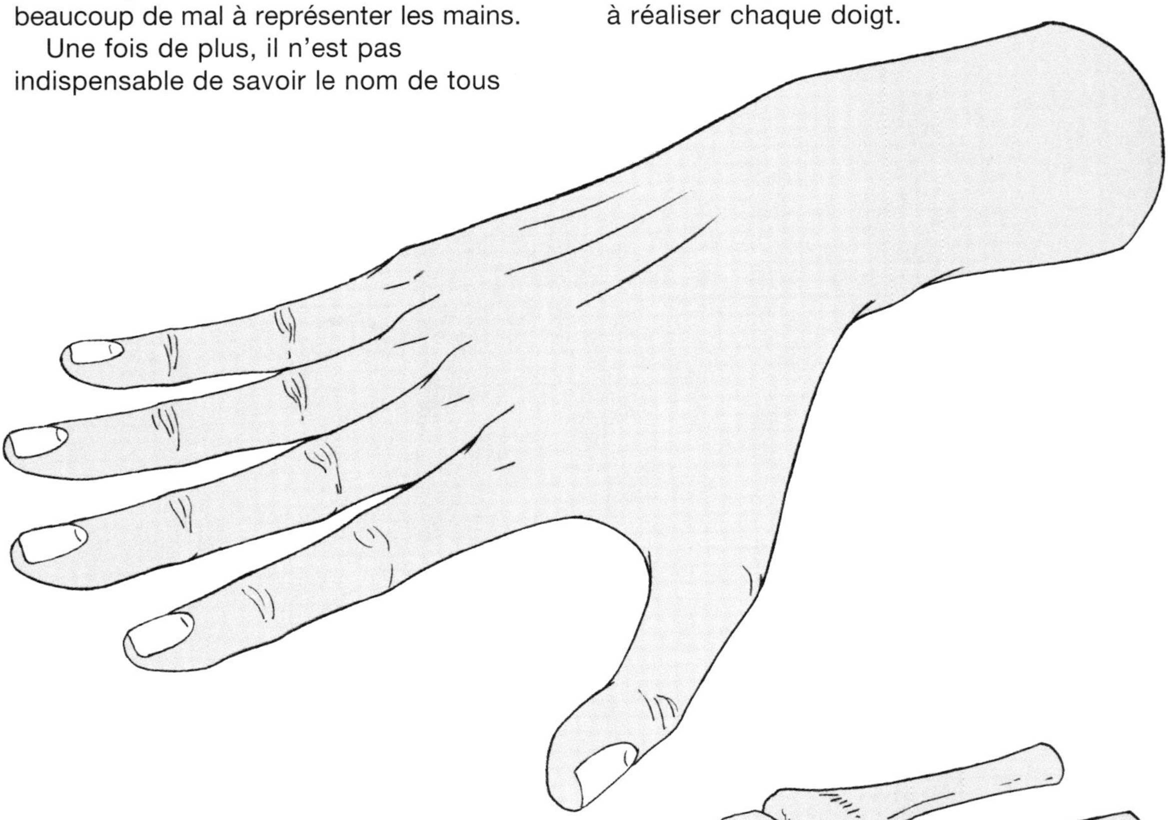

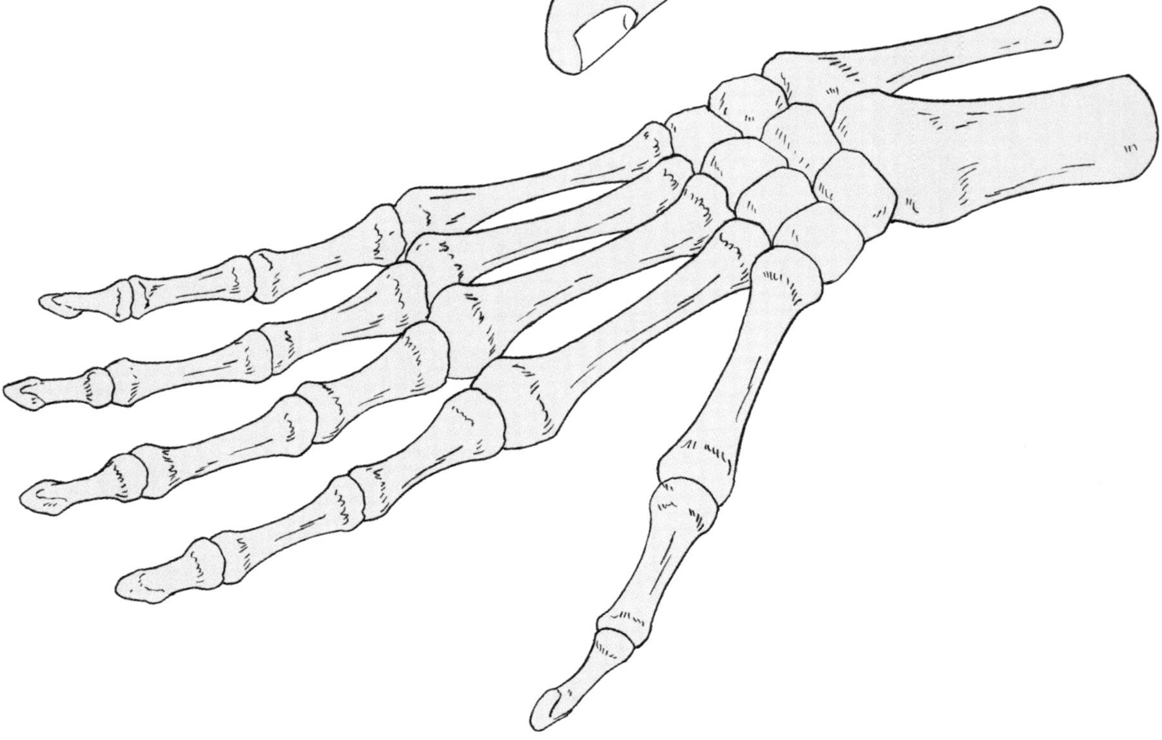

Comment représenter les formes de la main

Pensez aux articulations des doigts et à leur façon de bouger, tout comme vous l'avez fait pour le corps avec le « squelette en fil de fer » (voir p. 28). Pour rendre les volumes, construisez votre main avec des boîtes. Commencez par l'épaisseur de la main, en faisant abstraction des doigts. Considérez les doigts comme l'extension de la partie charnue de la paume : ils seront ainsi plus faciles à dessiner. Une fois que vous avez bien appréhendé les volumes, convertissez les boîtes en cylindres pour donner à la main un aspect réaliste.

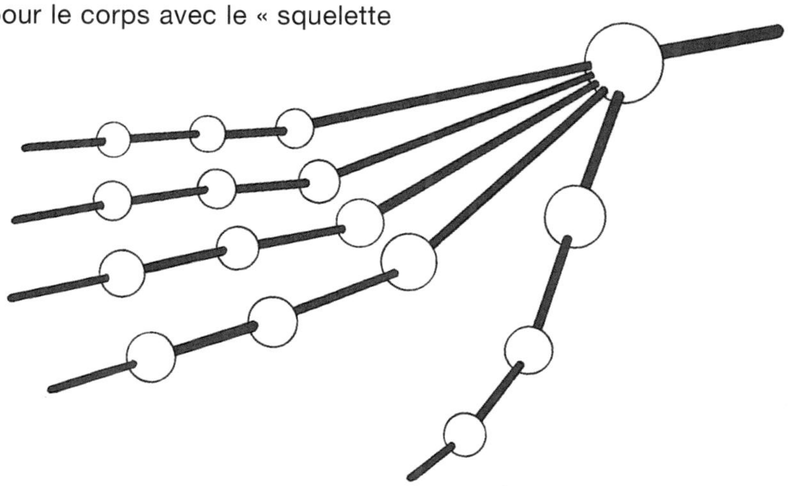

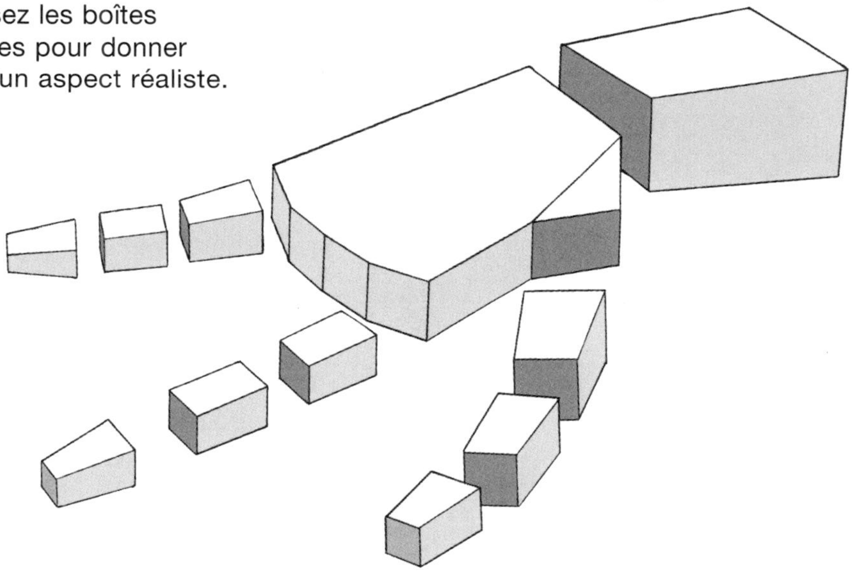

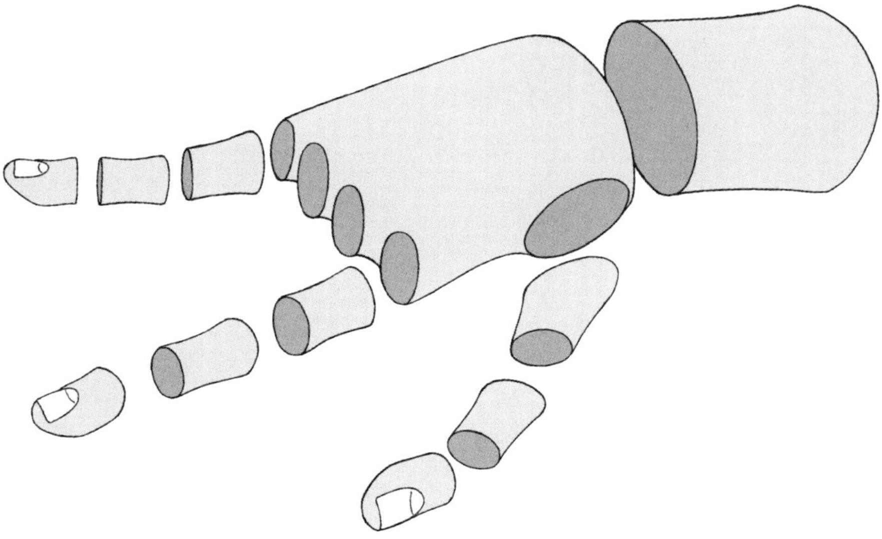

Les os et les muscles de la jambe vue de face

La forme des muscles induit celle des jambes. Pour dessiner une jambe correctement, vous devez donc d'abord bien étudier les muscles de la cuisse et du mollet, ainsi que l'articulation du genou.

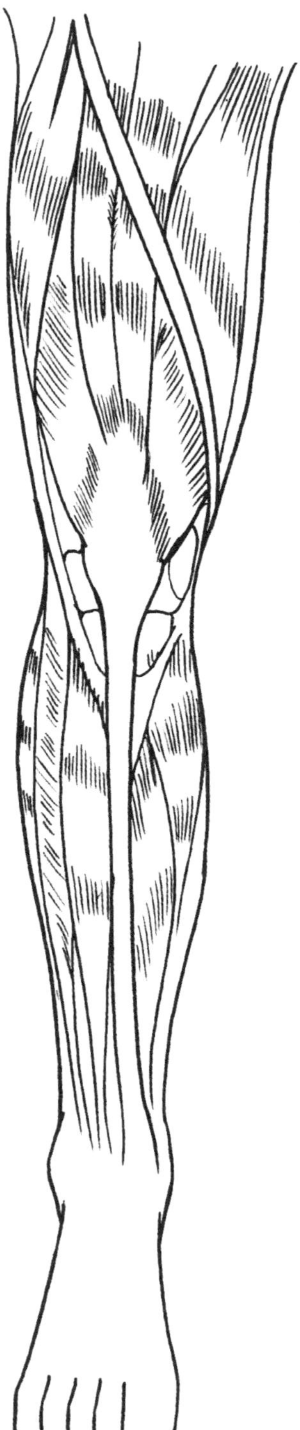

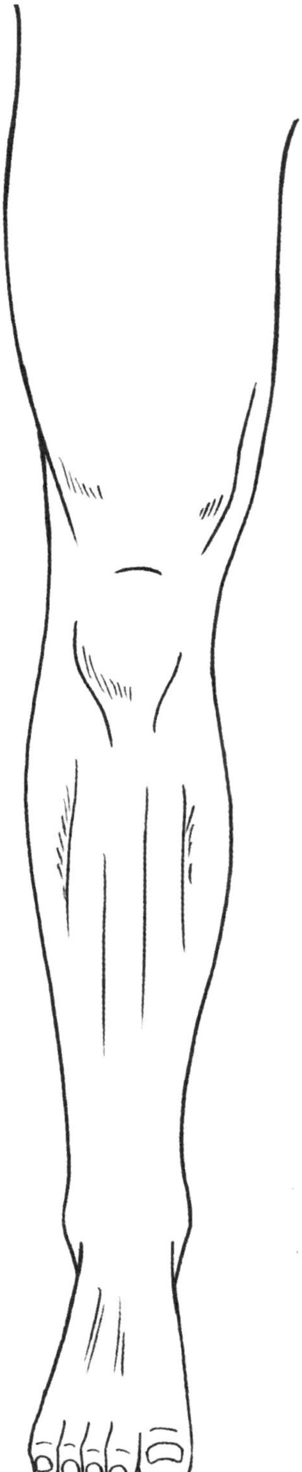

Les os et les muscles de la jambe vue de dos et de profil

Quand vous regardez une jambe de profil, les muscles apparaissent nettement. Mais leur structure est encore plus évidente vue de dos : le galbe des cuisses et des mollets crée une forme légèrement évasée reliant l'aine, le genou et la cheville.

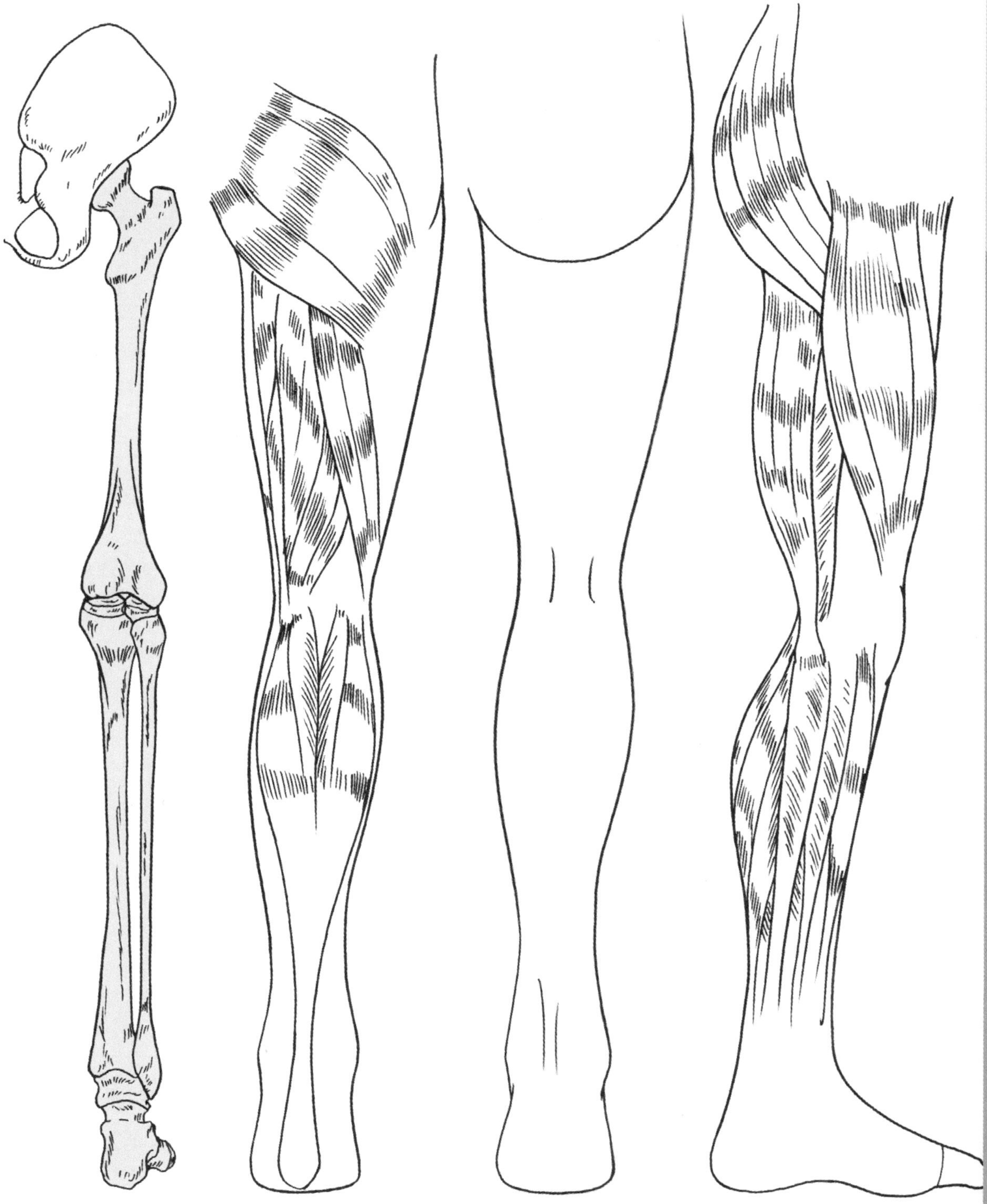

Les os et les formes du pied

Les pieds n'ayant pas de muscles importants, c'est leur ossature qui déterminera votre tracé. Le talon peut se révéler difficile à dessiner, mais vous devez surtout vous appliquer à bien rendre les contours de la cheville.

Cette dernière présente une certaine épaisseur vue de profil. Vous pouvez créer cet effet à l'aide de deux traits verticaux de longueurs différentes, puis d'une ombre que vous placez du côté du trait le plus long.

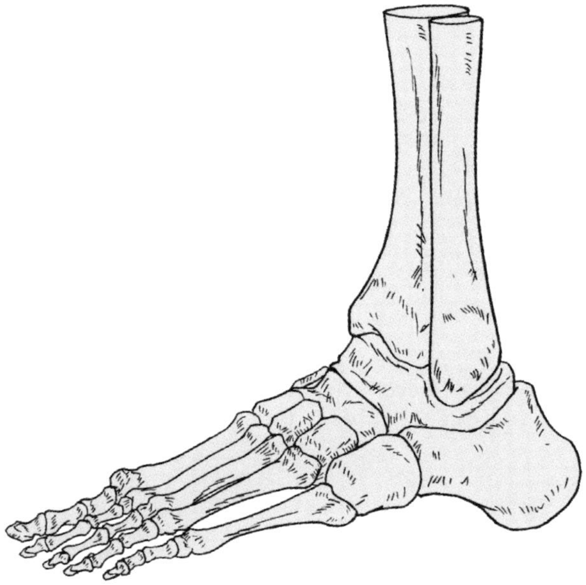

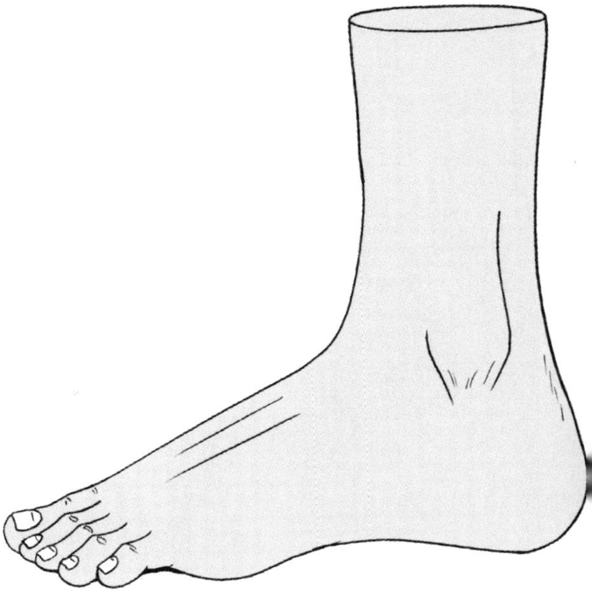

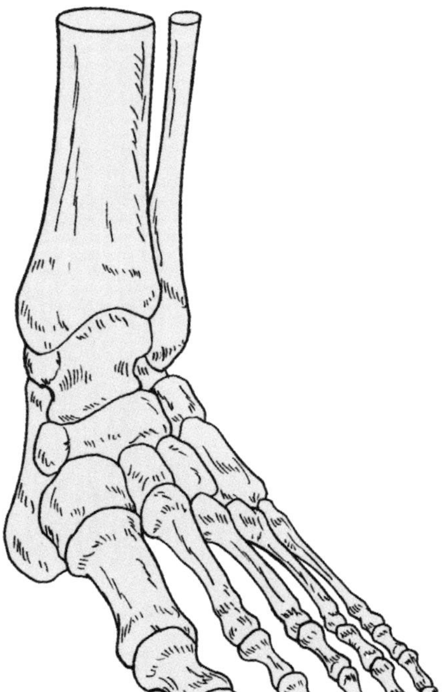

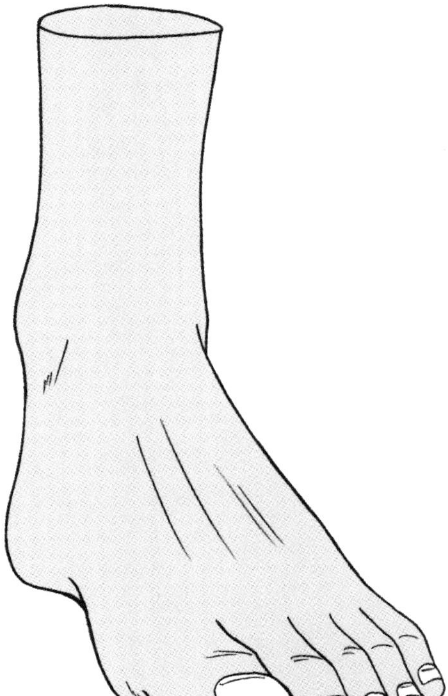

Exemples de mains

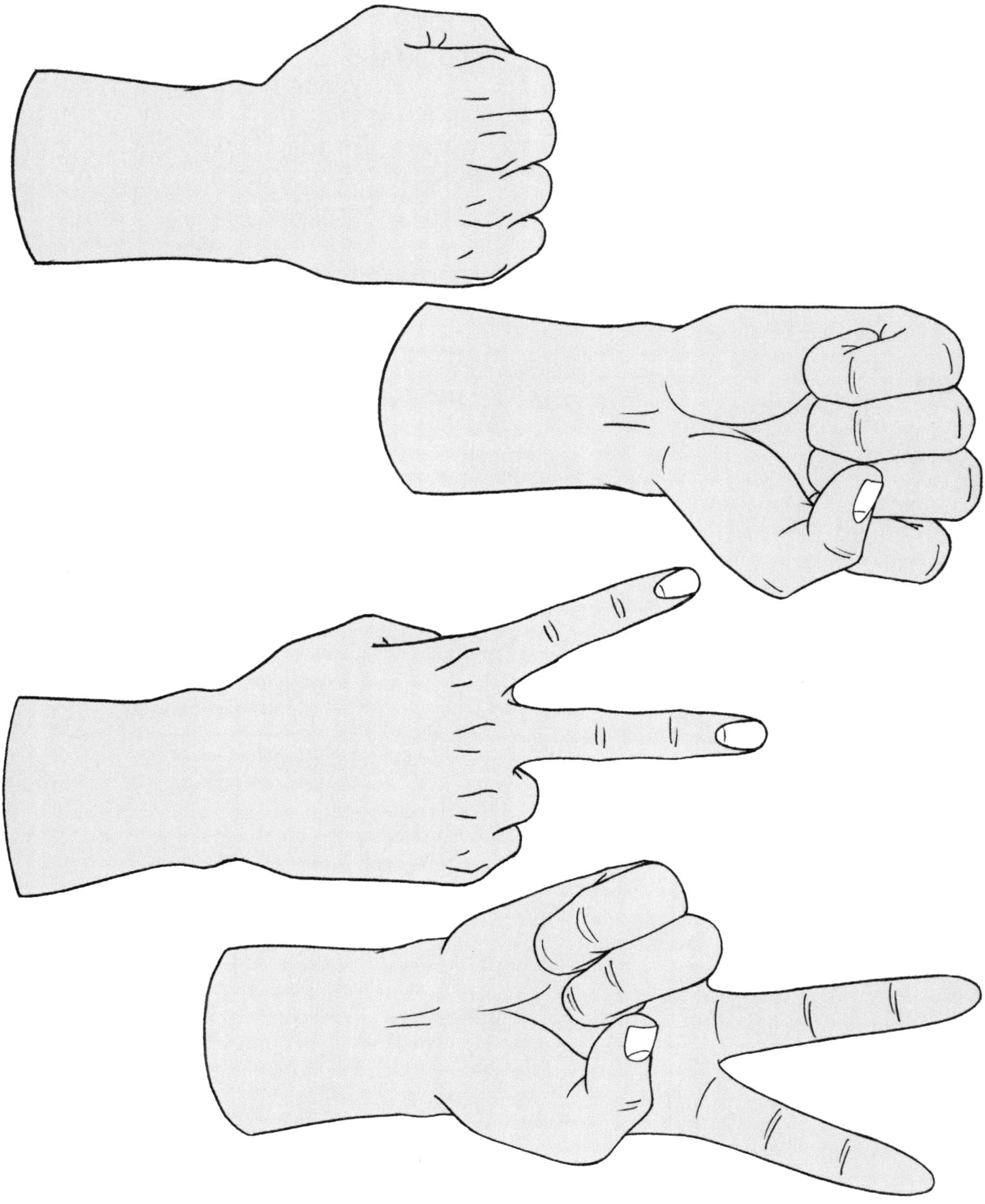

Les mains sont très difficiles à dessiner, comme le prouve le nombre de personnes qui n'y parviennent pas, certaines se refusant même à essayer de représenter une main en volume. C'est surtout le mouvement des doigts par rapport à la main qui pose problème. Vous ferez néanmoins des progrès considérables si vous étudiez et comprenez l'ossature des mains.

Voici plusieurs exemples de mains en mouvement. Essayez de les copier et d'en mémoriser les formes.

Exemples de mains

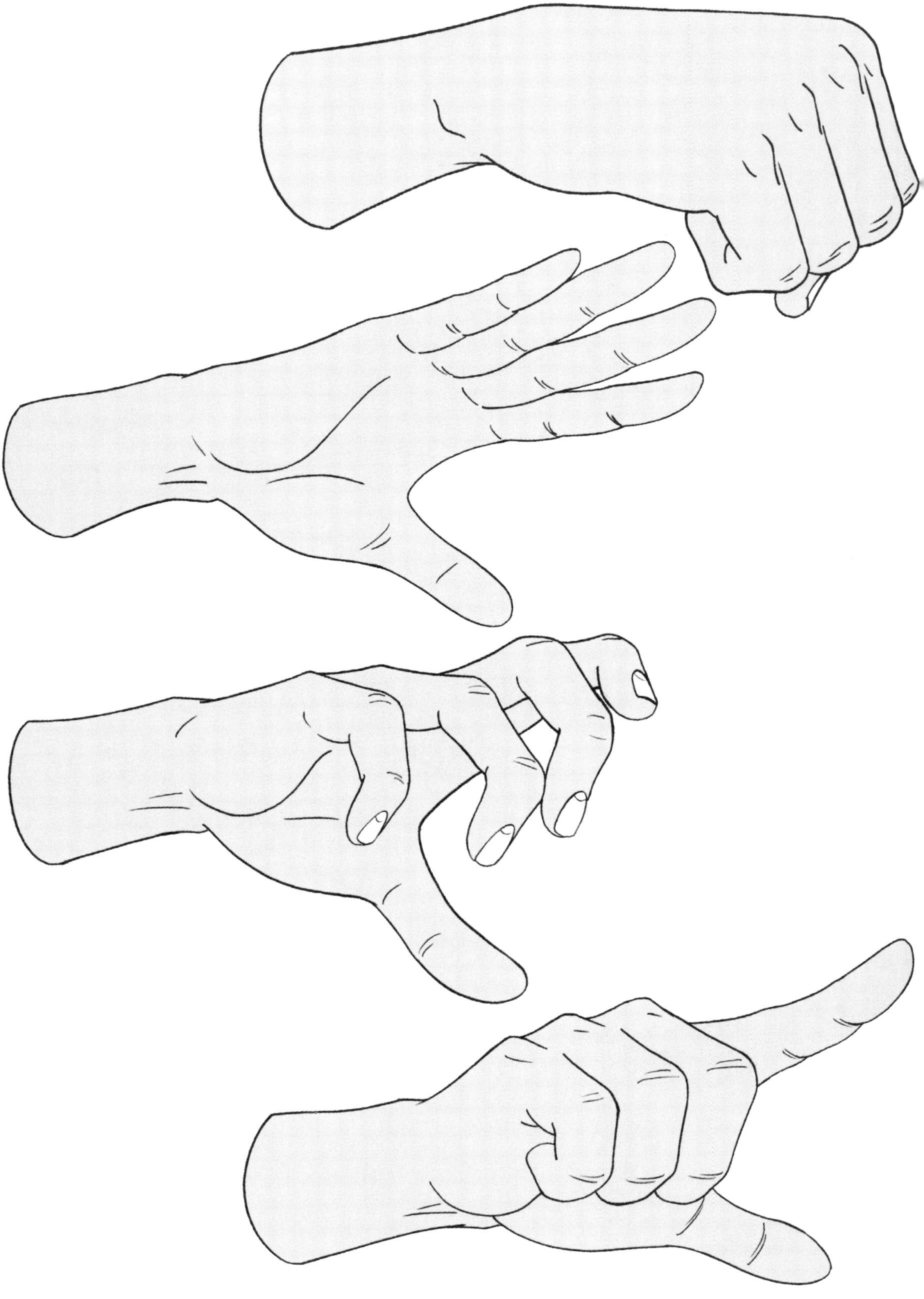

Exemples de mains

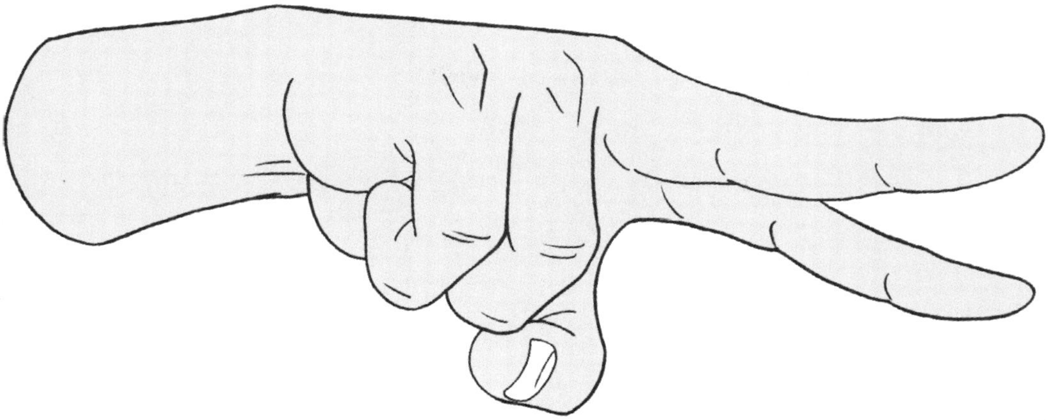

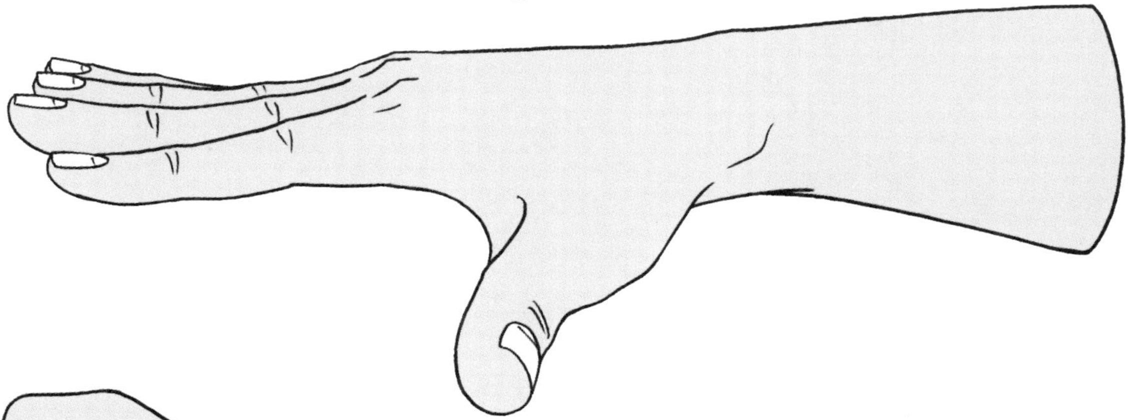

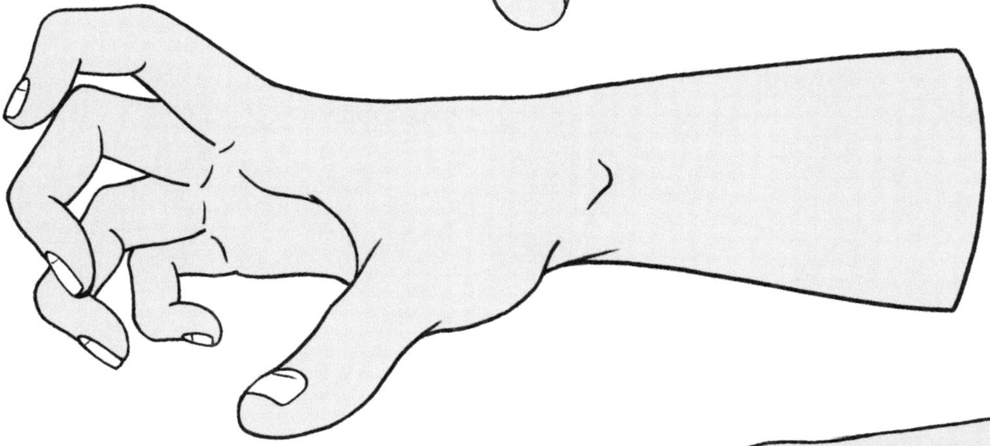

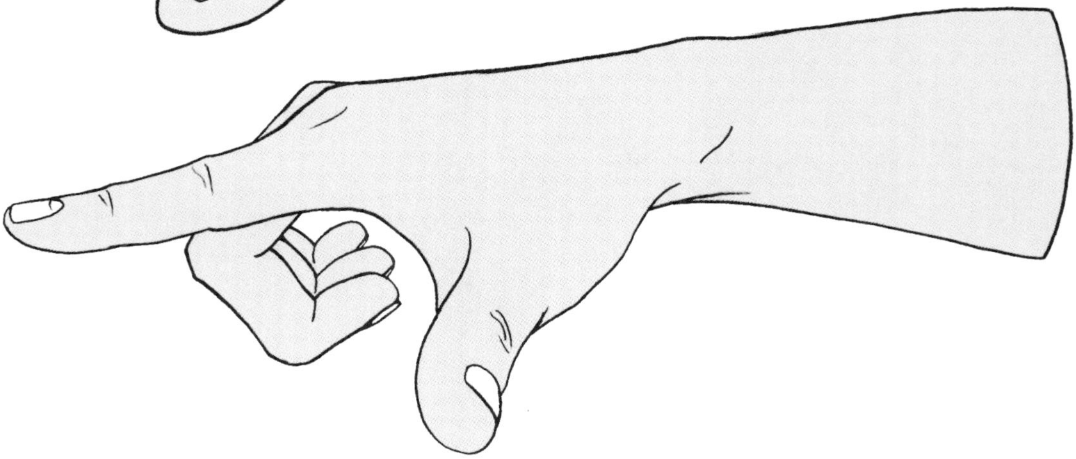

Exemples de mains

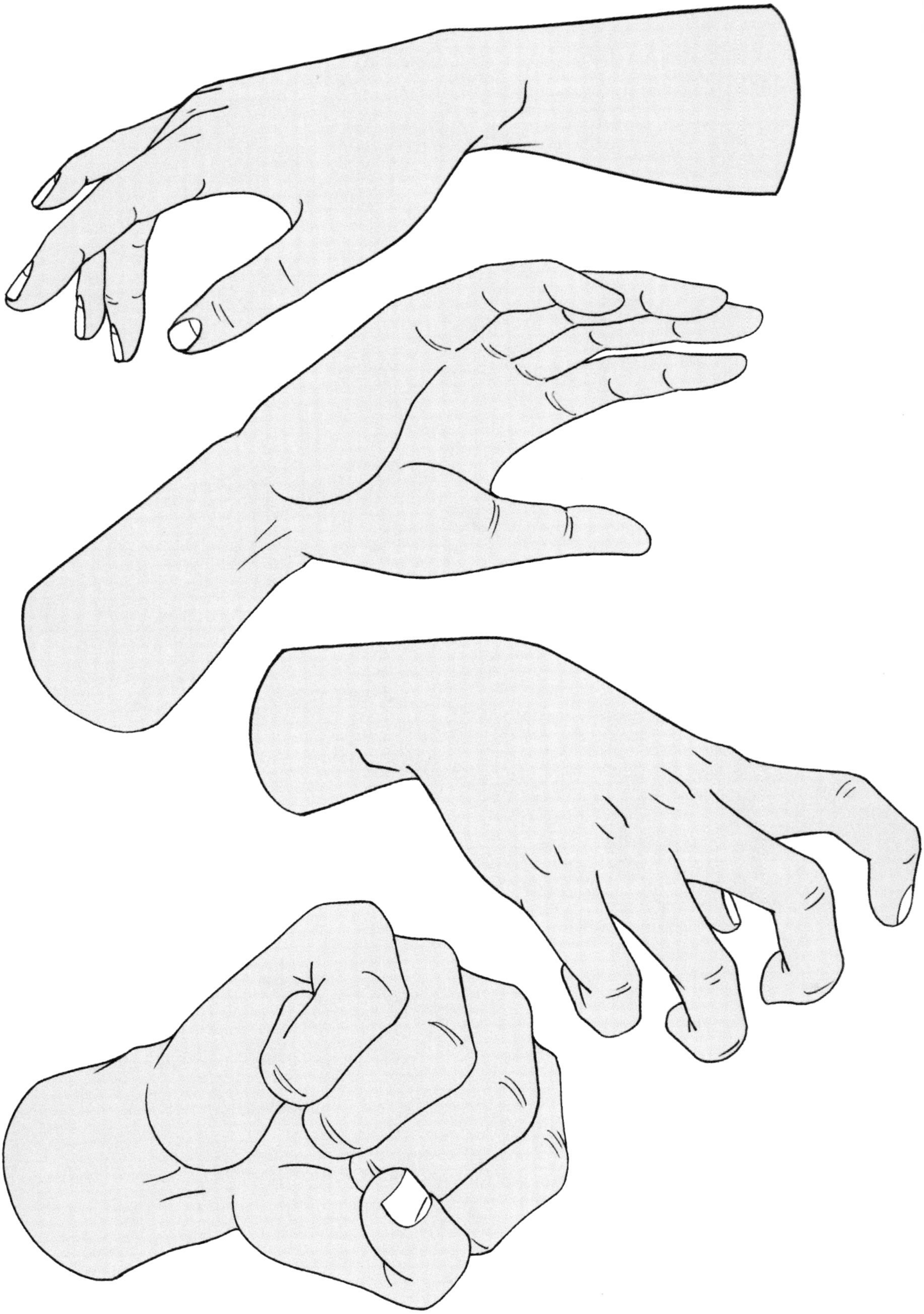

Le pied

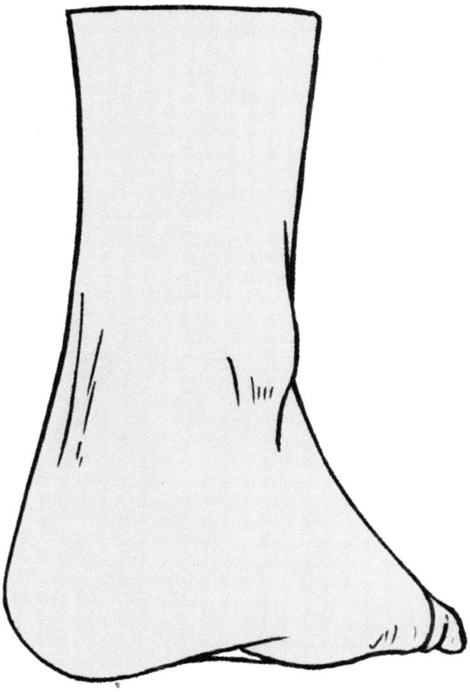

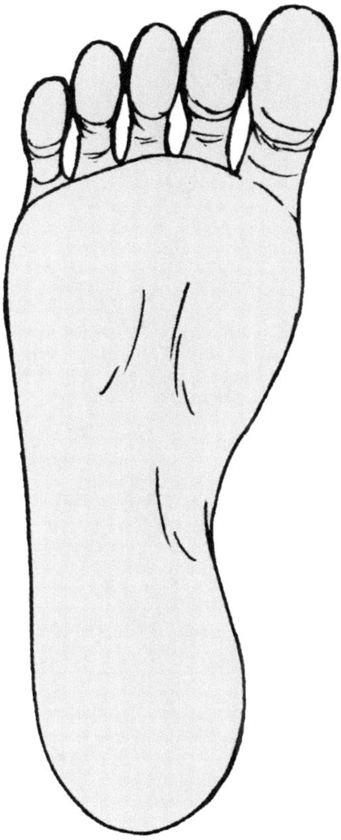

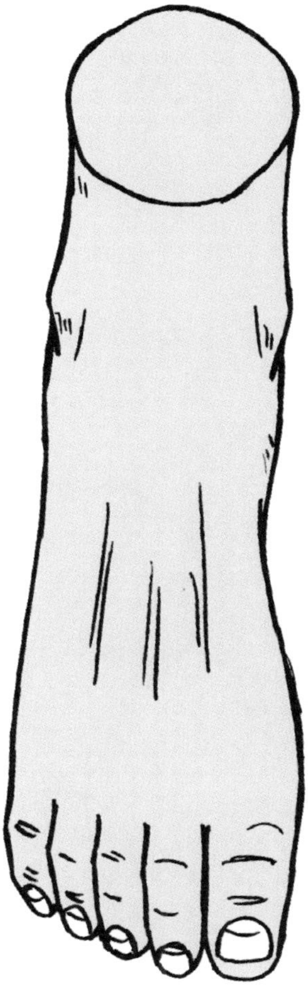

Les dessins animés japonais et les mangas comportent assez peu de scènes où les personnages sont pieds nus. La plupart du temps, ils portent des chaussettes et des chaussures. Cependant, il est nécessaire de connaître la structure du pied nu pour dessiner la forme prise par le pied chaussé.

Comme nous l'avons vu précédemment, le dessin des pieds est très important car c'est d'eux que dépendra l'équilibre et la position du corps. Un détail est essentiel à établir : le pied est-il ou non en contact avec le sol ? Pour un personnage debout, vous devez faire reposer les pieds bien à plat sur le bas de l'image.

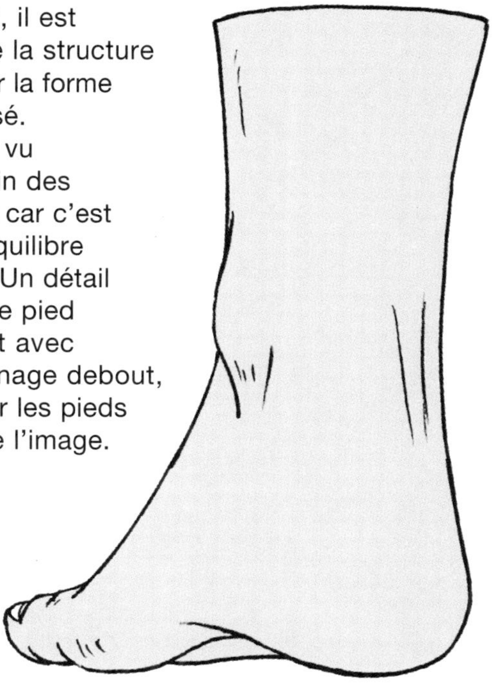

Le pied

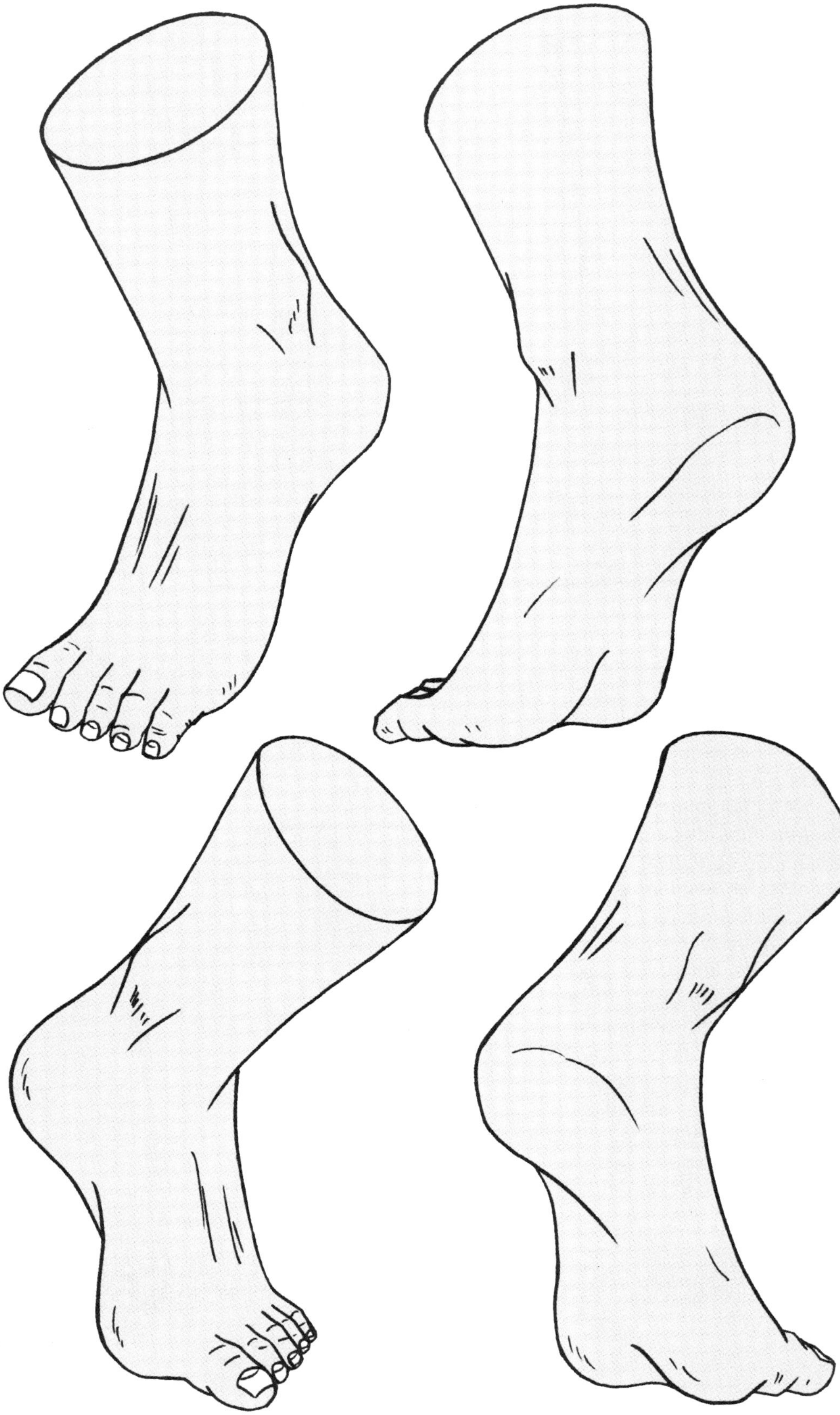

Dessiner des chaussures

Finalement, dessiner des chaussures revient à dessiner des pieds. Il suffit juste de prendre en compte le style du personnage et le modèle de chaussure. La technique des boîtes se révèle indispensable pour intégrer un personnage chaussé dans un décor en trois dimensions.

Notez ici que la surface du sol et la semelle s'inscrivent dans une même perspective et que la chaussure adhère parfaitement au sol. Les chaussures sans talon comme les baskets sont plus faciles à réaliser, mais commencez à vous entraîner avec les deux modèles représentés ci-dessous.

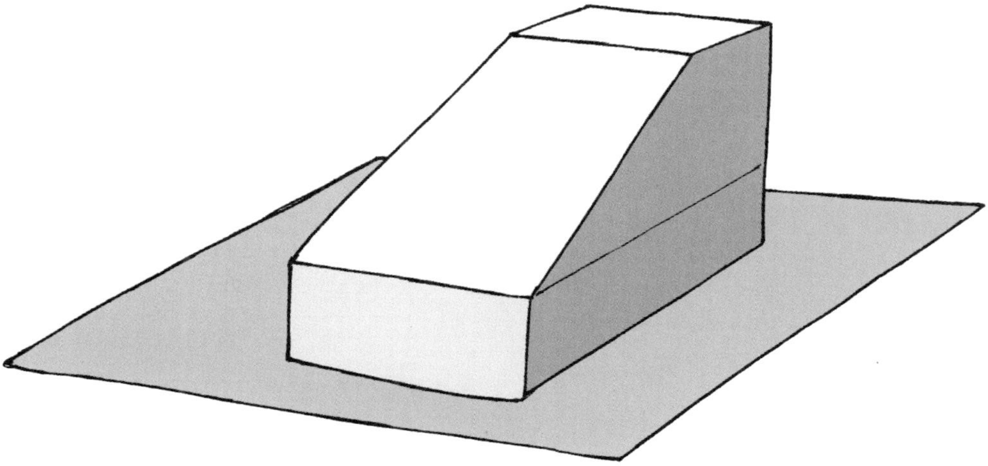

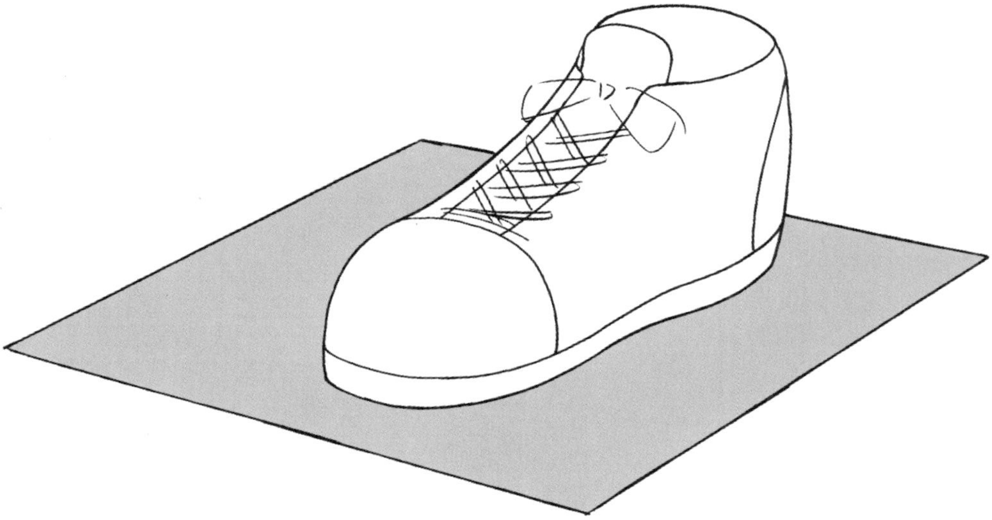

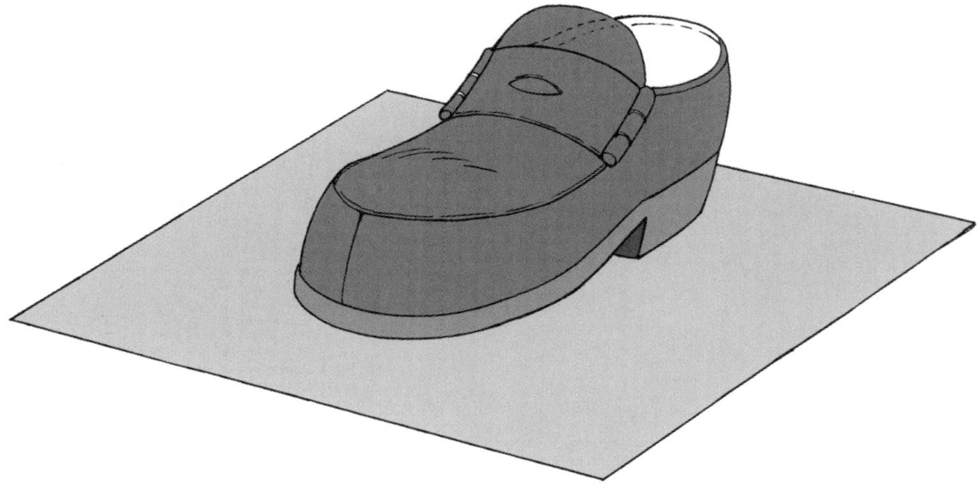

Dessiner des chaussures

Essayez maintenant de dessiner
les mêmes chaussures vues de dos.

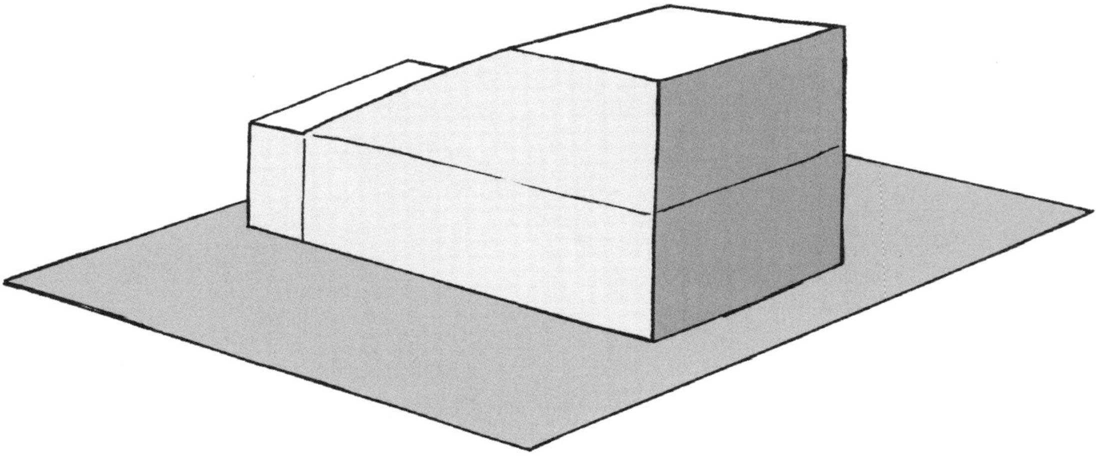

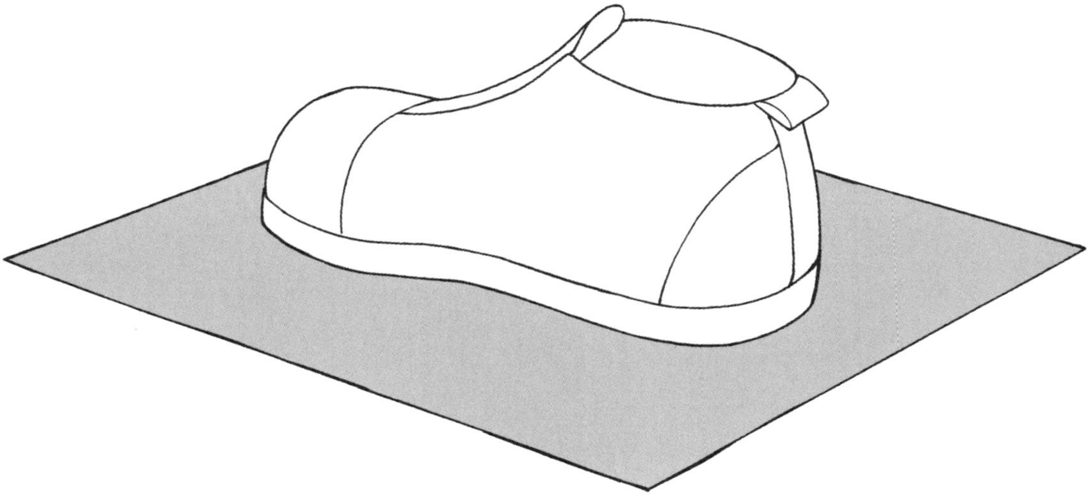

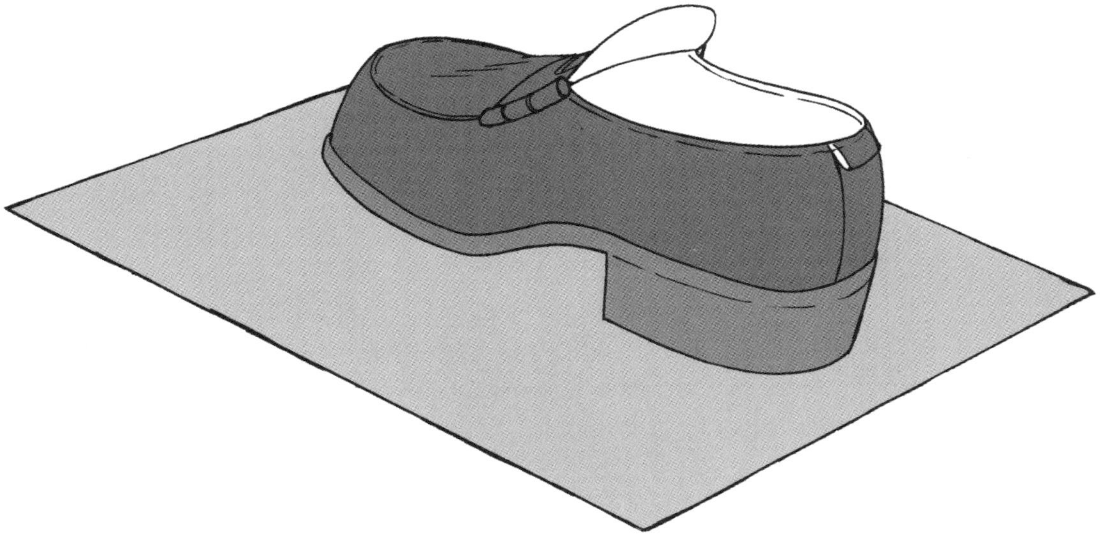

Dessiner des chaussures

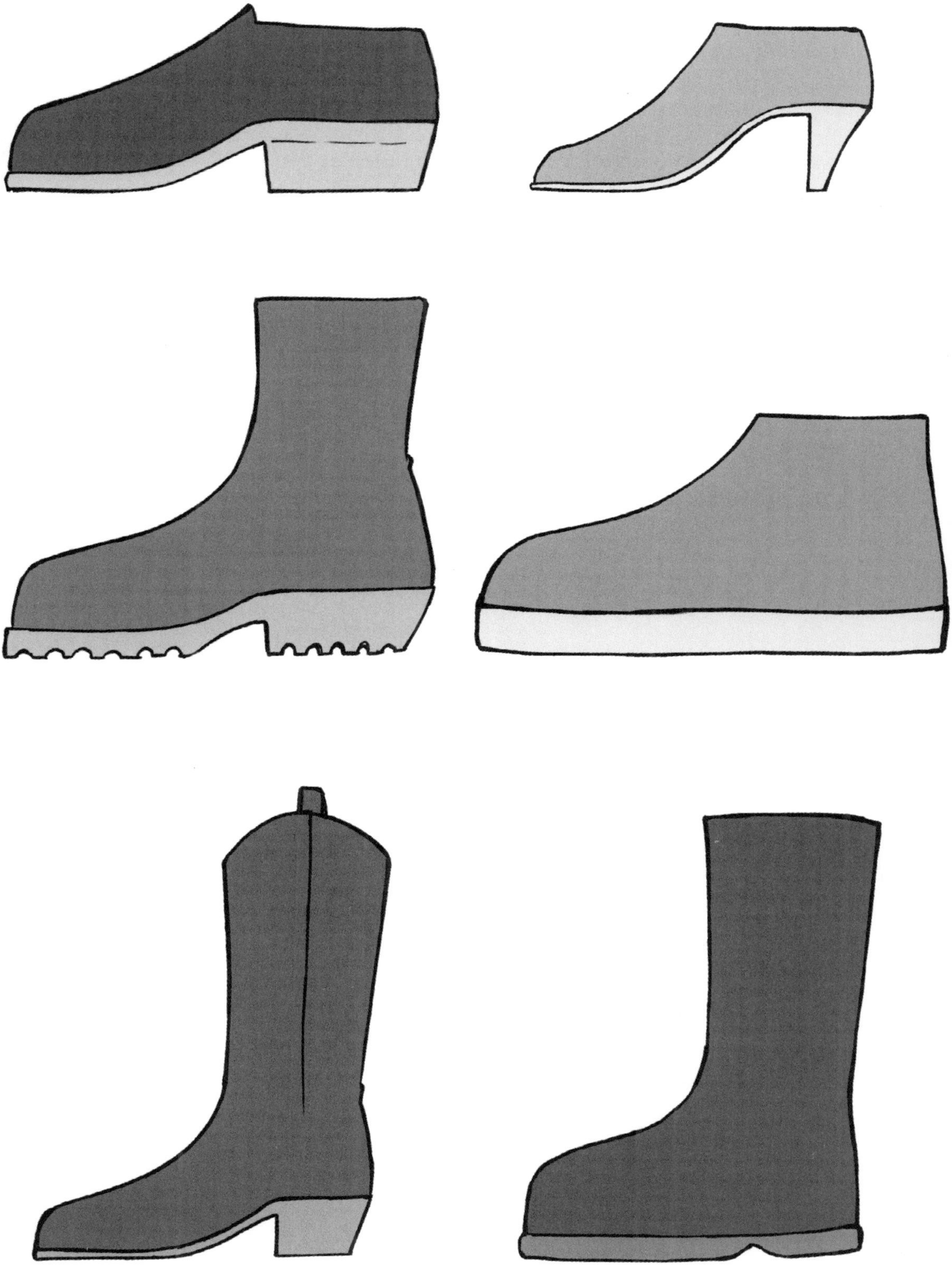

Divers angles d'un visage réaliste

Comme la plupart des dessinateurs, vous avez sûrement envie d'améliorer en priorité vos aptitudes de portraitiste.

Patientez encore un peu. Comme nous l'avons vu jusqu'ici, l'essentiel pour bien dessiner, c'est d'apprendre à représenter l'objet ou le personnage dans un espace en trois dimensions. Ce principe s'applique aussi au visage. Vous n'êtes pas obligé d'utiliser la technique des boîtes mais pensez toujours, quand vous réalisez un croquis, à l'angle de la tête et du cou ainsi qu'à la direction du visage, et arrondissez le tracé des yeux et de la bouche.

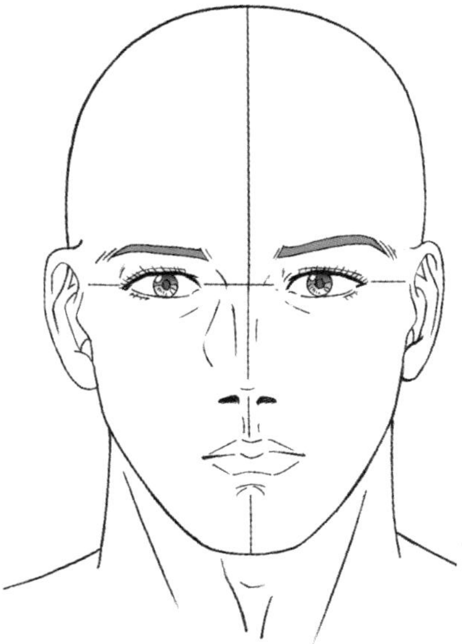

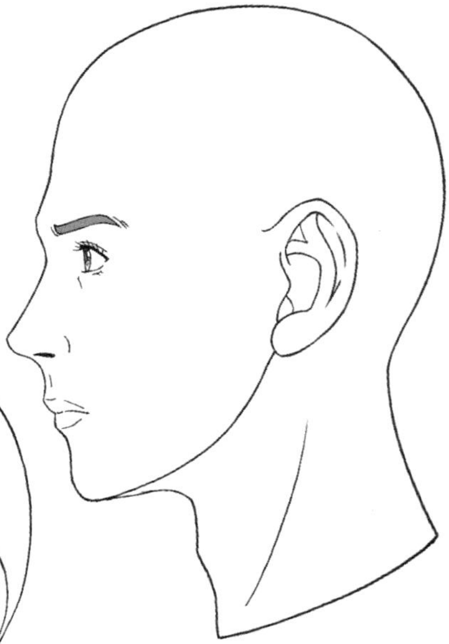

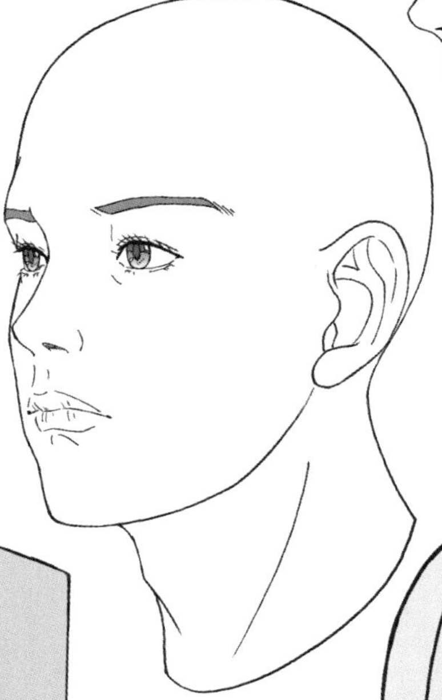

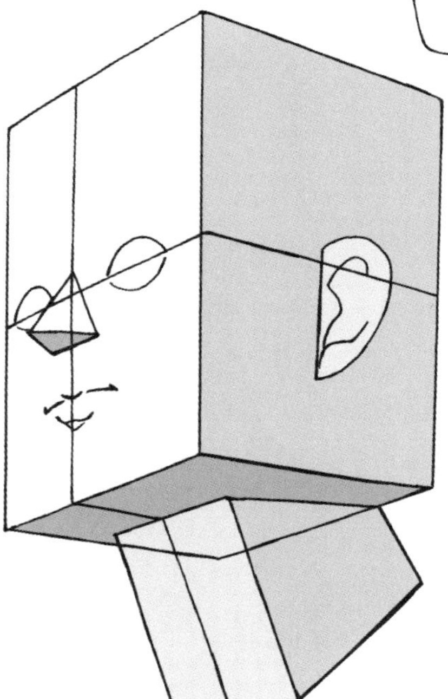

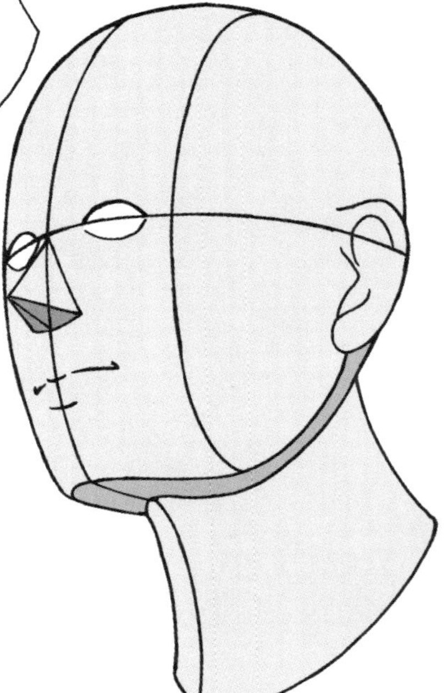

Divers angles d'un visage réaliste

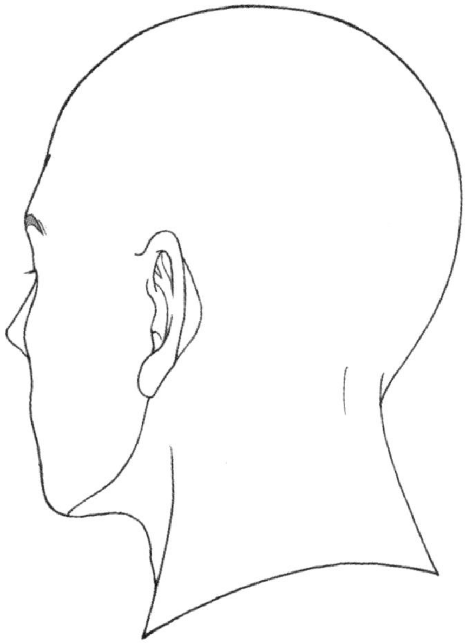

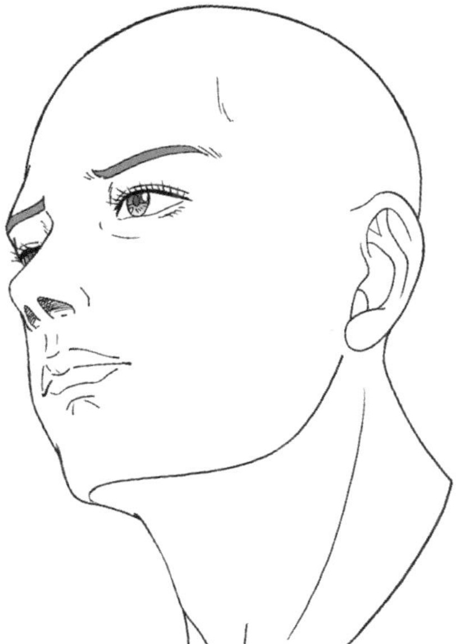

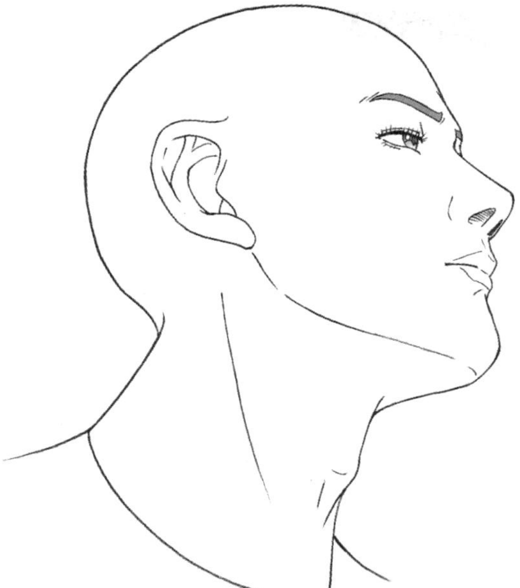

Divers angles d'un visage réaliste

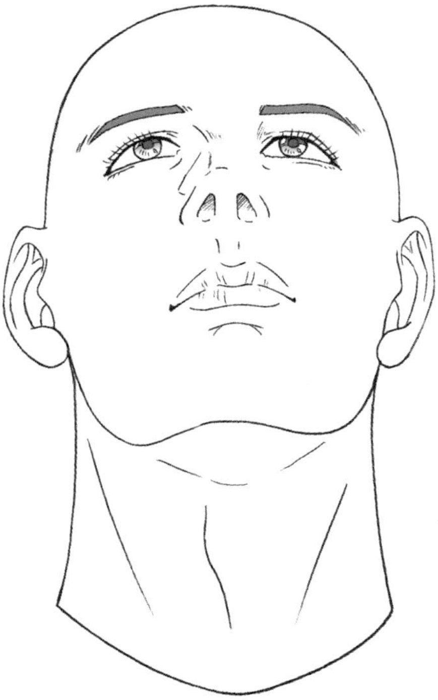

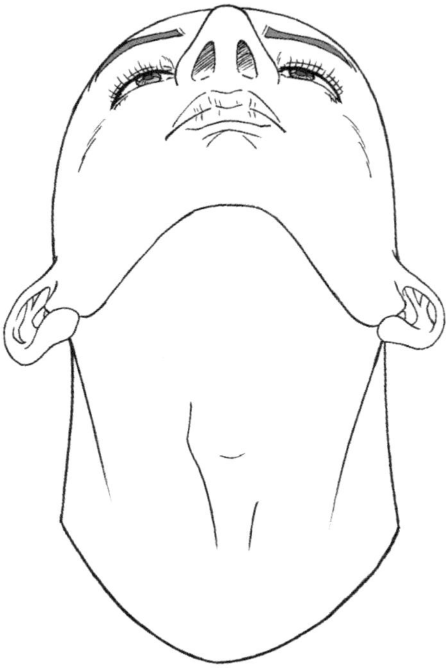

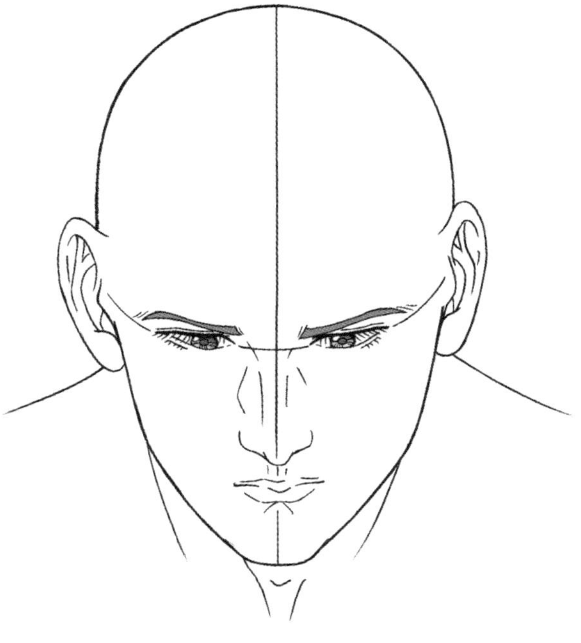

Divers angles d'un visage manga

Vous pouvez vous entraîner en exécutant des croquis d'un visage réaliste. Mais comment dessiner des visages de style manga ? Pour obtenir le style caricaturiste typique de ce genre, vous allez devoir déformer certains traits du visage.

Une fois que vous avez choisi les traits que vous allez souligner et ceux que vous allez atténuer, placez votre visage de style manga dans un cadre. Il vous sera ainsi plus facile de décider ensuite des détails.

Les studios d'anime travaillent à partir d'une charte établie pour chaque personnage qui montre son visage vu sous tous les angles possibles et selon différentes expressions, comme sur cette page et les suivantes. Pour devenir un pro, faites-en autant avec votre héros de manga.

Divers angles d'un visage manga

Divers angles d'un visage manga

Quelques angles difficiles

Même les professionnels ont parfois du mal à représenter un visage sous certains angles, comme la perspective cavalière ou la contre-plongée. Observez les exemples ci-dessous et entraînez-vous à dessiner votre personnage sous chacun de ces angles.

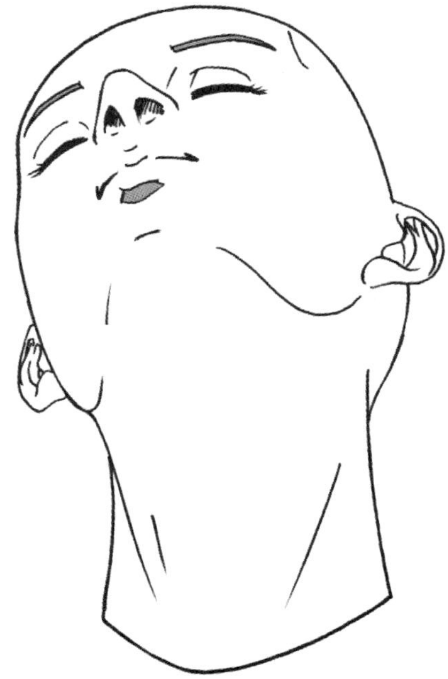

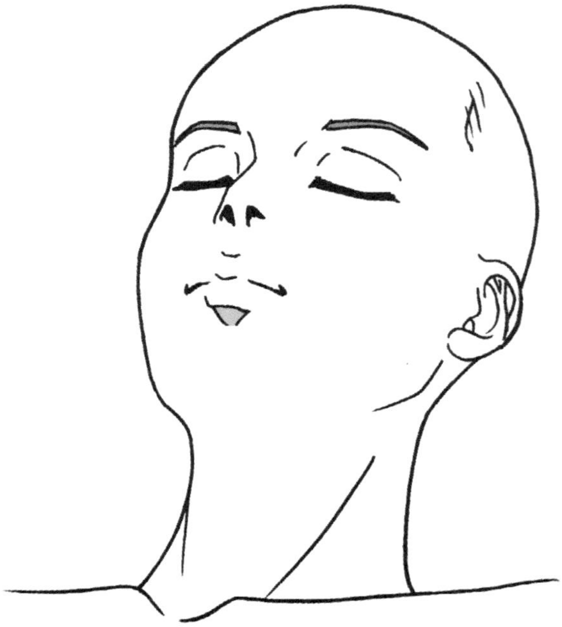

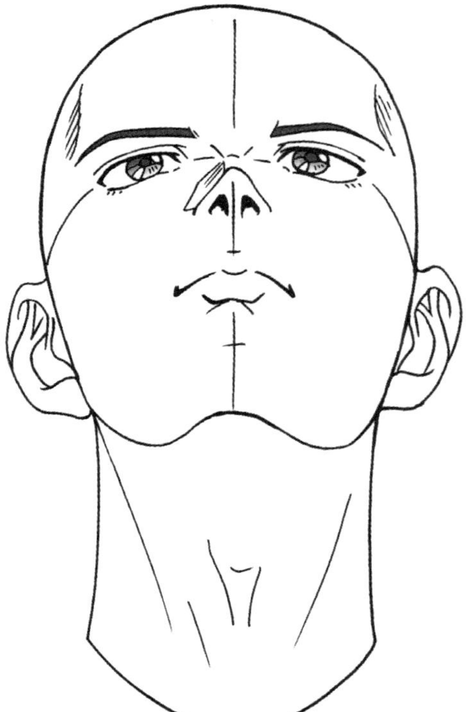

Chapitre 3

Les bases du dessin de personnage

Variations sur le corps humain

Essayons maintenant de représenter les corps de personnages, en gardant à l'esprit les méthodes de base du dessin. Dans l'anime et le manga, avant de dessiner les yeux, le nez et la bouche, on esquisse une silhouette pour se faire une idée globale du personnage.

Si vous inventez une histoire, vous devez imaginer plusieurs héros car les mangas et les anime en comptent des dizaines, voire des centaines. Vous pensez sans doute qu'il suffit de changer les yeux, le nez, la bouche ou la coiffure pour créer de nouveaux personnages. Mais vous verrez rapidement les limites de cette technique. Vous devez aussi varier la forme des corps et jouer sur leur corpulence. Vos personnages y gagneront en diversité et en originalité, et votre histoire n'en sera que plus riche.

Ce faisant, non seulement vous vous conformerez aux méthodes de la profession, mais vous vous rendrez compte aussi que vos protagonistes sont plus faciles à dessiner et que vous améliorez vos techniques de croquis et de dessin.

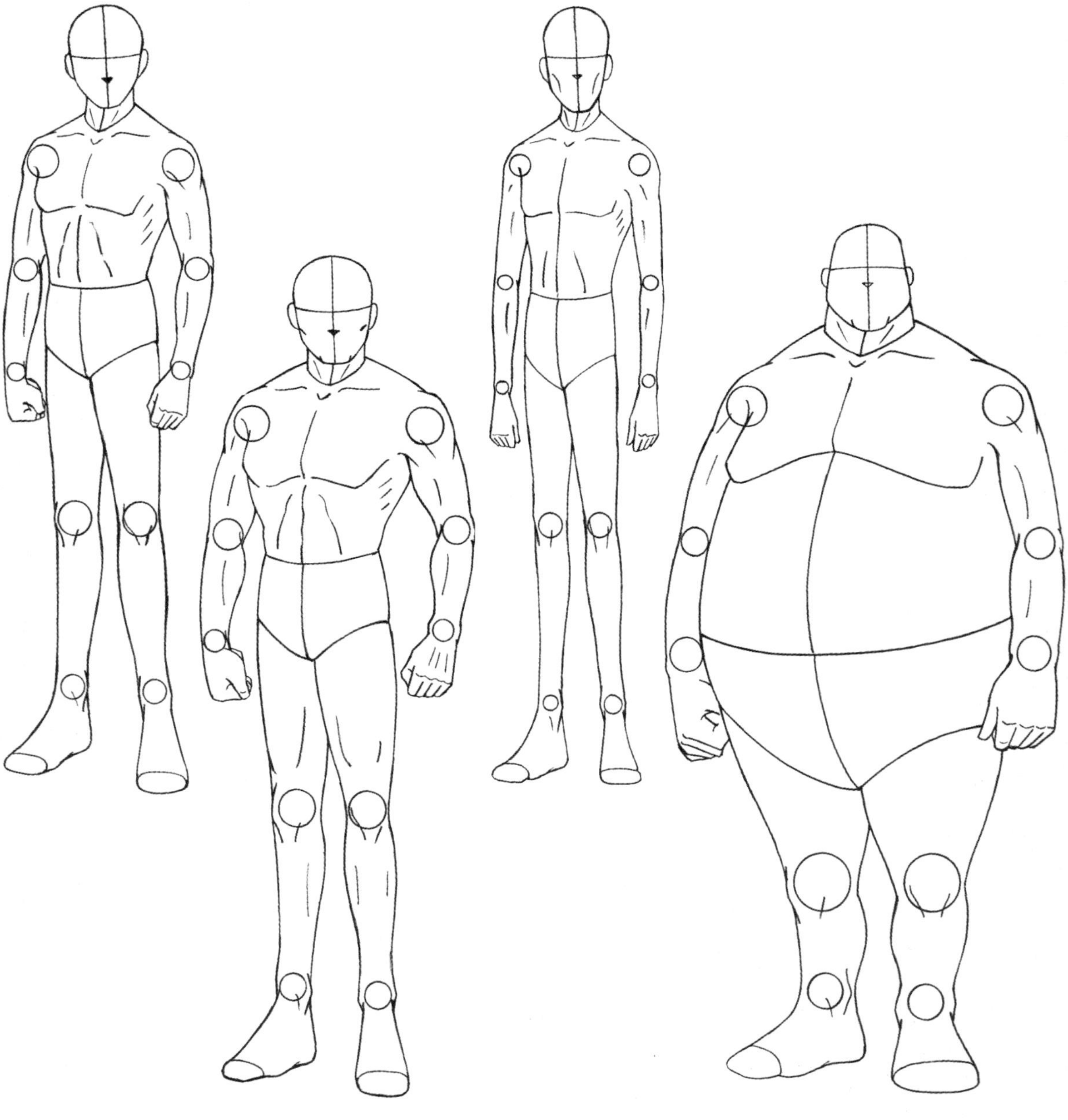

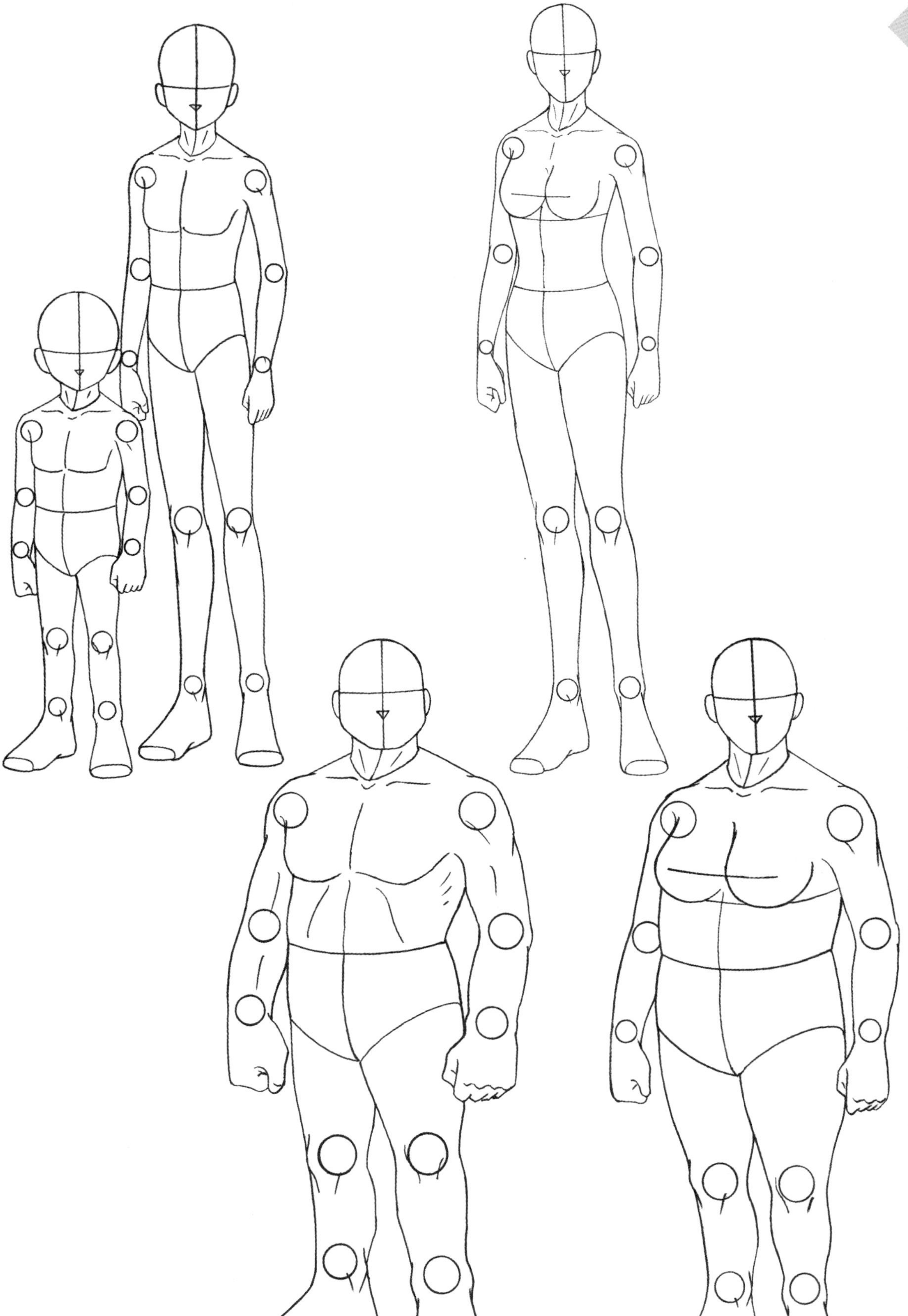

Dessiner un personnage masculin

Dans un studio d'animation, on crée pour chaque personnage une charte graphique qui le présente sous trois angles : de face, de profil et de dos. Ces différents points de vue servent également à dessiner les costumes du héros qui doivent être adaptés à sa corpulence. Comme cela est expliqué dans le chapitre 1, ces angles permettent aussi d'appréhender le volume occupé par le personnage.

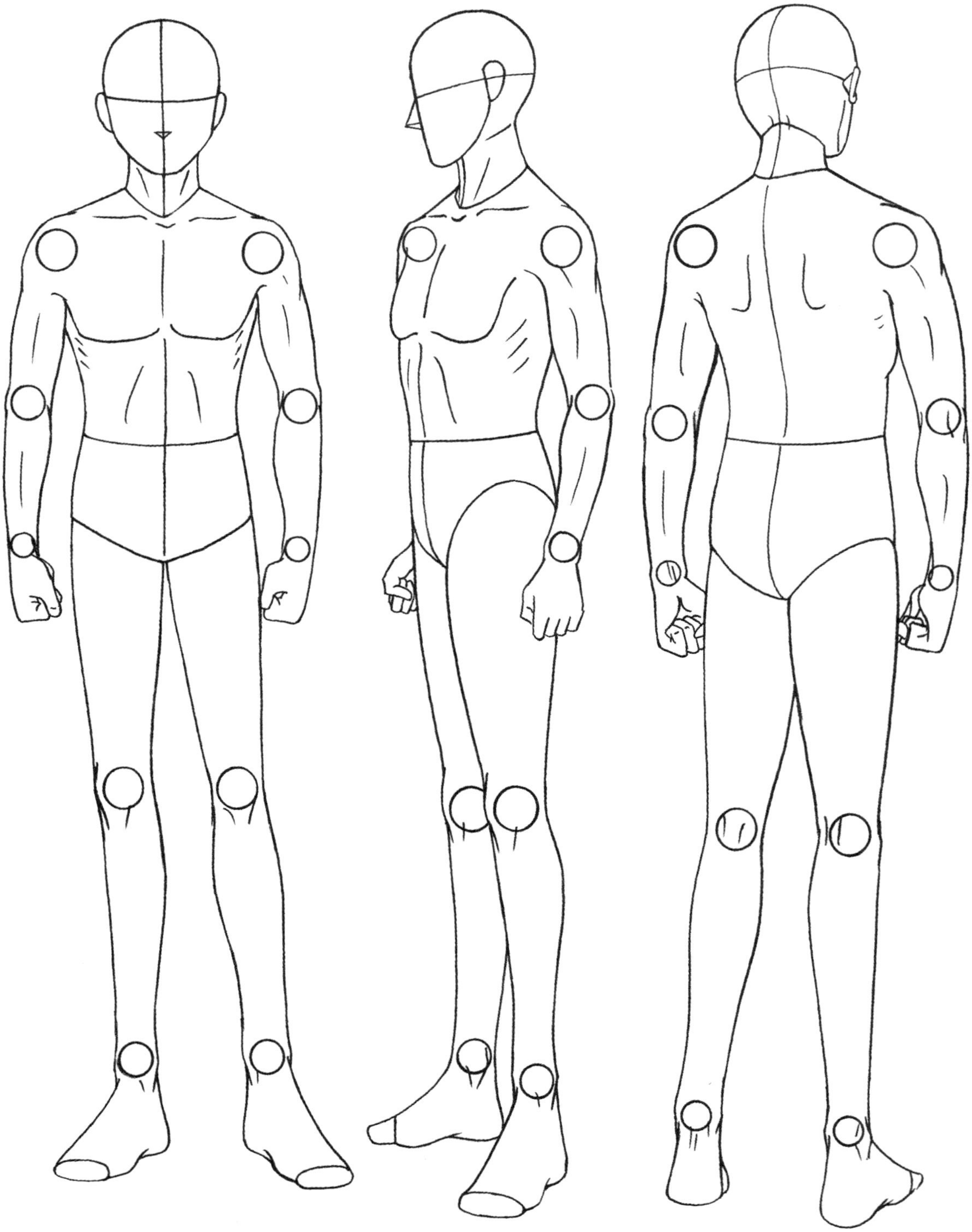

Dessiner un personnage féminin

Après le personnage masculin, essayez de représenter un personnage féminin sous trois angles différents. Comparez les proportions de la femme à celles de l'homme, et observez les différences de personnalité qui s'en dégagent.

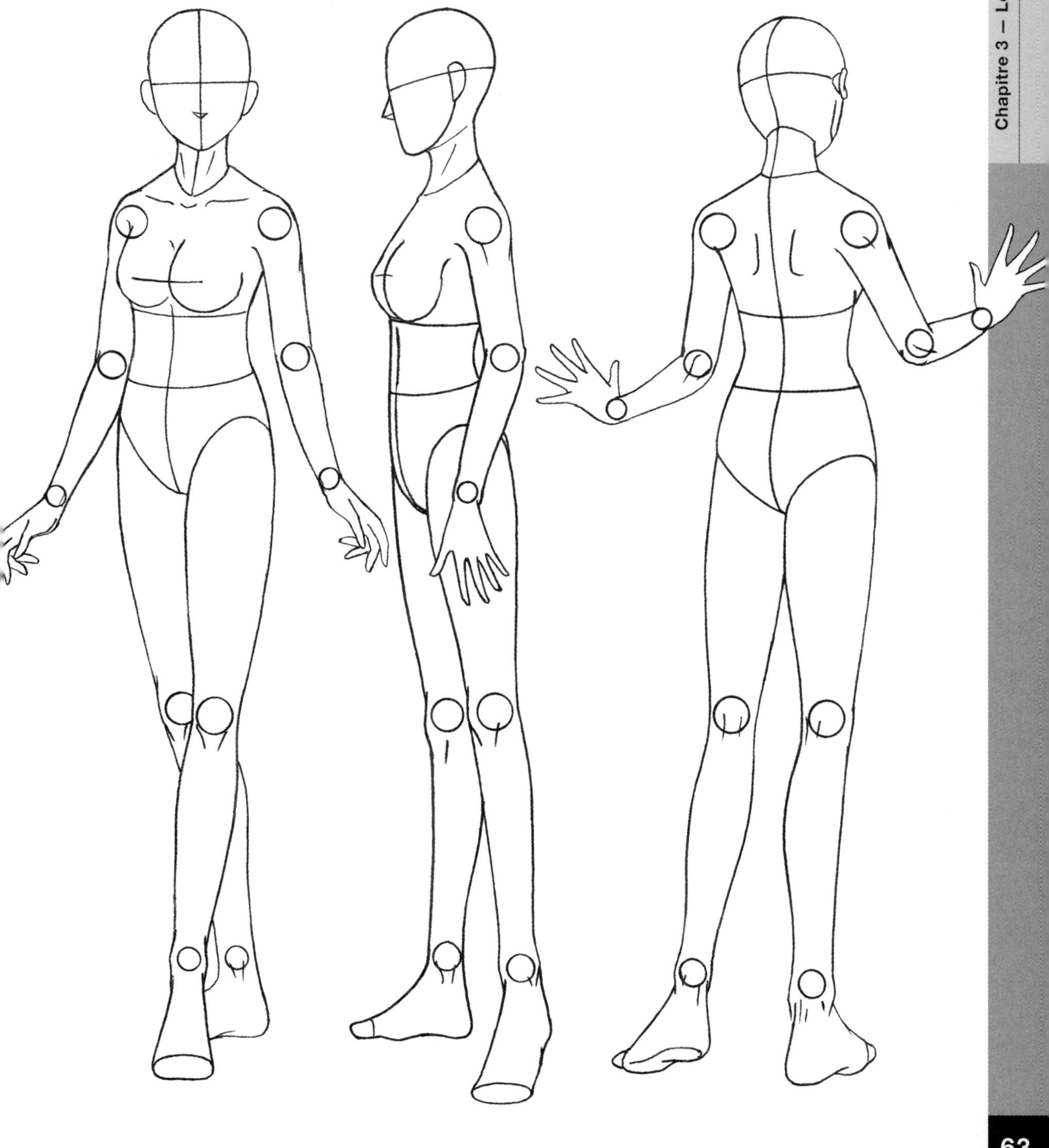

Les signes de l'âge

Les personnages se différencient non seulement par les caractéristiques de leur corps et de leur sexe, mais aussi par leur âge. Celui-ci se mesure à différents détails comme les rides du visage, les vêtements, la posture, un dos voûté ou non, le rapport de proportion entre la tête et le corps… Autant d'éléments que vous pouvez facilement intégrer à votre dessin de base. Encore une fois, tout est dans le détail.

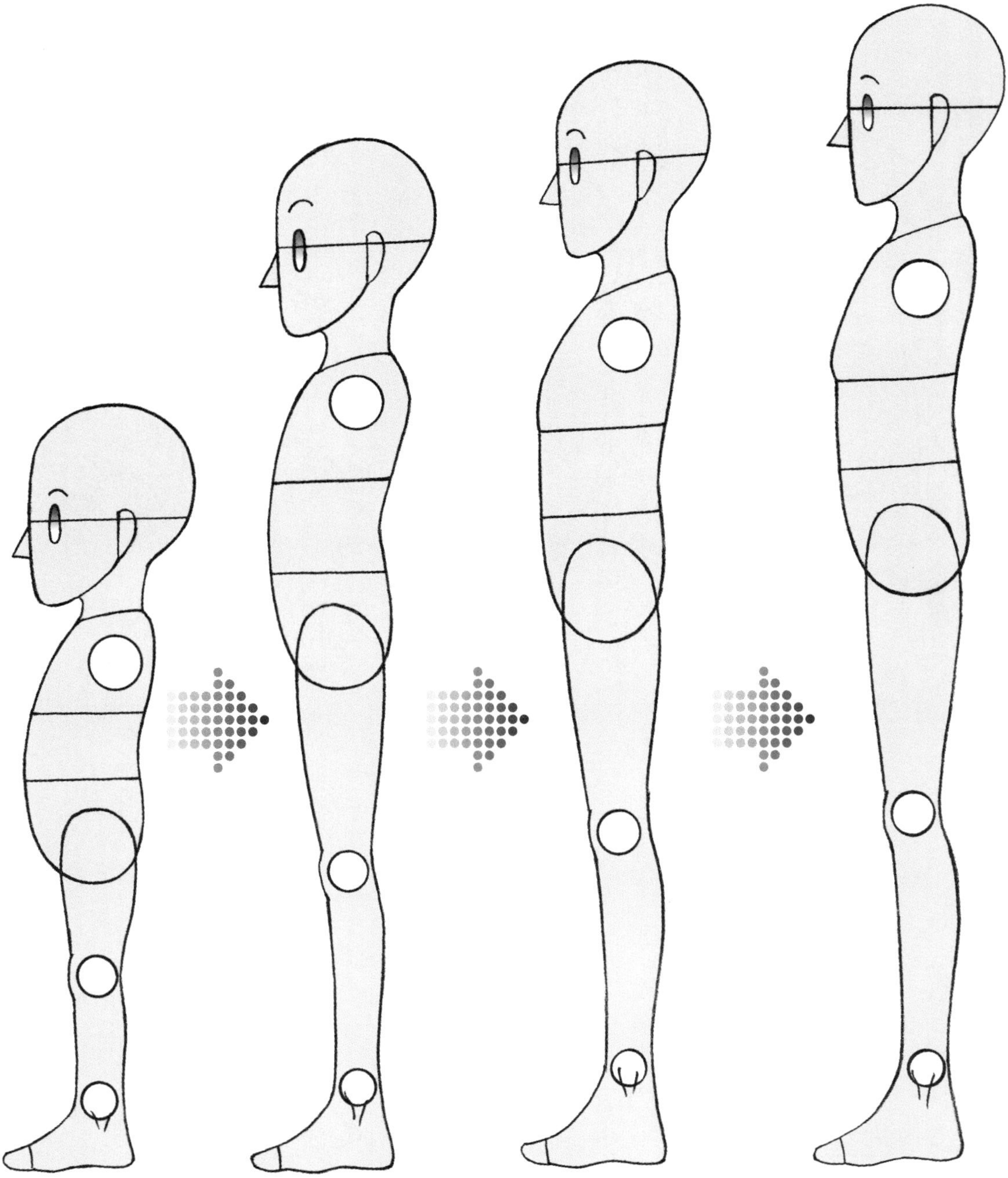

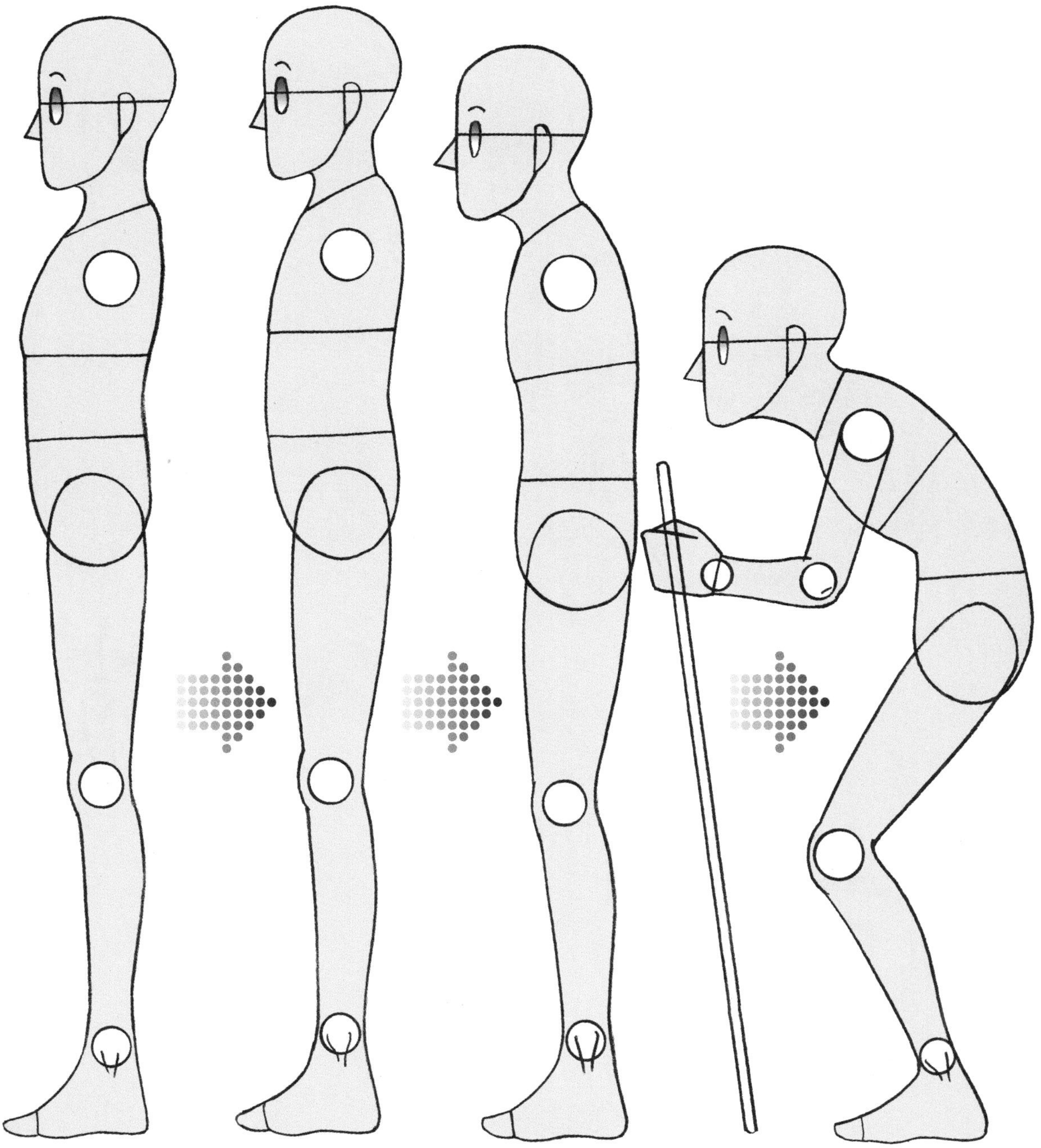

Les signes de l'âge sur un visage masculin

Diverses méthodes permettent de représenter les signes de l'âge sur un visage. Observez les dessins ci-dessous et ci-contre et notez le changement de position des yeux, les traits qui s'accentuent, les rides qui apparaissent et les muscles qui s'affaissent à mesure que le visage vieillit.

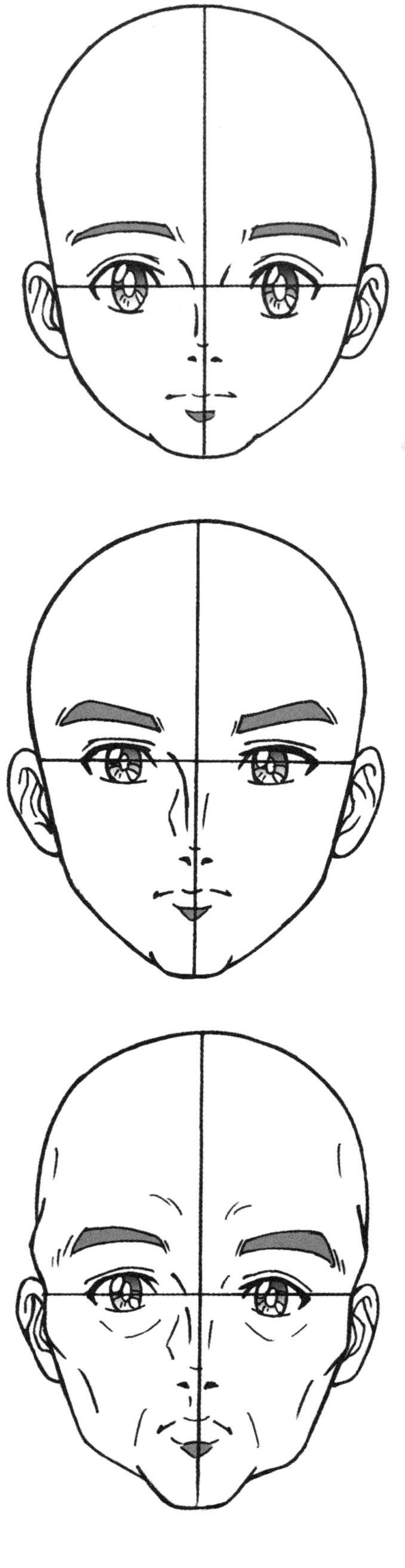

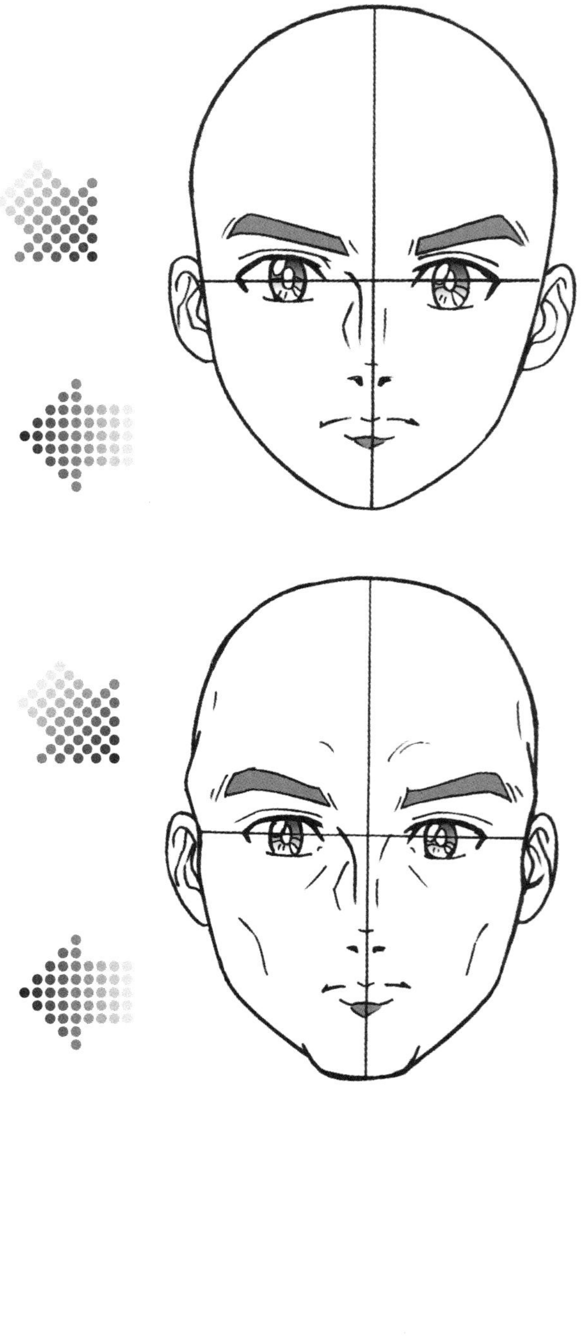

Les traces de l'âge sur un visage féminin

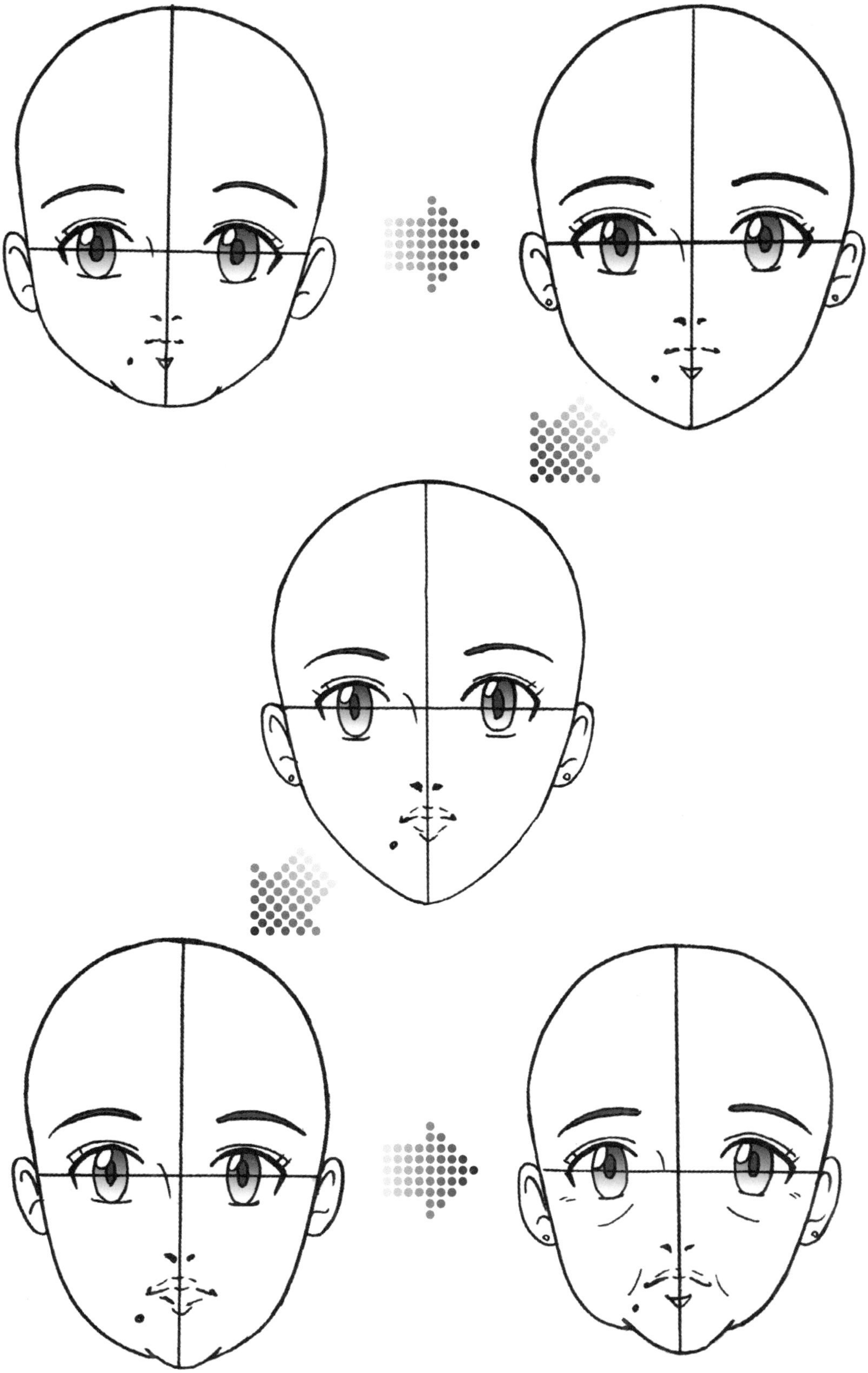

Les différences entre l'homme et la femme de style manga

Même si cet ouvrage présente différentes méthodes pour dessiner des personnages de manga et d'anime, vos croquis doivent rester créatifs et non être les copies conformes de ceux proposés ici.

Esquissez d'abord les silhouettes de vos personnages sans détails faciaux. Représentez ensuite les types masculin et féminin côte à côte, en faisant attention à la largeur des épaules et à la charpente.

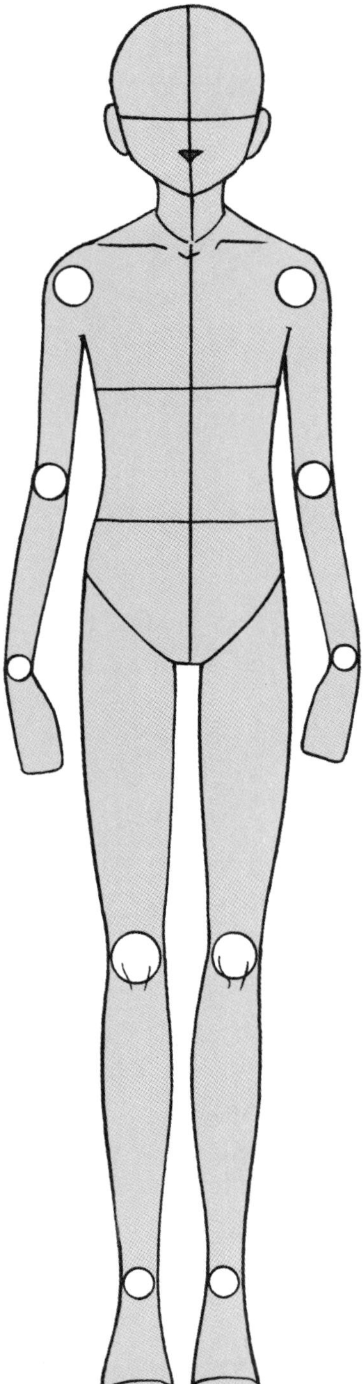

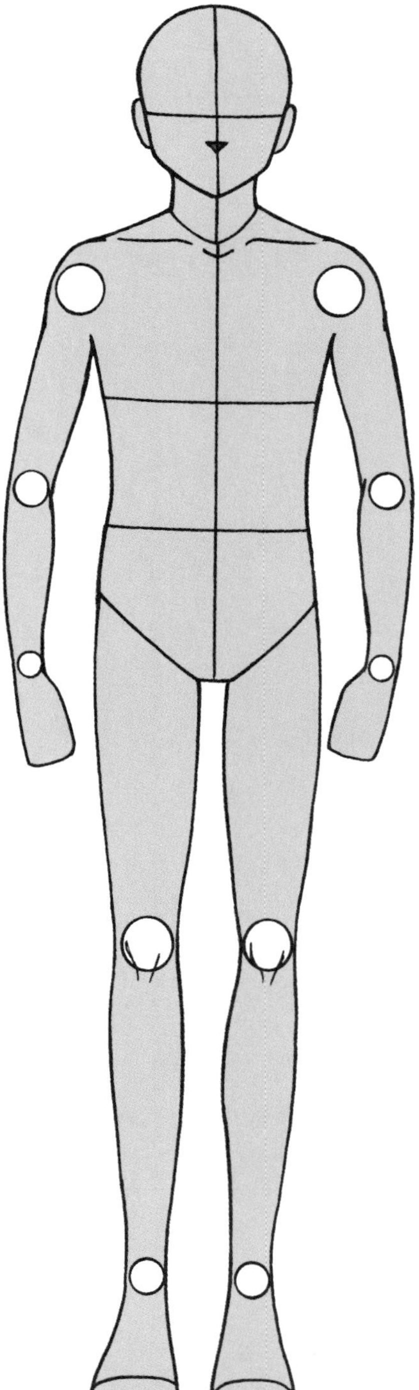

Les différences entre l'homme et la femme réalistes vus de face

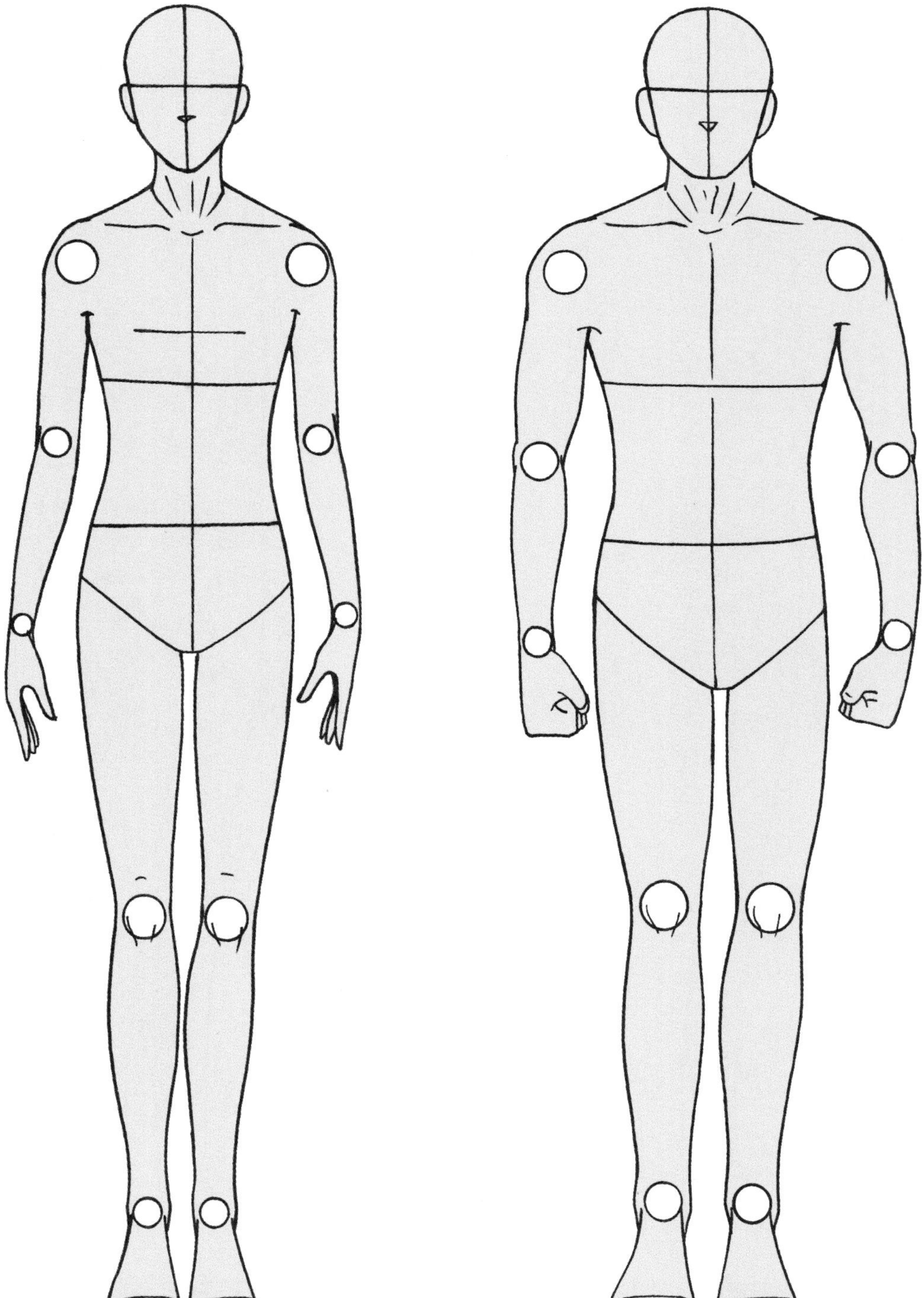

Les différences entre l'homme et la femme réalistes vus en contre-plongée

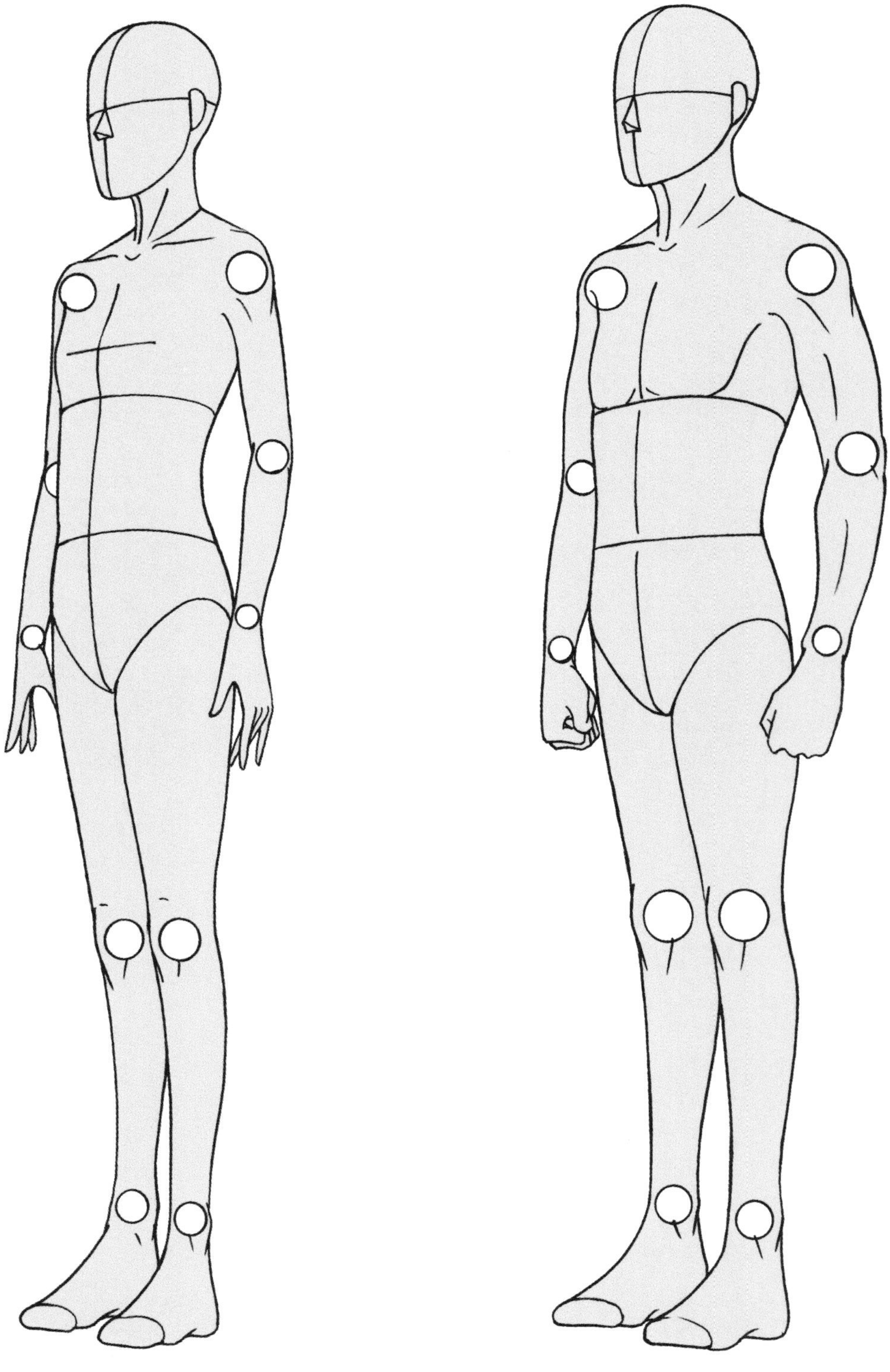

Les enfants

Lorsque vous représentez des bébés et des enfants, il est inutile de marquer les différences entre les types féminin et masculin. Entraînez-vous surtout à dessiner plusieurs poses spécifiquement enfantines.

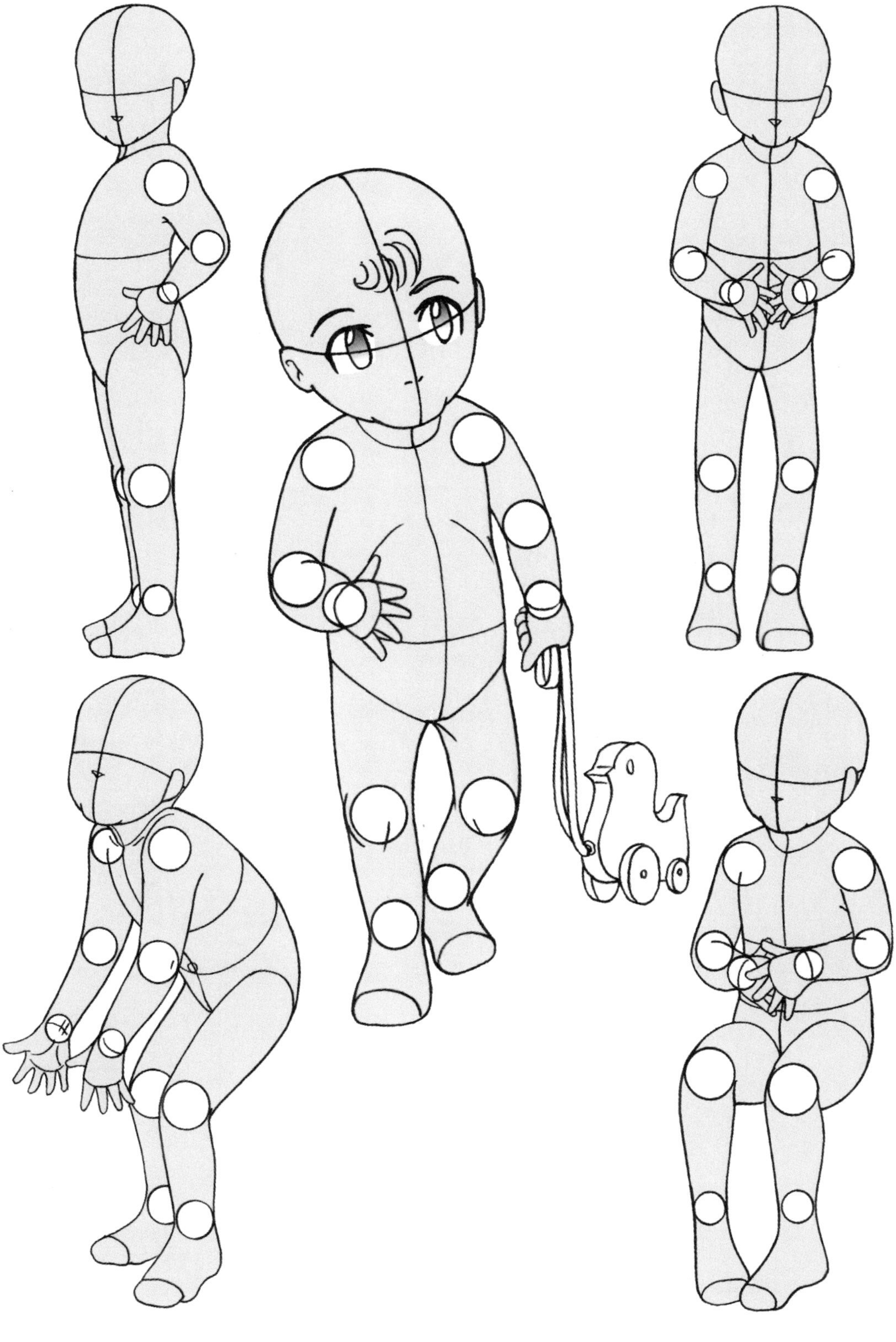

Rapport entre la tête et le corps

Si la hauteur du corps humain correspond généralement à sept ou huit fois celle de la tête, les dessinateurs de mangas et les animateurs prennent souvent des libertés avec cette règle.

Tous les ratios peuvent être envisagés, tant que le dessin reste cohérent et équilibré. La technique peut sembler difficile, mais c'est dans ce rapport que se joue le caractère de votre personnage.

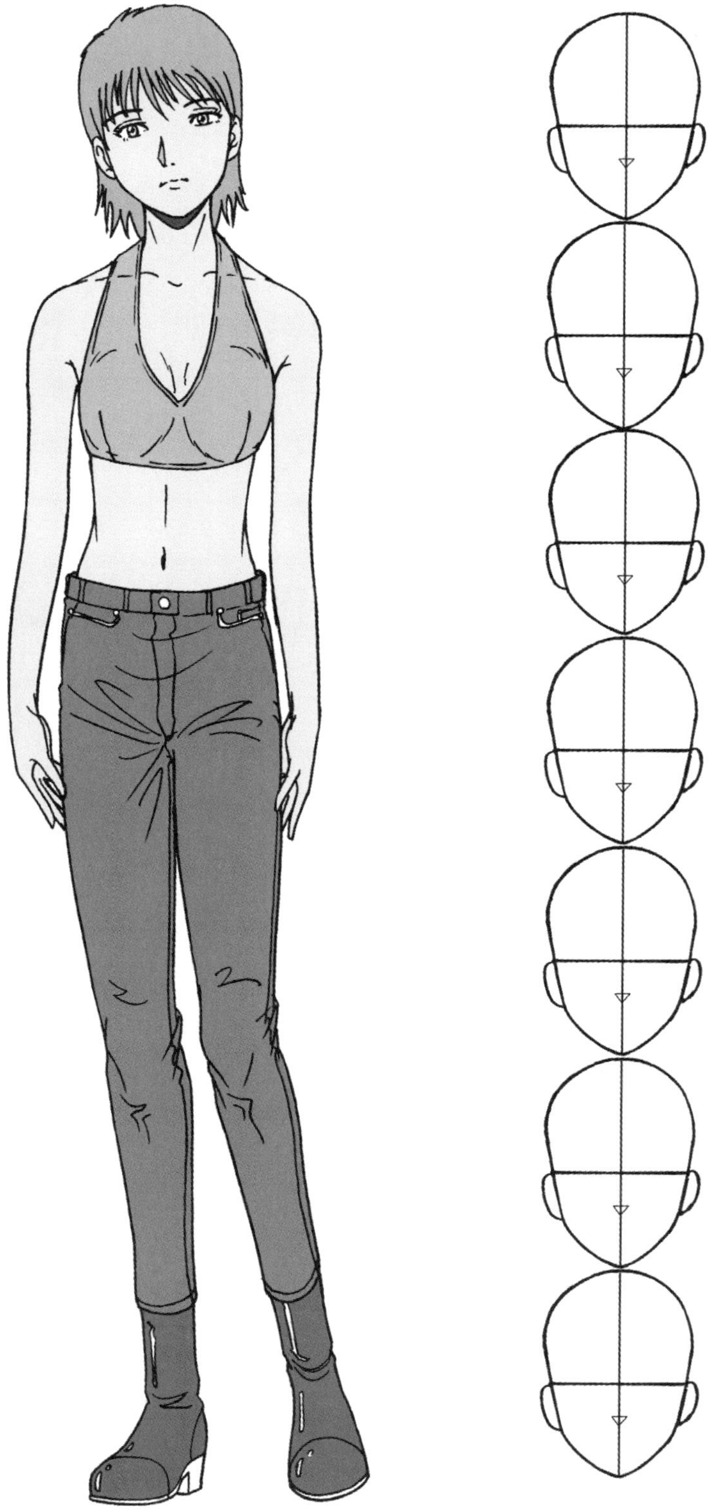

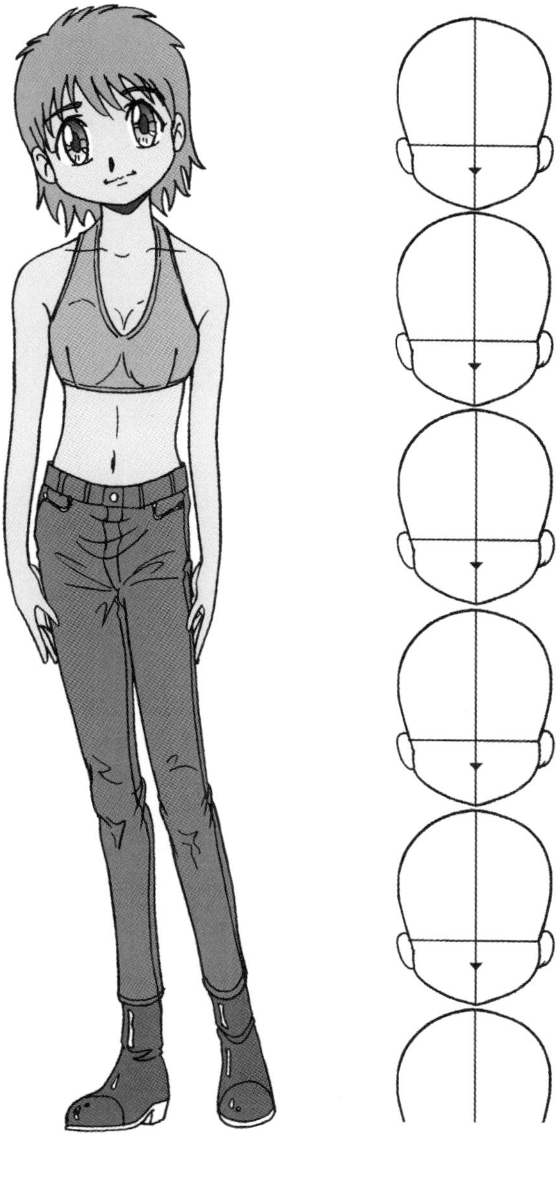

Le jeu des proportions

Même si nous avons étudié en détail la musculature et le squelette au chapitre 2, mieux vaut éviter tout excès de réalisme en la matière. Une fois que vous avez déterminé le rapport entre la tête et le corps de votre personnage, réfléchissez au degré de réalisme qui lui convient. Une musculature trop réaliste peut s'avérer totalement incongrue. Par ailleurs, il peut être nécessaire d'atténuer certains détails ou de modifier la taille des mains et des pieds pour améliorer l'équilibre. C'est à vous d'en juger. Essayez plusieurs styles avant de finaliser votre dessin.

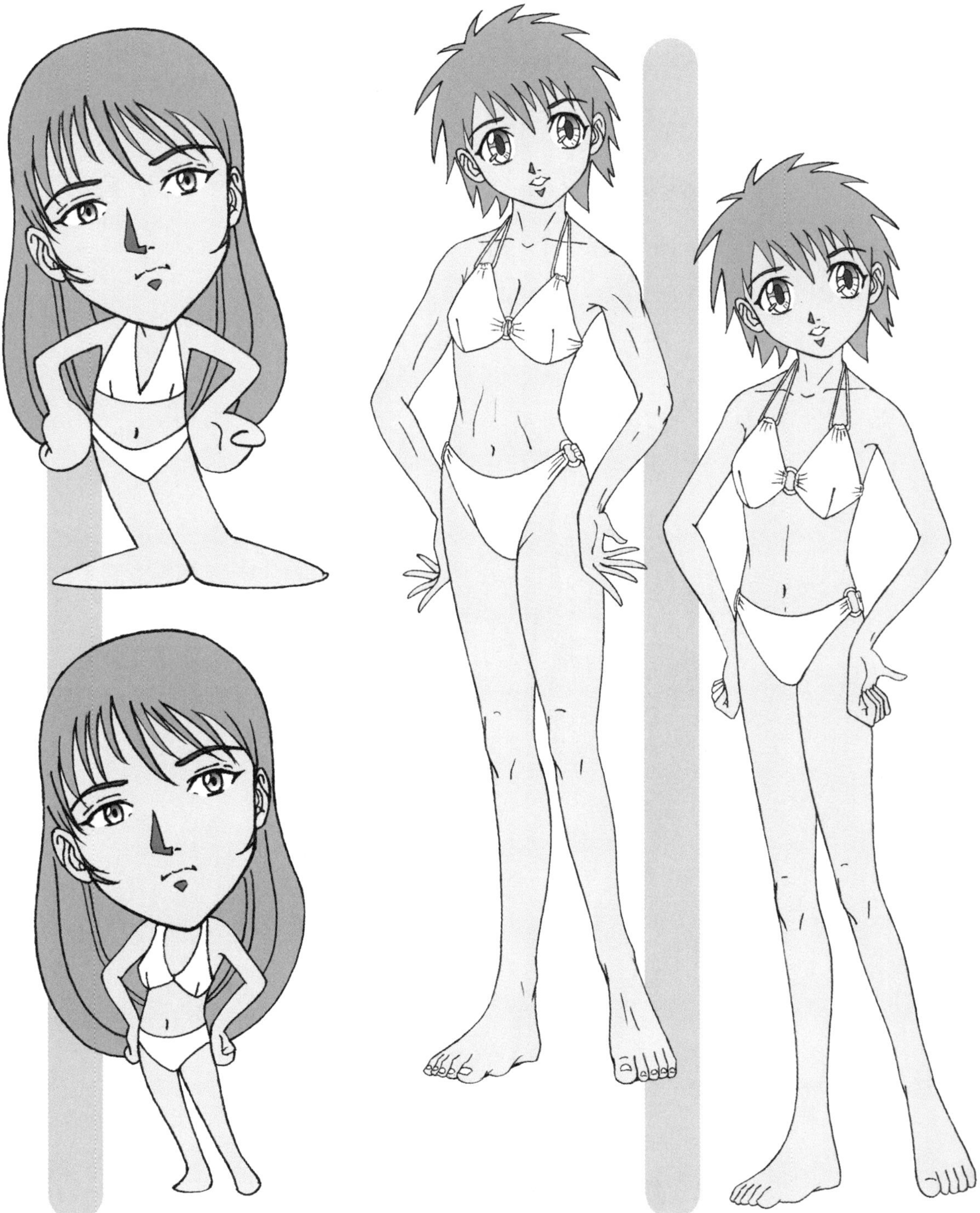

Exprimer diverses émotions en jouant sur les angles

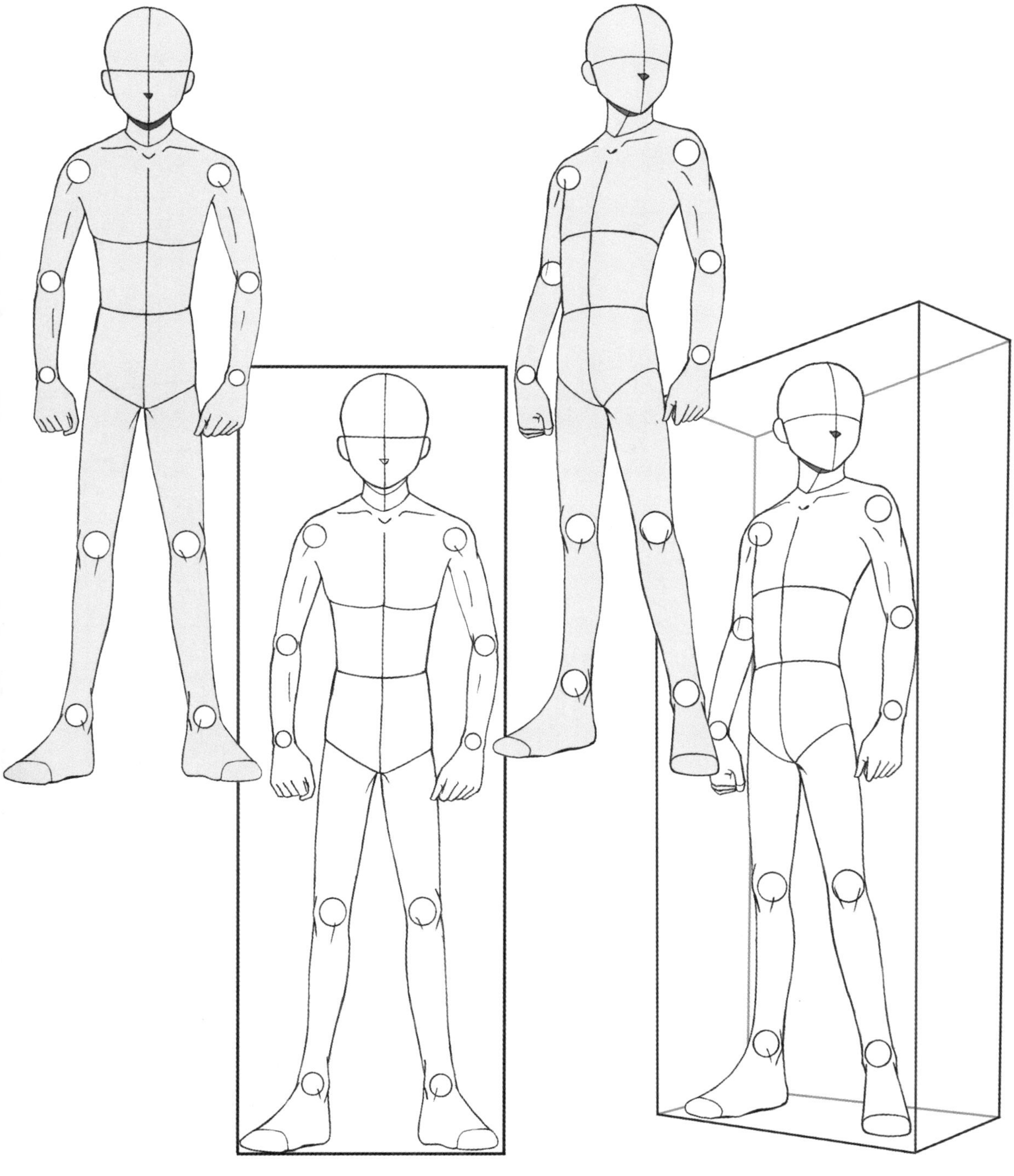

Maintenant que vous maîtrisez les nuances entre les dessins d'hommes et de femmes, vous pouvez utiliser ces acquis pour travailler les poses. Dans un souci de dynamisme, il vous faudra dessiner votre héros sous divers angles. Pour révéler sa puissance, par exemple, dessinez-le comme si vous le regardiez d'en bas. S'il s'agit plutôt d'une victime, choisissez une perspective plongeante. Un bon dessinateur sait à la fois réaliser ses personnages en trois dimensions et révéler leurs états d'âme grâce à un détail physique, une expression du visage, une posture.

Changer d'angle pour produire l'effet désiré

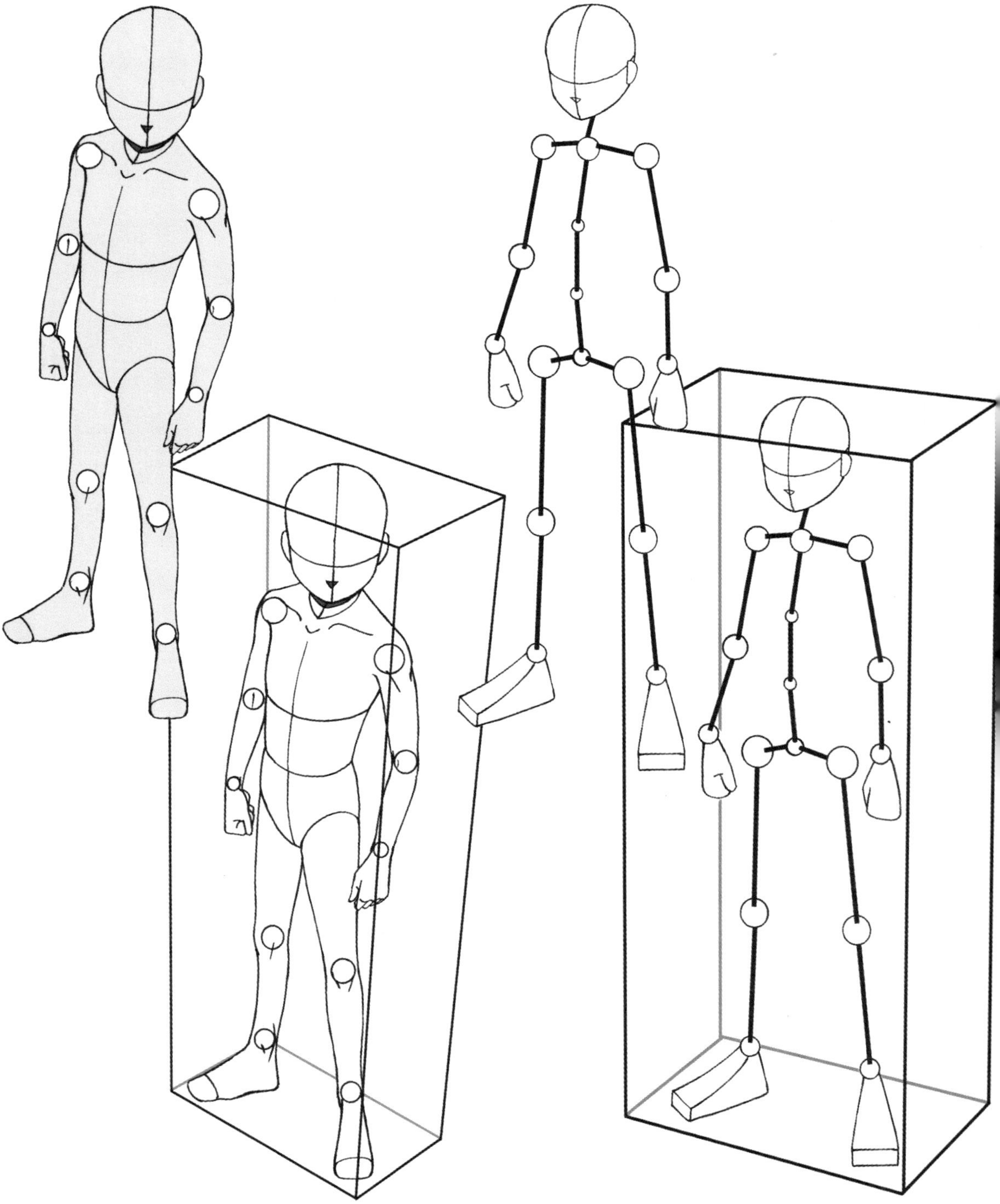

Lorsque vous ne dessinez pas une histoire, mais une création unique, comme un poster, accordez une attention particulière à la perspective choisie pour votre personnage, car elle va refléter son caractère. Si vous n'étudiez pas avec soin l'angle de la pose, vous faussez le ton que vous cherchiez à donner à votre dessin ou à la personnalité de votre héros.

Les angles difficiles

Imaginez votre héros en train de dormir. Vous parviendrez plus facilement à le dessiner de profil que si vous adoptez une vue plongeante sur les pieds ou sur la tête. Entraînez-vous néanmoins à le dessiner sous ces angles, car si vous parvenez à exprimer la profondeur, vous atteindrez un vrai niveau d'expert.

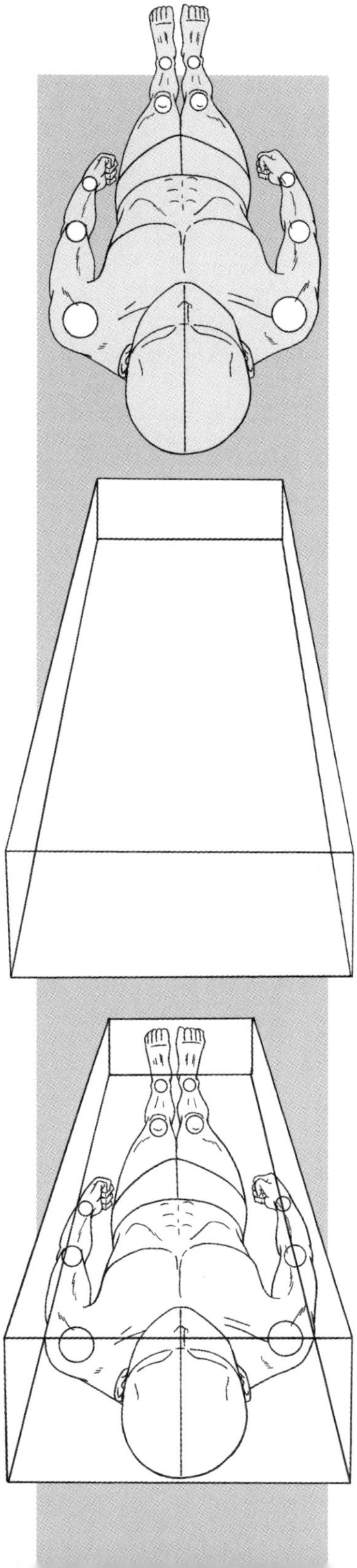

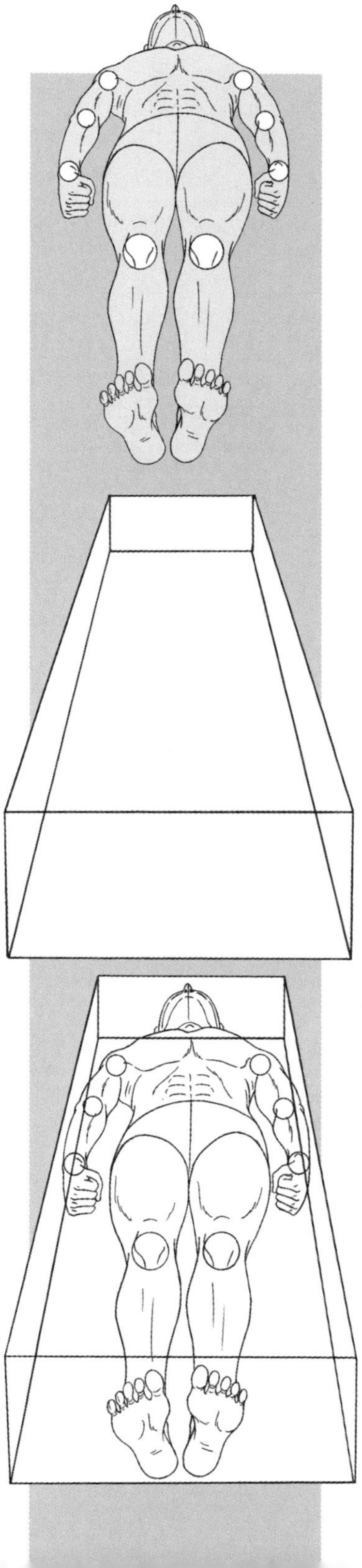

Chapitre 4

Les postures

Dans ce chapitre, nous allons étudier diverses poses que votre personnage peut adopter. La maîtrise des positions assise et debout et de la disposition des bras et des mains est la clé du succès de votre composition. Cela demande un long apprentissage, mais c'est une étape nécessaire, à laquelle les professionnels eux-mêmes n'échappent pas. Une fois que vous serez fixé sur l'histoire et le personnage, vous n'aurez alors aucun mal à créer des postures équilibrées.

Les dessinateurs confirmés peuvent exprimer beaucoup de choses à travers une simple pose… Comment font-ils ? En réalité, il existe un certain nombre de poses standard dans l'anime et le manga, parmi lesquelles ils choisissent celle qui correspond à l'effet recherché.

Vous trouverez différentes postures dans les pages suivantes. Pour progresser, entraînez-vous à les reproduire. Ensuite, adaptez-les à vos personnages. Plus vous dessinerez, meilleur sera le résultat.

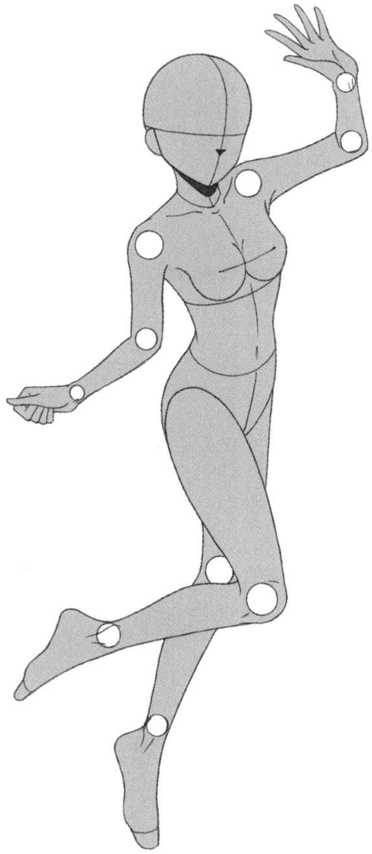

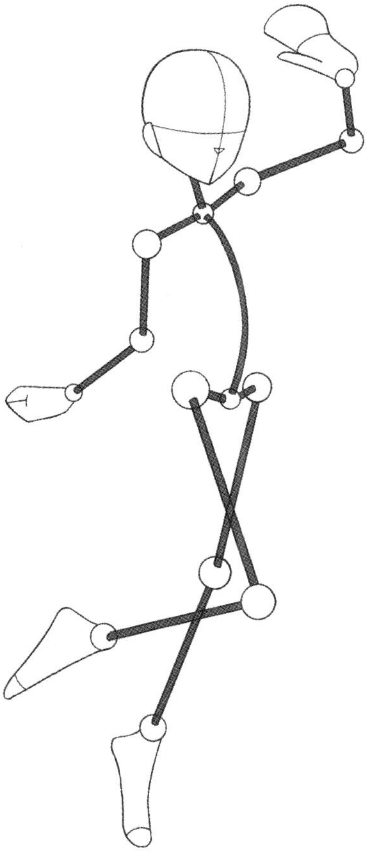

Ce type d'héroïne vive et gaie se rencontre fréquemment dans les mangas et les anime. Remarquez la torsion du corps et la position des mains et du pied droit levé. Cette posture exprime une grande vitalité.

Inaction

À première vue, les poses ci-dessous (personnage inactif) ne semblent pas très expressives. Pourtant, la position des mains, ouvertes ou fermées, ainsi que celle des pieds en disent long sur la personnalité et les sentiments du personnage.

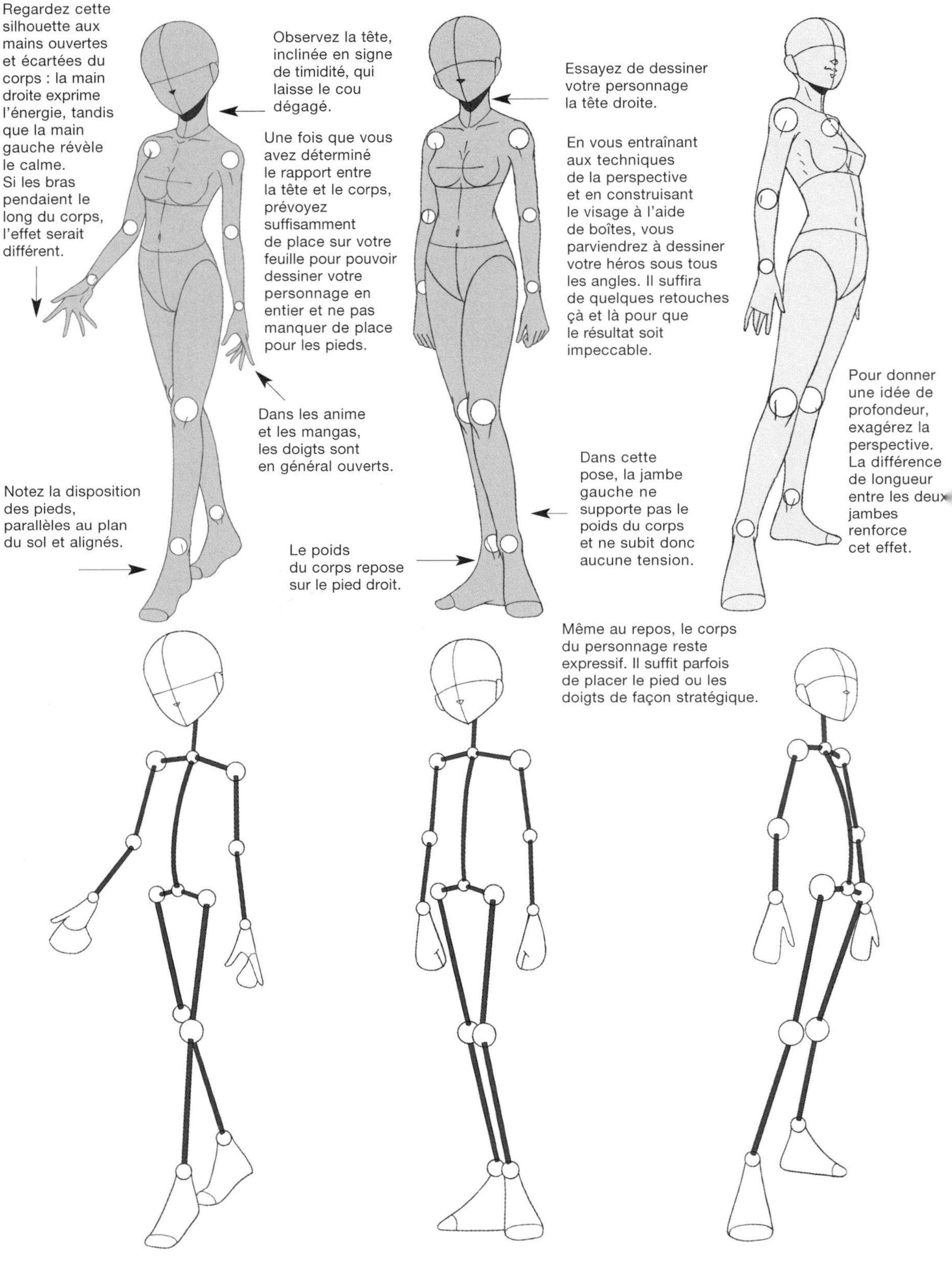

Position des mains : une main le long du corps

Un simple changement dans la position des mains peut produire un effet totalement différent. Une main sur la taille ou des bras croisés ne traduisent absolument pas le même état d'esprit.

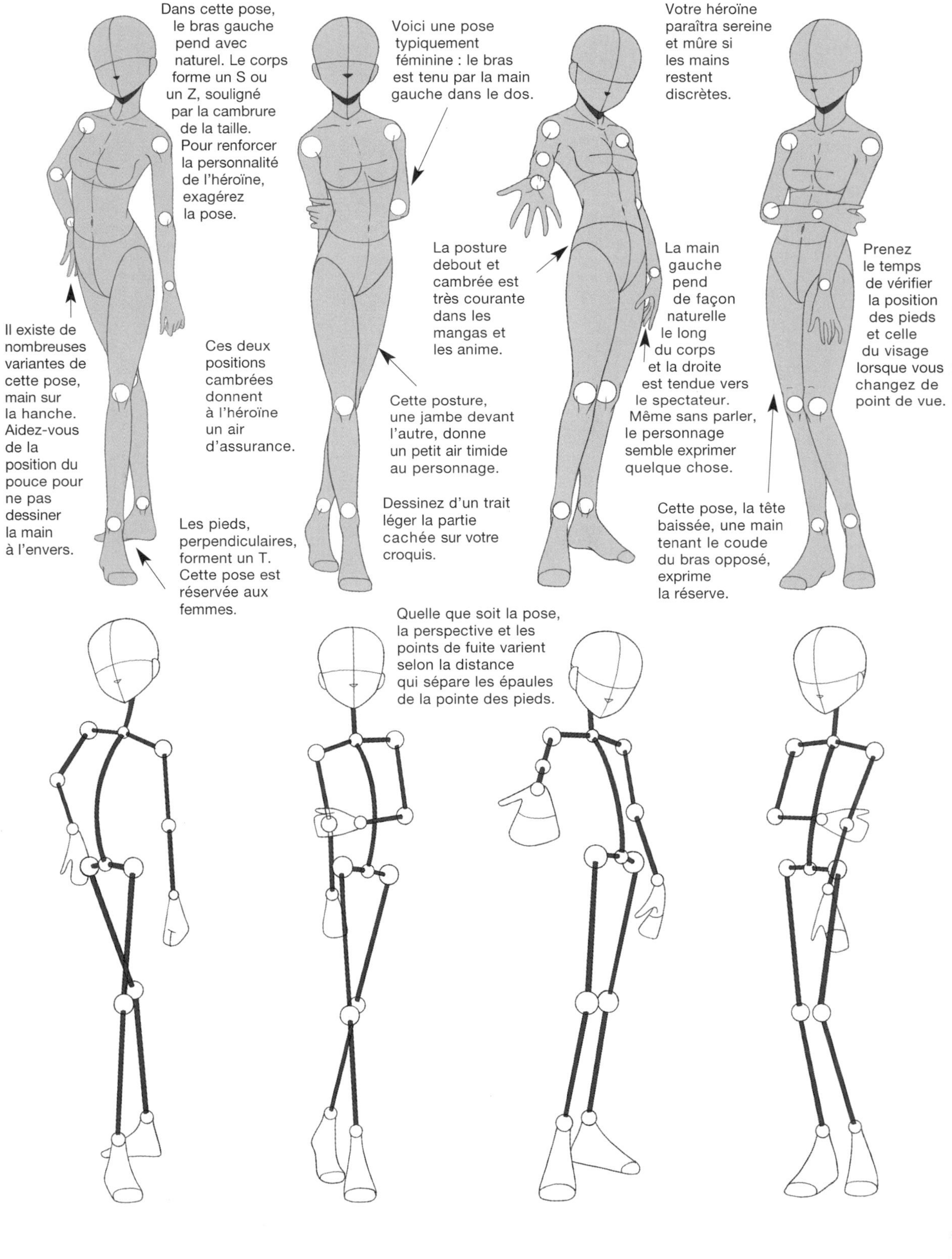

Position des mains : les deux mains en action

Pour animer votre personnage, ne le laissez pas les bras ballants : placez ses deux mains dans une posture dynamique.

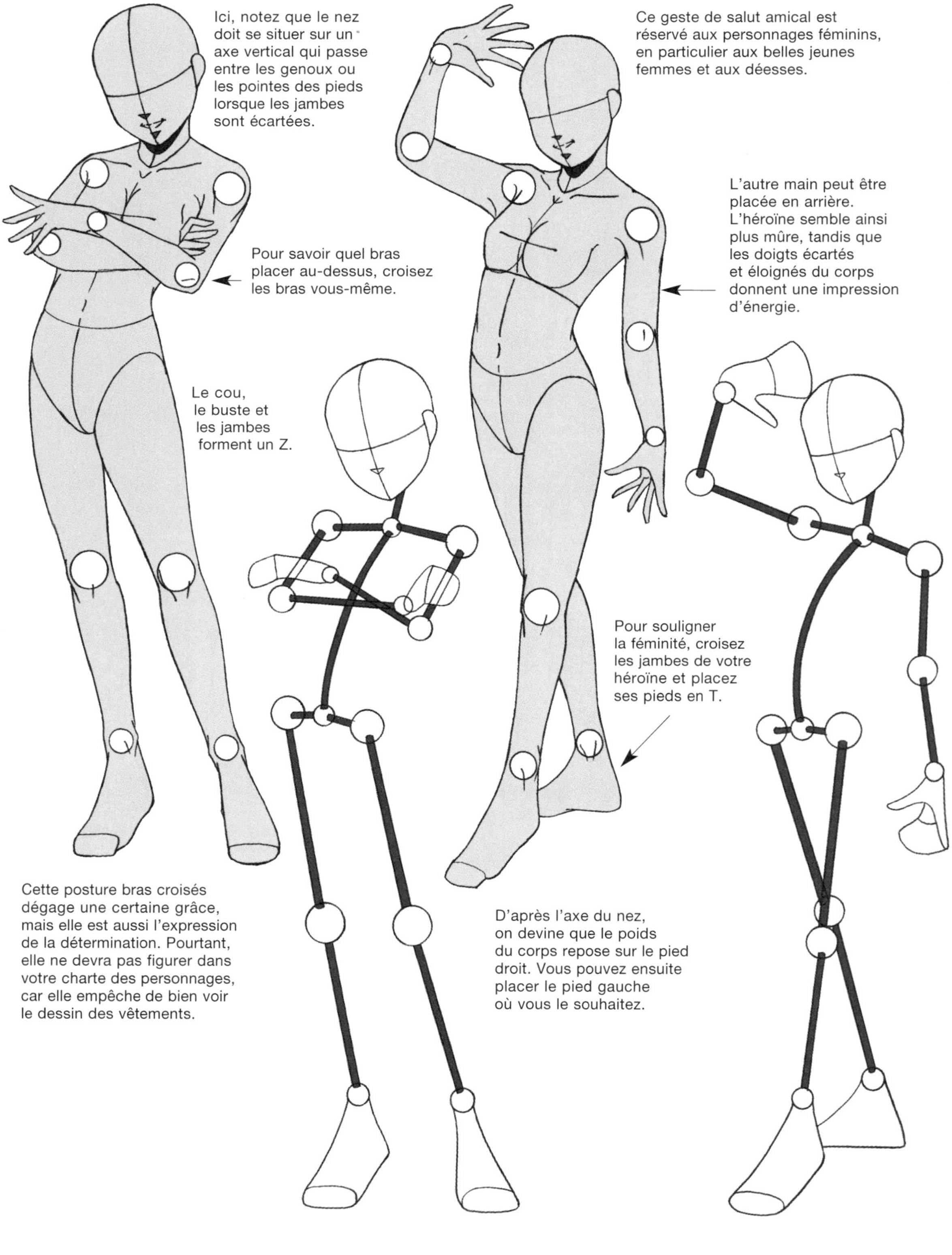

Pour enrichir votre histoire, multipliez les tailles et les positions de vos personnages.

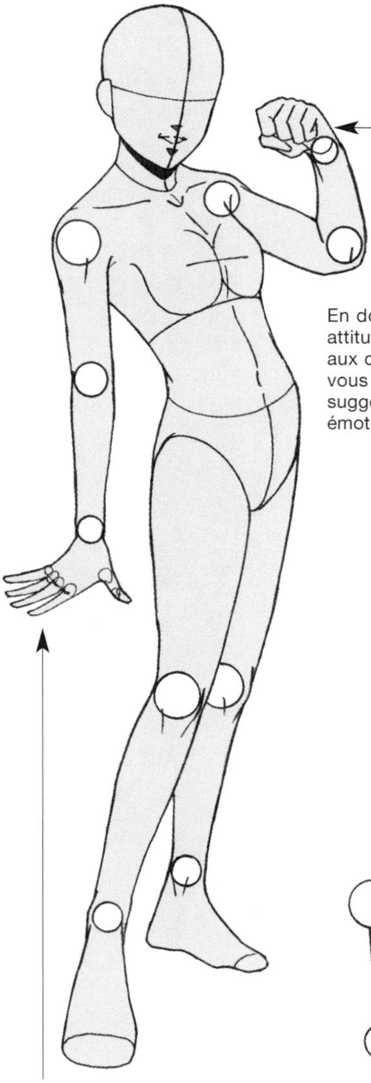

Cette posture poing fermé à hauteur de l'épaule est une pose classique de combattant.

En donnant une attitude différente aux deux bras, vous pouvez suggérer diverses émotions.

Fermer les deux poings est un geste masculin ; en ouvrant une main comme ici, vous exprimez la féminité du personnage.

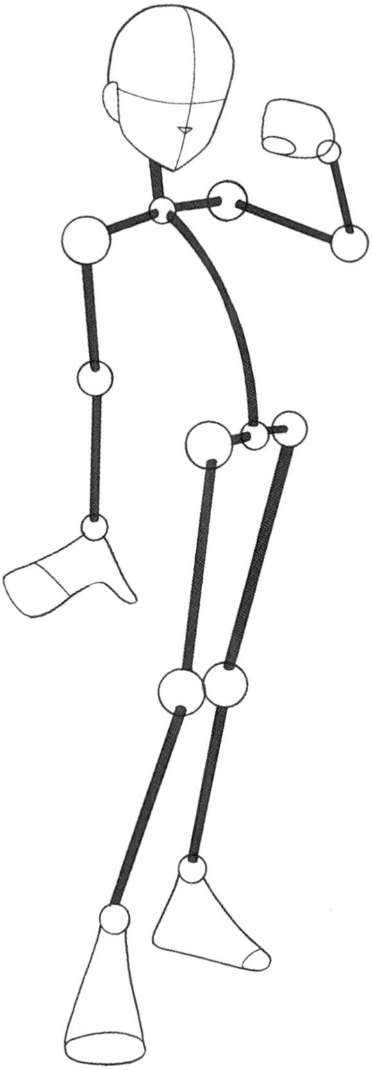

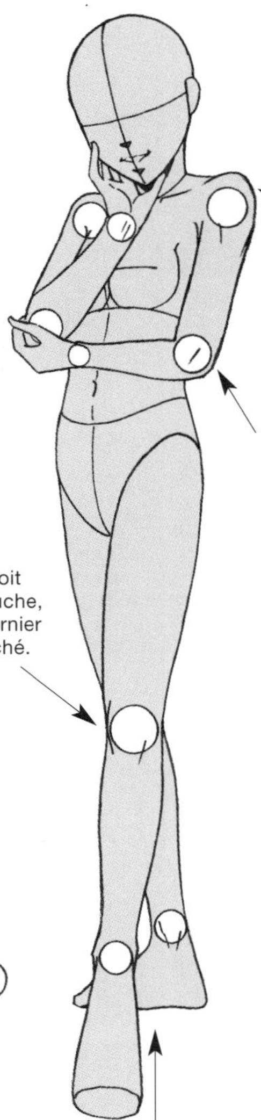

La main près du visage rend le personnage pensif ou plus féminin. Évitez cette attitude pour les hommes.

Les épaules sont légèrement haussées, ce qui en relève la partie arrondie. Faites la comparaison avec les autres postures.

Cette façon de placer les bras suggère un être perdu dans ses pensées.

Placez le genou droit juste devant le gauche, de sorte que ce dernier soit totalement caché.

Dans cette position typiquement féminine, les pieds forment un T.

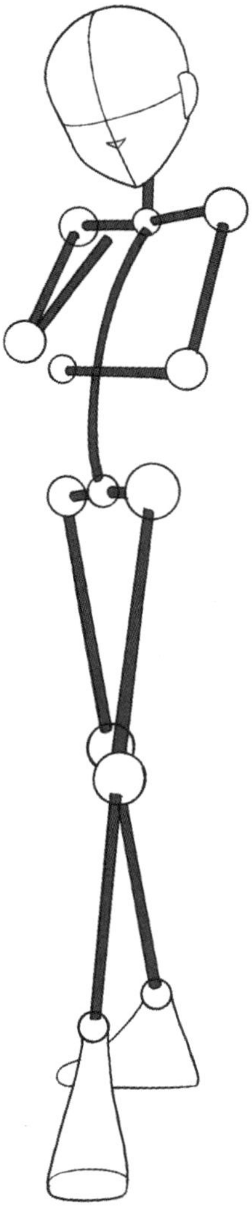

Position des mains : mains sur les hanches

Important

En donnant des angles différents à la tête et au corps, vous transmettez l'idée de mouvement.

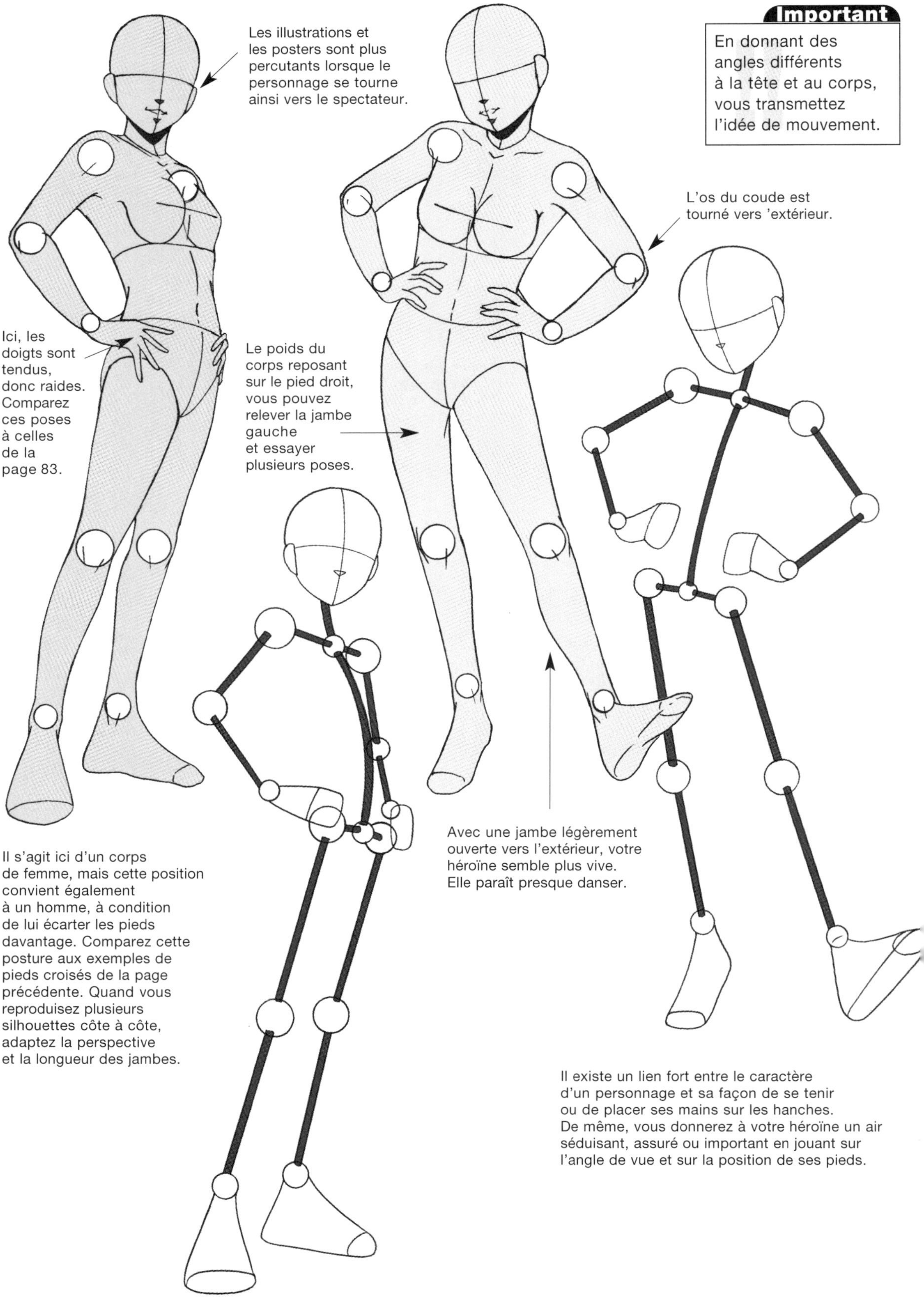

Les illustrations et les posters sont plus percutants lorsque le personnage se tourne ainsi vers le spectateur.

L'os du coude est tourné vers 'extérieur.

Ici, les doigts sont tendus, donc raides. Comparez ces poses à celles de la page 83.

Le poids du corps reposant sur le pied droit, vous pouvez relever la jambe gauche et essayer plusieurs poses.

Avec une jambe légèrement ouverte vers l'extérieur, votre héroïne semble plus vive. Elle paraît presque danser.

Il s'agit ici d'un corps de femme, mais cette position convient également à un homme, à condition de lui écarter les pieds davantage. Comparez cette posture aux exemples de pieds croisés de la page précédente. Quand vous reproduisez plusieurs silhouettes côte à côte, adaptez la perspective et la longueur des jambes.

Il existe un lien fort entre le caractère d'un personnage et sa façon de se tenir ou de placer ses mains sur les hanches. De même, vous donnerez à votre héroïne un air séduisant, assuré ou important en jouant sur l'angle de vue et sur la position de ses pieds.

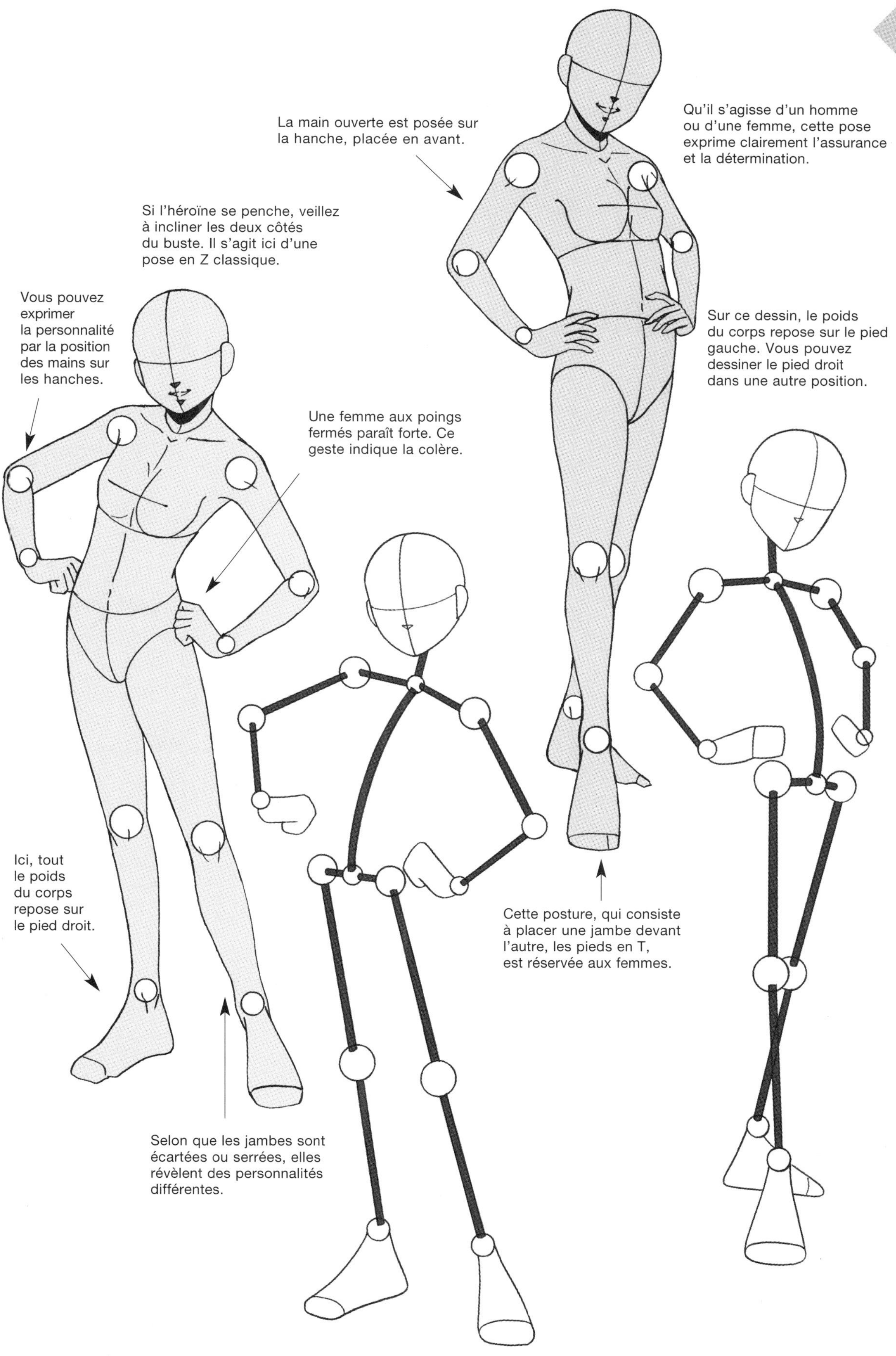
La main ouverte est posée sur la hanche, placée en avant.
Qu'il s'agisse d'un homme ou d'une femme, cette pose exprime clairement l'assurance et la détermination.
Si l'héroïne se penche, veillez à incliner les deux côtés du buste. Il s'agit ici d'une pose en Z classique.
Vous pouvez exprimer la personnalité par la position des mains sur les hanches.
Sur ce dessin, le poids du corps repose sur le pied gauche. Vous pouvez dessiner le pied droit dans une autre position.
Une femme aux poings fermés paraît forte. Ce geste indique la colère.
Ici, tout le poids du corps repose sur le pied droit.
Cette posture, qui consiste à placer une jambe devant l'autre, les pieds en T, est réservée aux femmes.
Selon que les jambes sont écartées ou serrées, elles révèlent des personnalités différentes.

Exprimer la féminité

Comment exprimer la féminité ? Tout d'abord en plaçant les mains du personnage au même niveau. C'est la règle de base. Ne négligez pas non plus la cambrure du corps.

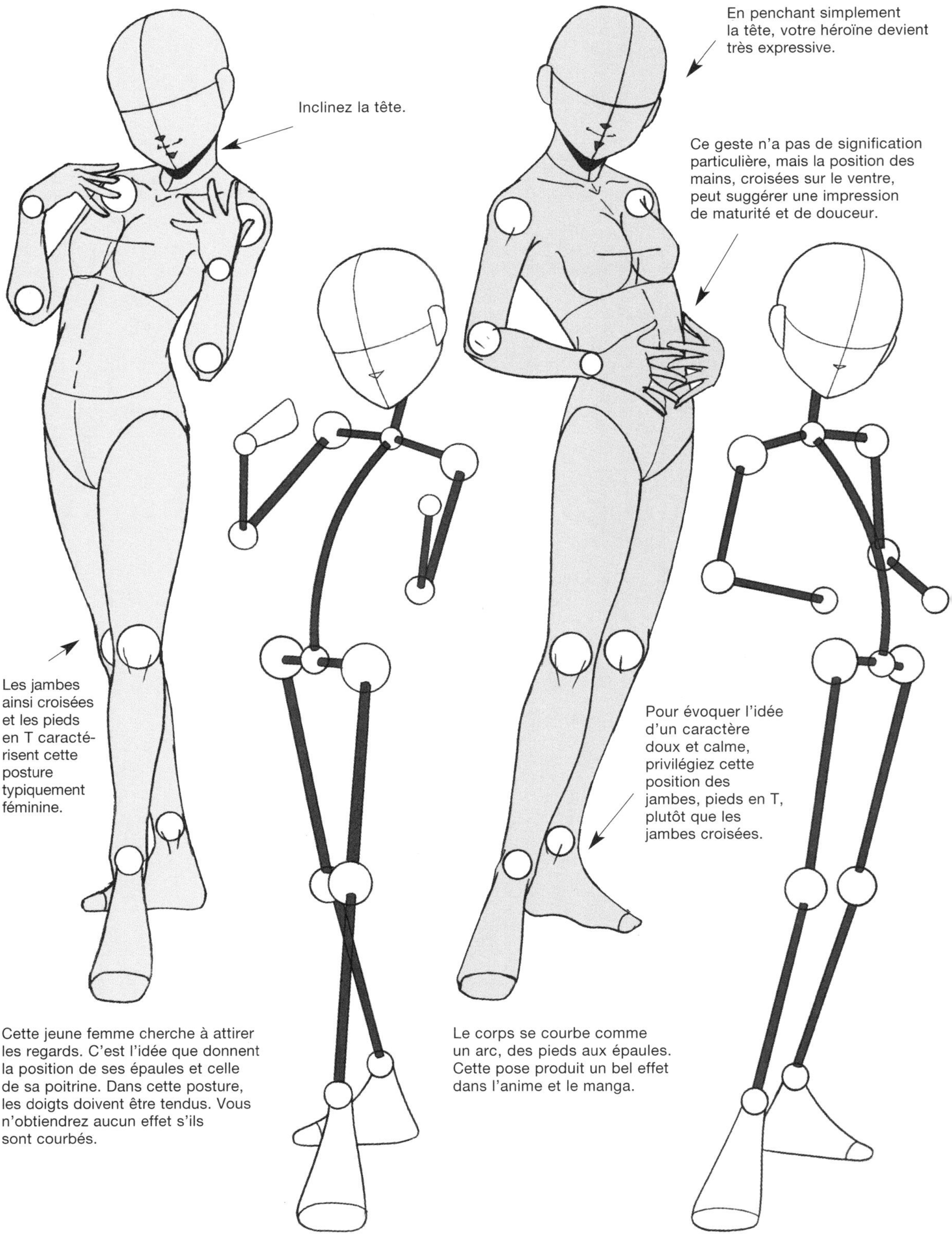

Inclinez la tête.

En penchant simplement la tête, votre héroïne devient très expressive.

Ce geste n'a pas de signification particulière, mais la position des mains, croisées sur le ventre, peut suggérer une impression de maturité et de douceur.

Les jambes ainsi croisées et les pieds en T caractérisent cette posture typiquement féminine.

Pour évoquer l'idée d'un caractère doux et calme, privilégiez cette position des jambes, pieds en T, plutôt que les jambes croisées.

Cette jeune femme cherche à attirer les regards. C'est l'idée que donnent la position de ses épaules et celle de sa poitrine. Dans cette posture, les doigts doivent être tendus. Vous n'obtiendrez aucun effet s'ils sont courbés.

Le corps se courbe comme un arc, des pieds aux épaules. Cette pose produit un bel effet dans l'anime et le manga.

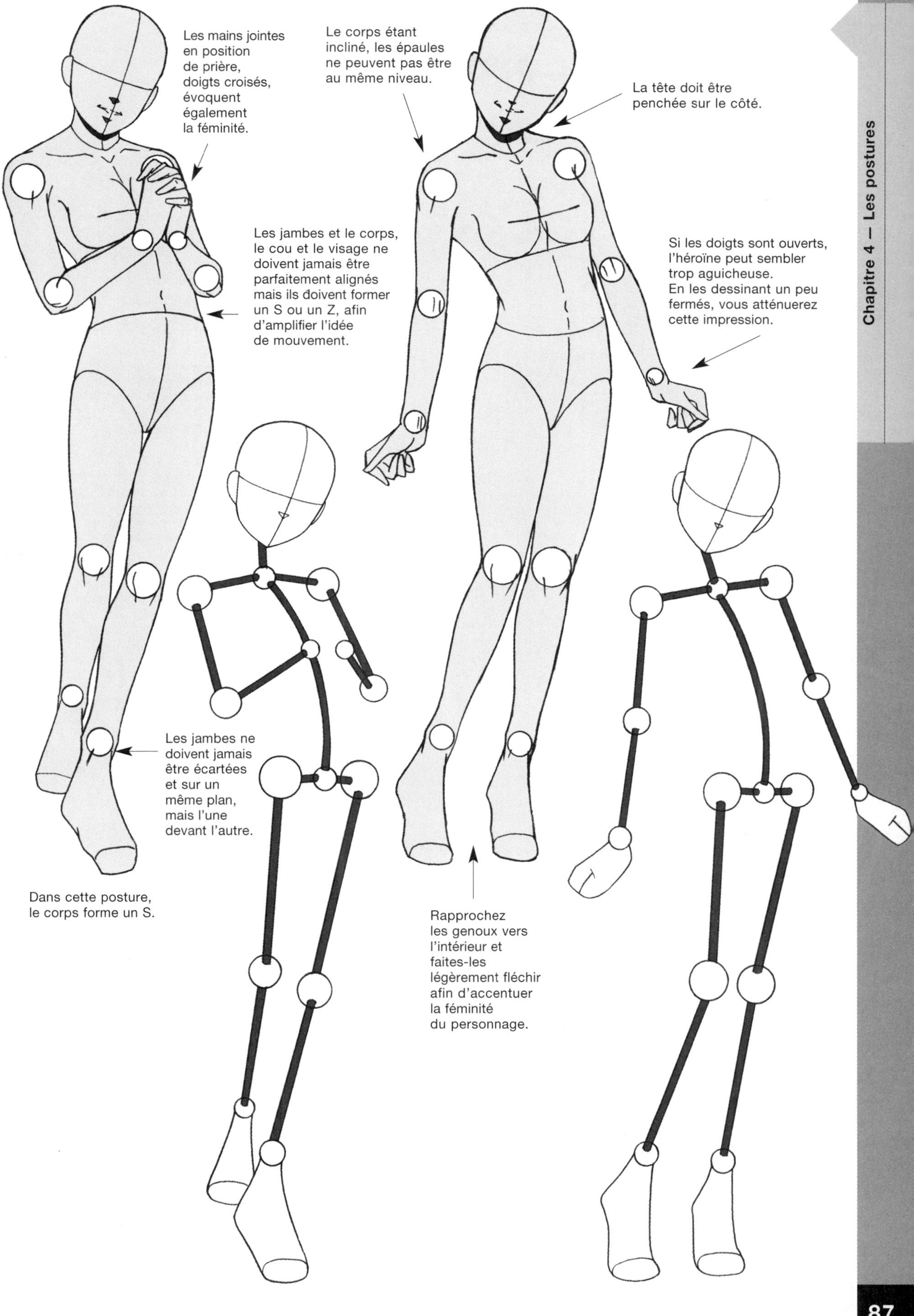
Les mains jointes en position de prière, doigts croisés, évoquent également la féminité.
Le corps étant incliné, les épaules ne peuvent pas être au même niveau.
La tête doit être penchée sur le côté.
Les jambes et le corps, le cou et le visage ne doivent jamais être parfaitement alignés mais ils doivent former un S ou un Z, afin d'amplifier l'idée de mouvement.
Si les doigts sont ouverts, l'héroïne peut sembler trop aguicheuse. En les dessinant un peu fermés, vous atténuerez cette impression.
Les jambes ne doivent jamais être écartées et sur un même plan, mais l'une devant l'autre.
Dans cette posture, le corps forme un S.
Rapprochez les genoux vers l'intérieur et faites-les légèrement fléchir afin d'accentuer la féminité du personnage.

Comment faire parler le corps

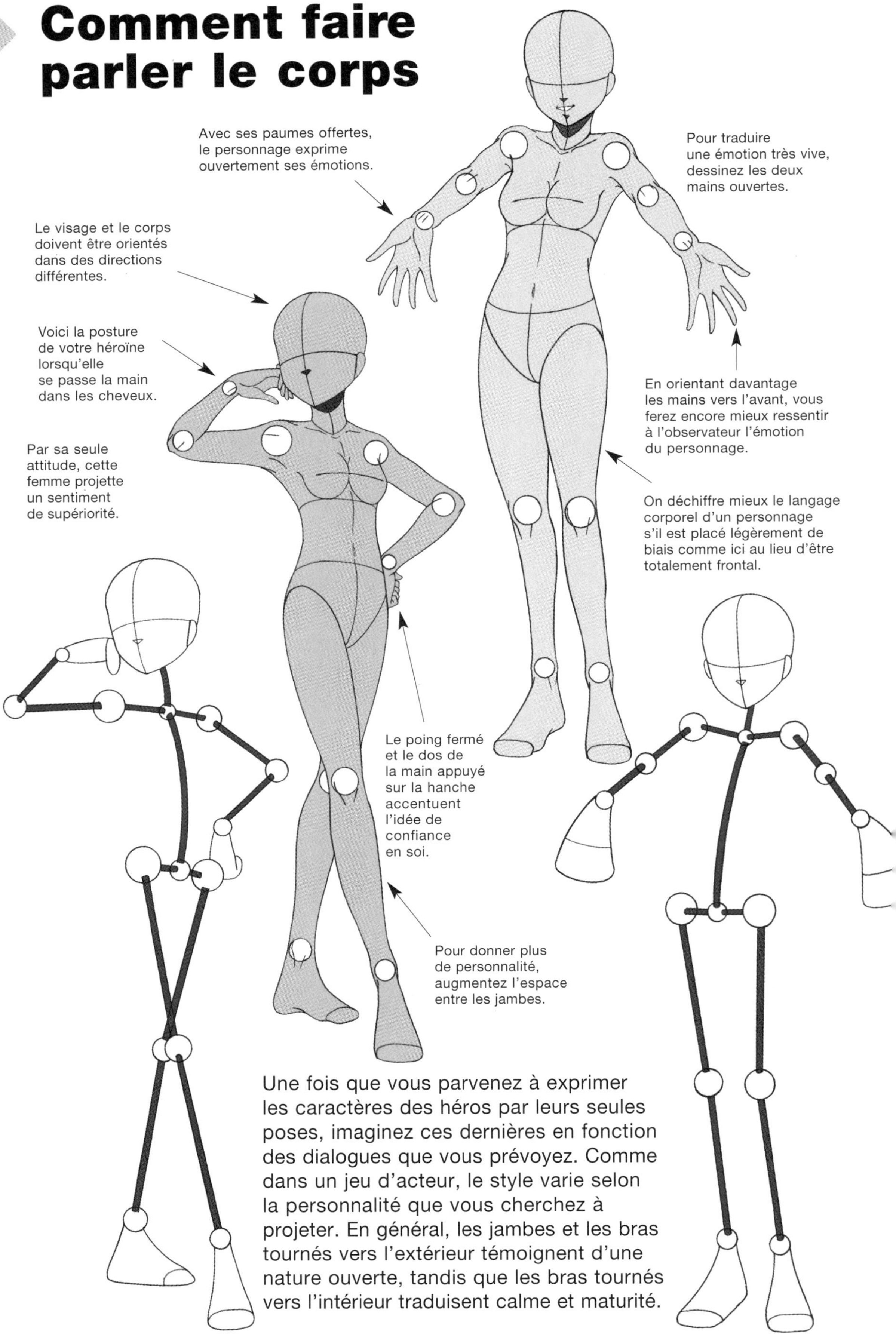

Une fois que vous parvenez à exprimer les caractères des héros par leurs seules poses, imaginez ces dernières en fonction des dialogues que vous prévoyez. Comme dans un jeu d'acteur, le style varie selon la personnalité que vous cherchez à projeter. En général, les jambes et les bras tournés vers l'extérieur témoignent d'une nature ouverte, tandis que les bras tournés vers l'intérieur traduisent calme et maturité.

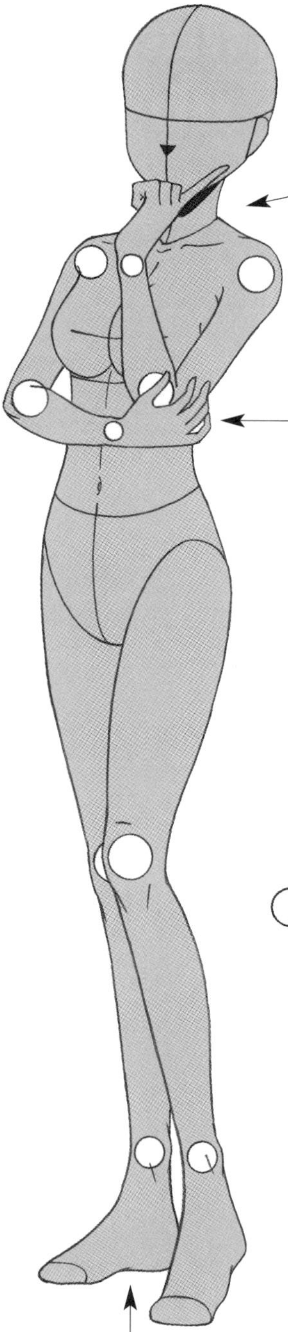

Cette position de la main, un doigt posé sur le visage, révèle une attitude de réflexion. La main peut être placée à différents endroits, y compris sur le menton ou la joue.

En se tenant le bras, le personnage renforce son jeu d'acteur et accentue l'idée de réflexion.

Pour exprimer l'idée qu'un personnage est concentré, évitez de le représenter les jambes tendues et donnez au contraire de la souplesse aux pieds.

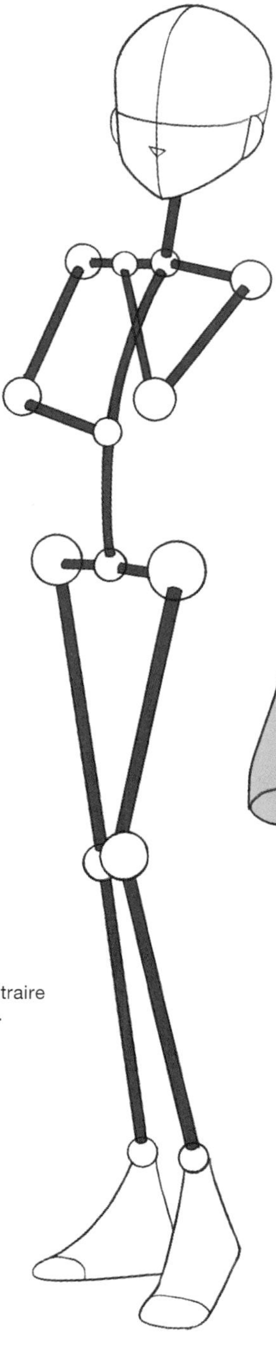

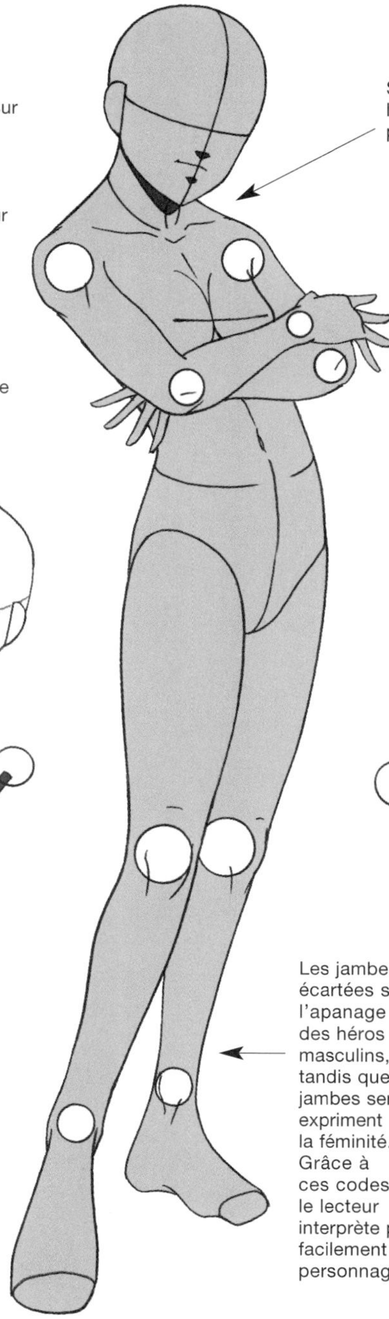

Si le menton est relevé, le personnage paraîtra plus sûr de lui.

Les jambes écartées sont l'apanage des héros masculins, tandis que les jambes serrées expriment la féminité. Grâce à ces codes, le lecteur interprète plus facilement les personnages.

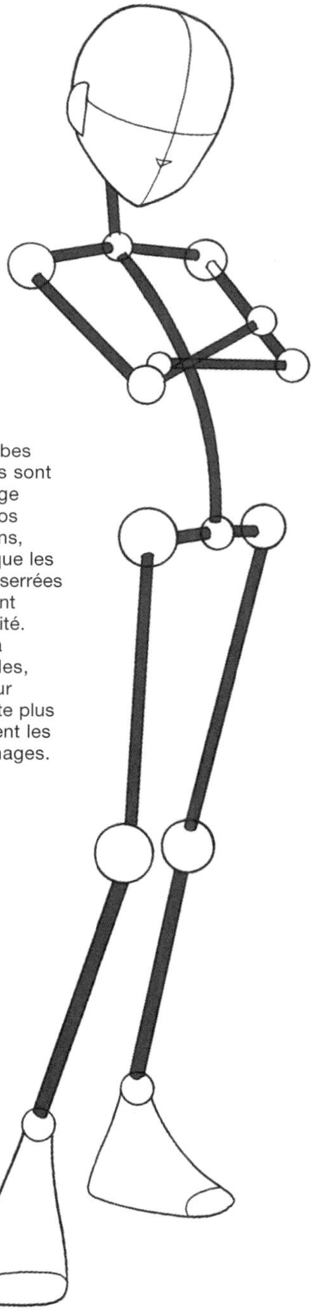

Comme nous l'avons signalé dans les pages précédentes, il existe de nombreuses poses aux bras croisés. Ici, on imagine que l'héroïne prononce des paroles condescendantes.

Poses avec accessoires

Si vous connaissez le déroulement de votre histoire avant de la dessiner, vous imaginerez plus facilement les poses des personnages qui portent un accessoire tel qu'une arme ou une baguette magique.

À l'inverse, vous pouvez inventer des héros et des aventures à partir d'attitudes diverses et en variant les types d'armes ou d'objets. Cette technique se révèle d'une grande utilité si votre récit compte beaucoup de personnages.

Cette pose, buste en arrière, convient bien au type de la jolie magicienne.

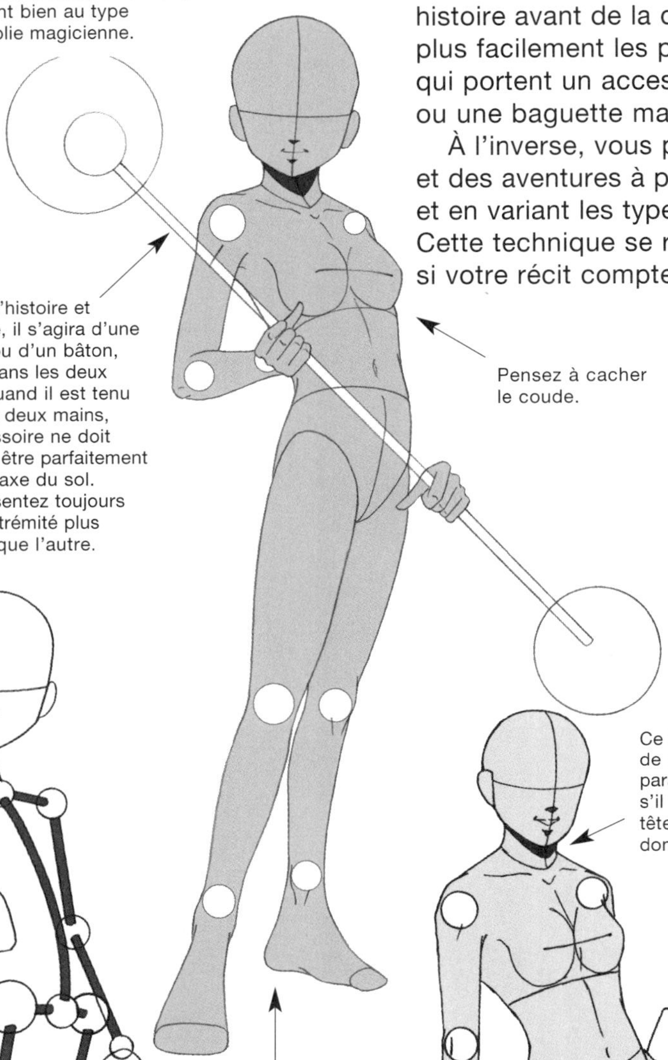

Selon l'histoire et le style, il s'agira d'une arme ou d'un bâton, mais dans les deux cas, quand il est tenu par les deux mains, l'accessoire ne doit jamais être parfaitement dans l'axe du sol. Représentez toujours une extrémité plus haute que l'autre.

Pensez à cacher le coude.

Les jambes doivent être légèrement écartées. Si vous voulez dessiner un personnage cambré, comme ici, veillez à bien respecter la perspective.

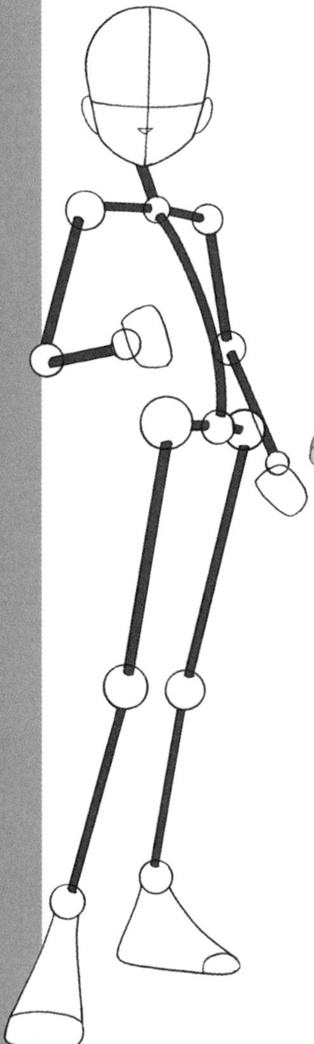

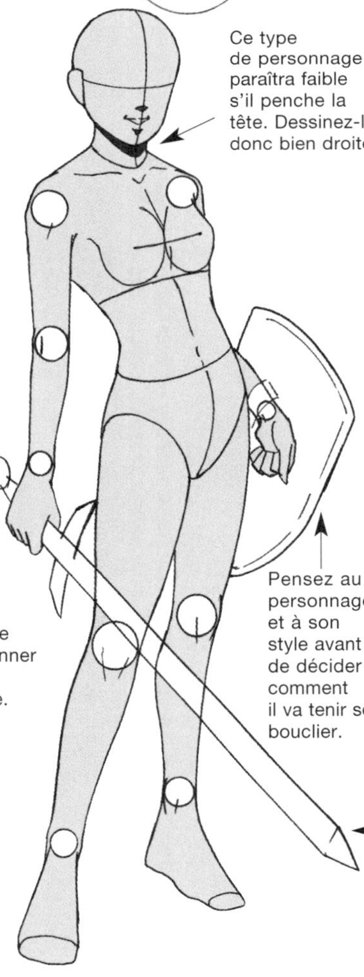

Ce type de personnage paraîtra faible s'il penche la tête. Dessinez-la donc bien droite.

Courbez davantage le poignet pour donner une idée de poids si l'épée est lourde.

Pensez au personnage et à son style avant de décider comment il va tenir son bouclier.

Voici une jeune femme tenant une épée et un bouclier.

Pointez l'épée vers le bas pour rendre compte de sa lourdeur. Si vous la dessinez parallèle au sol, elle semblera trop légère.

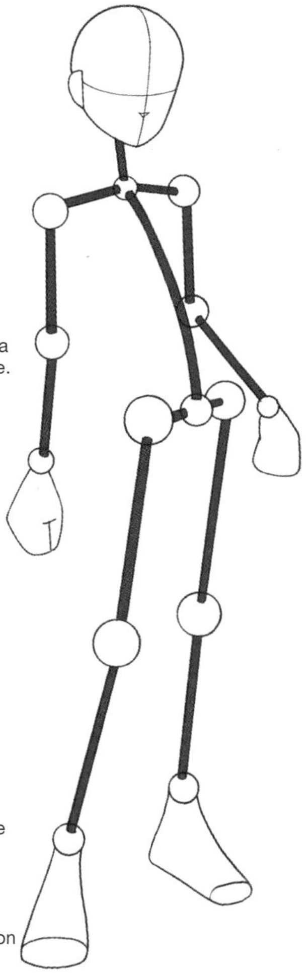

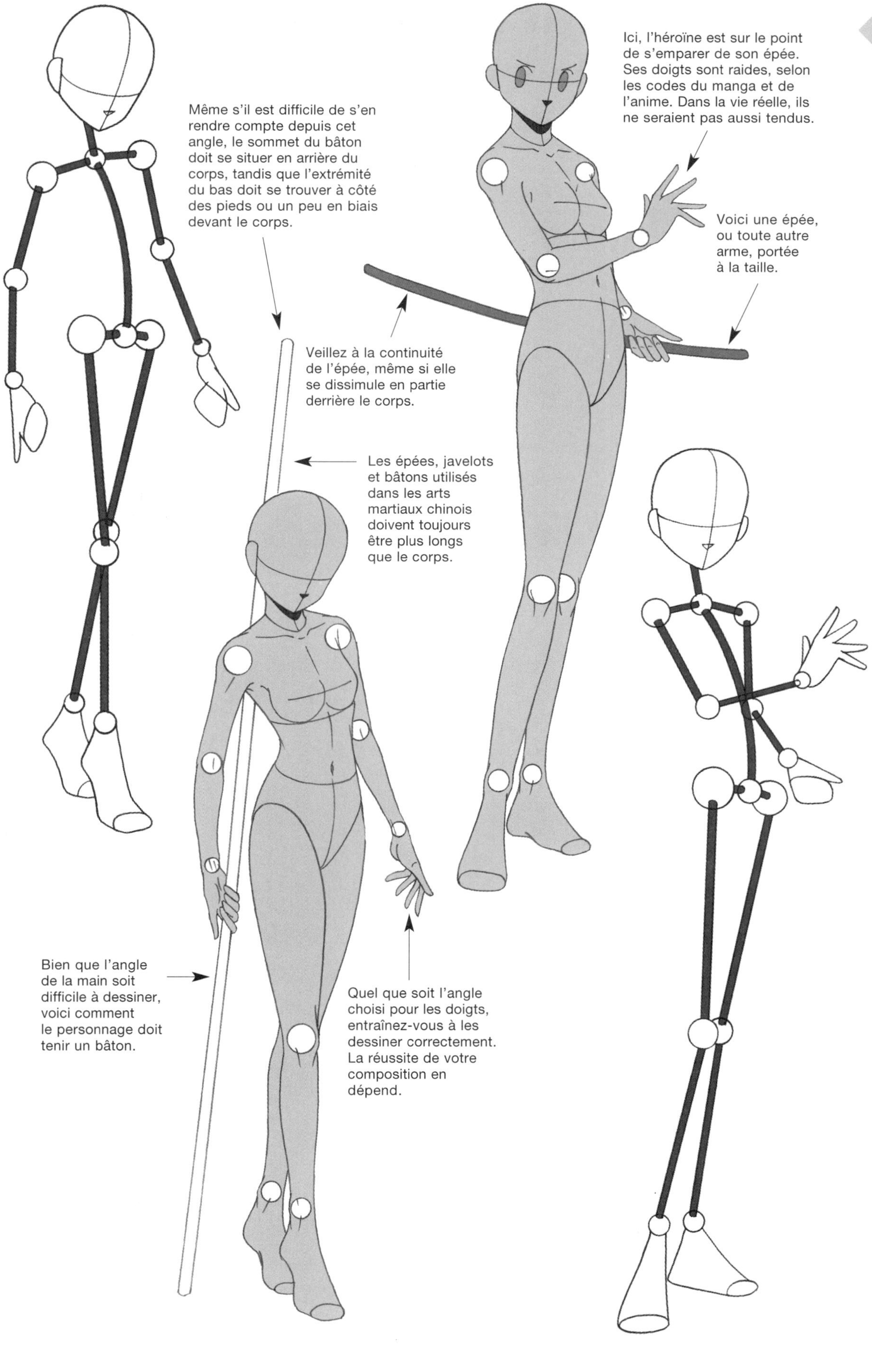
Même s'il est difficile de s'en rendre compte depuis cet angle, le sommet du bâton doit se situer en arrière du corps, tandis que l'extrémité du bas doit se trouver à côté des pieds ou un peu en biais devant le corps.
Ici, l'héroïne est sur le point de s'emparer de son épée. Ses doigts sont raides, selon les codes du manga et de l'anime. Dans la vie réelle, ils ne seraient pas aussi tendus.
Voici une épée, ou toute autre arme, portée à la taille.
Veillez à la continuité de l'épée, même si elle se dissimule en partie derrière le corps.
Les épées, javelots et bâtons utilisés dans les arts martiaux chinois doivent toujours être plus longs que le corps.
Bien que l'angle de la main soit difficile à dessiner, voici comment le personnage doit tenir un bâton.
Quel que soit l'angle choisi pour les doigts, entraînez-vous à les dessiner correctement. La réussite de votre composition en dépend.

Métiers et attributs

Vous ne devriez pas rencontrer de difficulté à dessiner des poses qui conviennent à un chevalier brandissant une épée, à un magicien ou à un combattant plein d'ardeur dans un récit fantastique.

Les épées japonaises ou à double tranchant sont lourdes, mais cette pose convient aussi à un fleuret léger. Pensez toujours au poids de l'arme.

Selon la situation, vous pouvez plier le poignet ou le laisser droit. Cette dernière solution convient mieux aux guerriers masculins.

Que faire du bras gauche quand l'héroïne brandit une arme ? Faites-lui porter le fourreau, par exemple.

La cape ne doit pas être trop large. Même s'il s'agit d'un tissu léger, elle tombera droit.

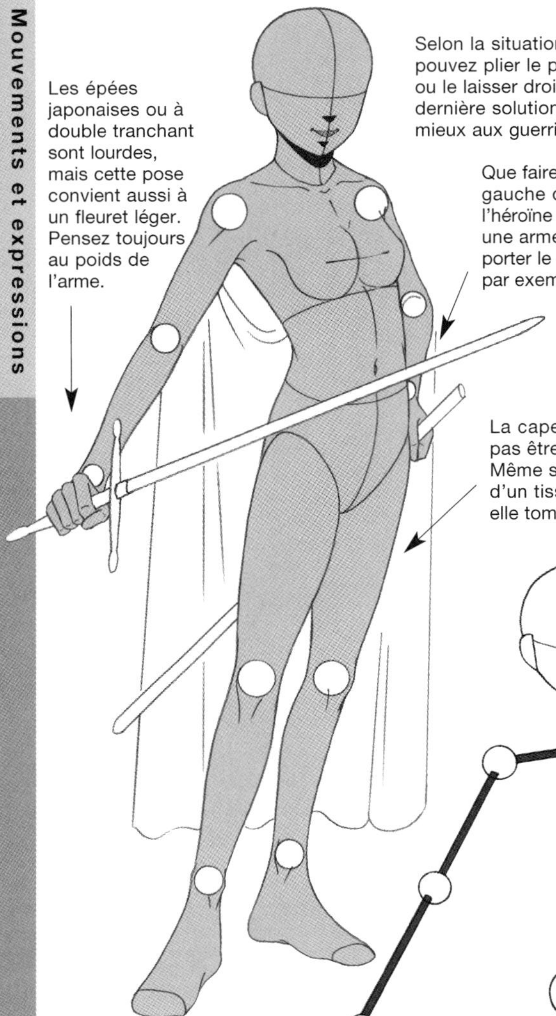

Si vous représentez des soldats, des policiers ou d'autres personnages issus d'un groupe régi par des règles strictes, vous n'échapperez pas au salut : c'est une pose incontournable.

On observe une légère torsion de la taille. Ce dessin pourra vous servir de modèle pour un poster ou une illustration de personnage féminin.

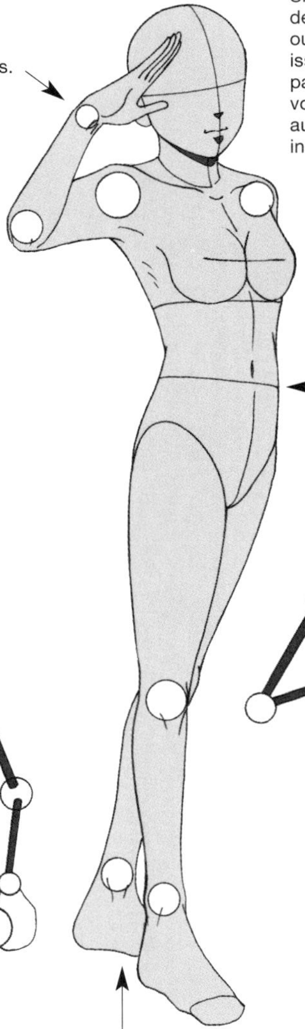

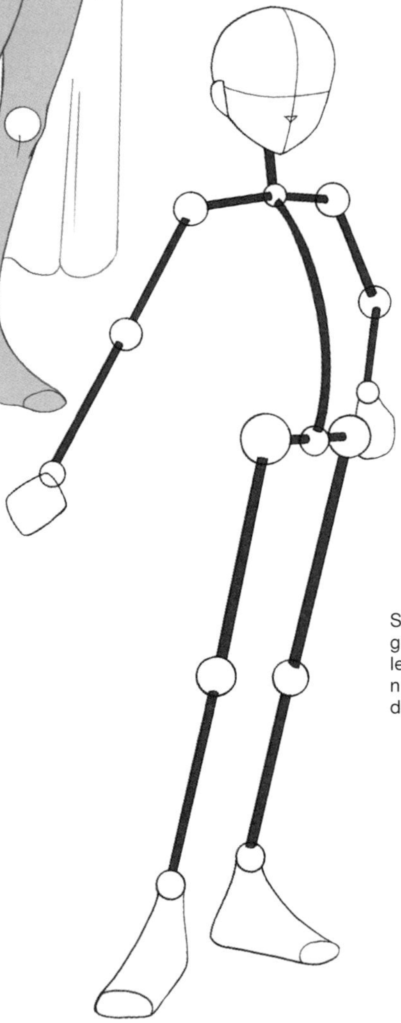

Sachez qu'un homme garde généralement les pieds alignés et n'adoptera pas ce type de pose.

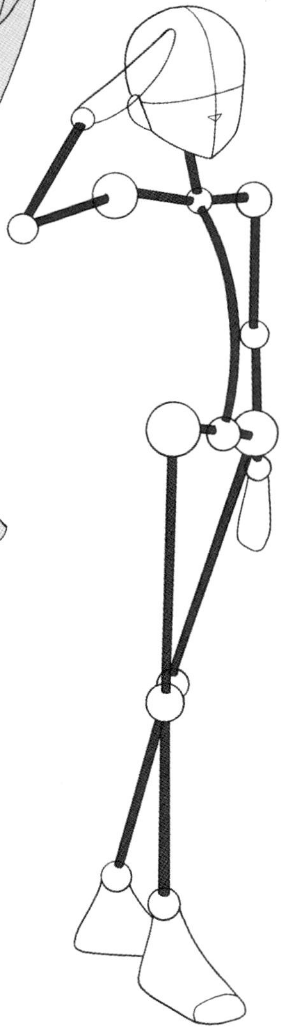

Voici un personnage jetant un sort, la main ouverte.

Puisque les magiciens n'existent pas dans la réalité, vous êtes libres d'imaginer une pose les représentant en pleine action. Voici comment représenter un sorcier jetant un sort.

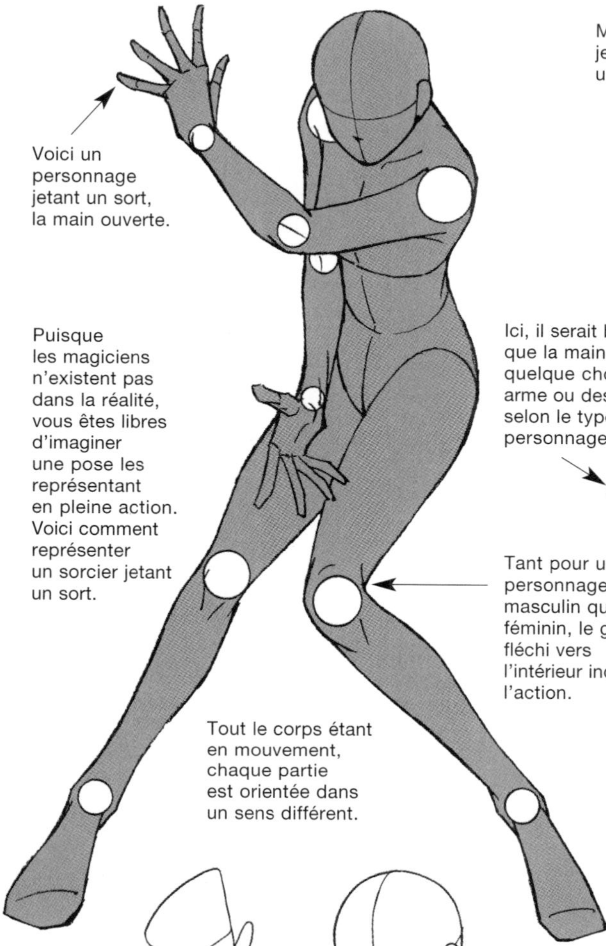

Tant pour un personnage masculin que féminin, le genou fléchi vers l'intérieur indique l'action.

Tout le corps étant en mouvement, chaque partie est orientée dans un sens différent.

Main levée, cette jeune fille adresse un salut gracieux.

Ici, il serait bon que la main tienne quelque chose, une arme ou des papiers, selon le type de personnage.

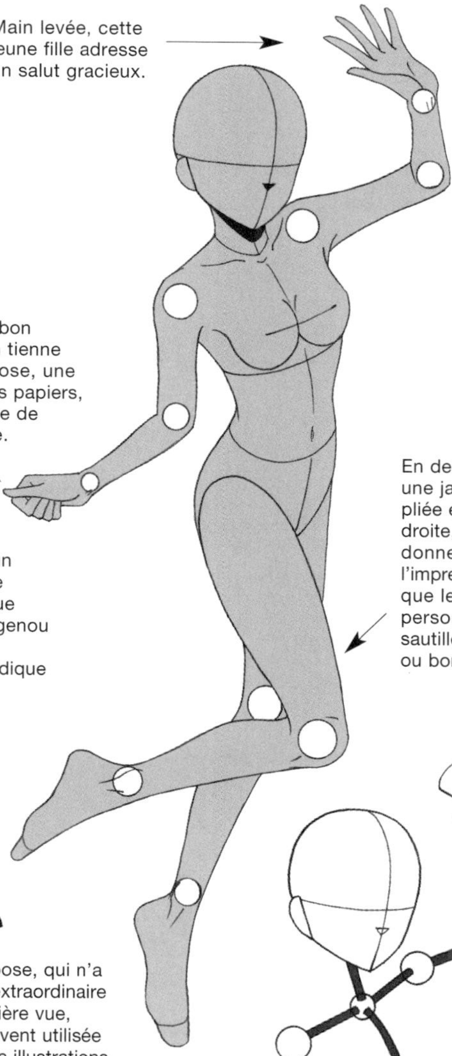

En dessinant une jambe pliée et l'autre droite, vous donnez l'impression que le personnage sautille ou bondit.

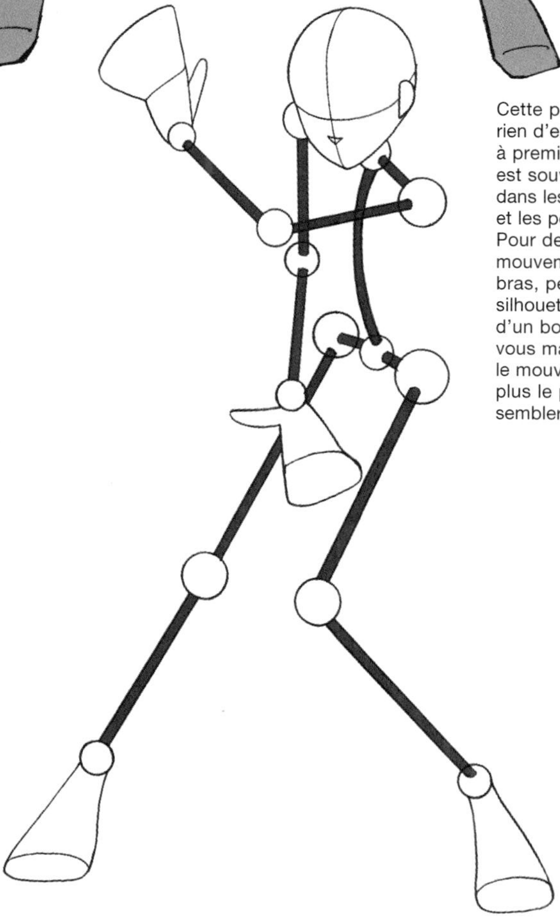

Cette pose, qui n'a rien d'extraordinaire à première vue, est souvent utilisée dans les illustrations et les posters. Pour dessiner le mouvement des bras, pensez à la silhouette équilibrée d'un bonsaï. Plus vous marquerez le mouvement, plus le personnage semblera vivant.

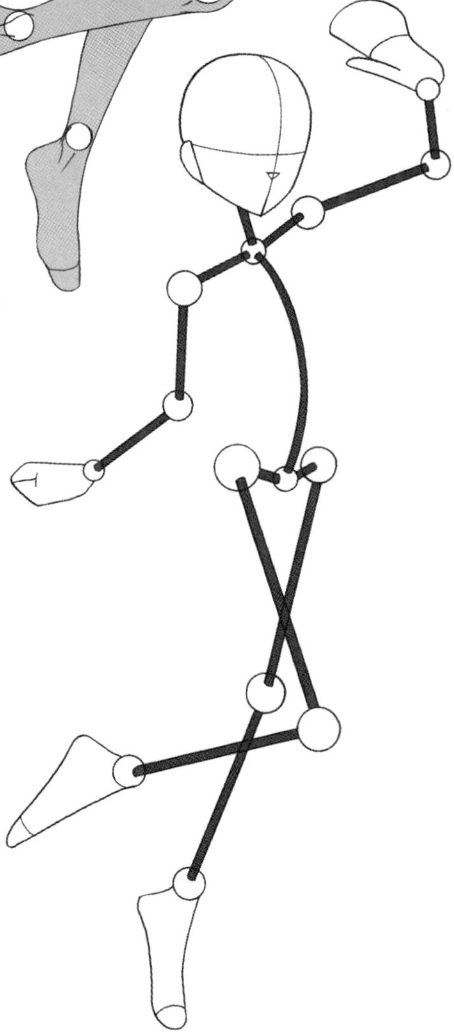

Positions assises

Quand vous dessinez un personnage assis, l'essentiel est de déterminer la hauteur du siège et l'endroit où il pose ses pieds au sol. Vous pouvez commencer par dessiner le siège puis y adapter le personnage, ou l'inverse. Dans l'anime et le manga, on commence en général par le siège, tandis que pour les illustrations on imagine d'abord une posture puis on s'efforce d'y adapter l'environnement.

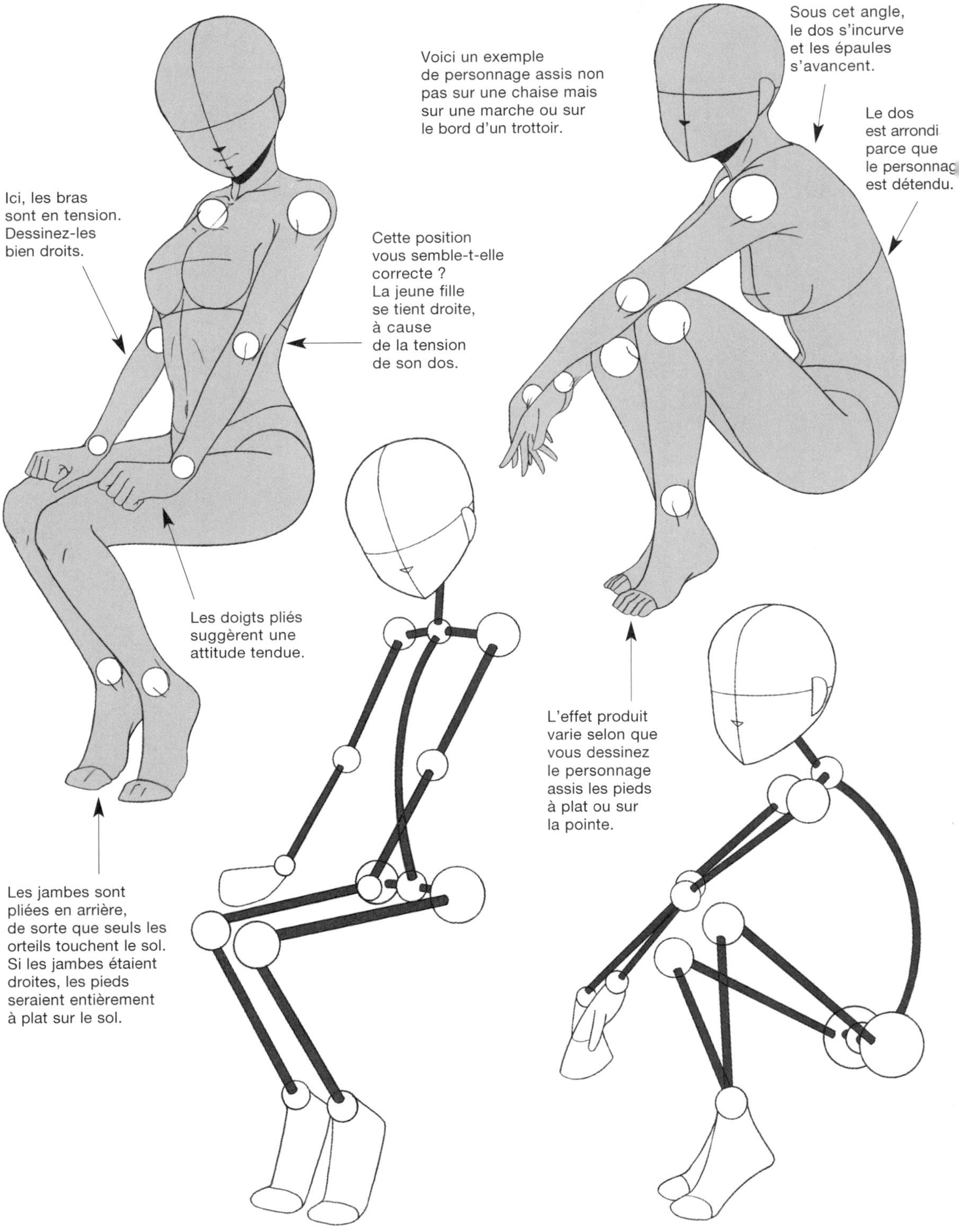

Le mouvement dans les positions assises

Jusqu'ici, nous avons abordé les positions assises statiques ; il est temps de créer du mouvement. Les bases sont les mêmes que pour les positions debout et vous n'avez pas à vous préoccuper de la répartition du poids, ce qui facilite la tâche. Si vous maîtrisez la technique des boîtes, vous n'aurez aucun problème. Reste à déterminer la place des articulations. Pour vous faire une idée de l'effet produit par ces poses, testez-les vous-même. Ne soyez pas gêné, les animateurs et les dessinateurs de mangas en font autant.

Le corps étant penché, les épaules ne sont pas à la même hauteur.

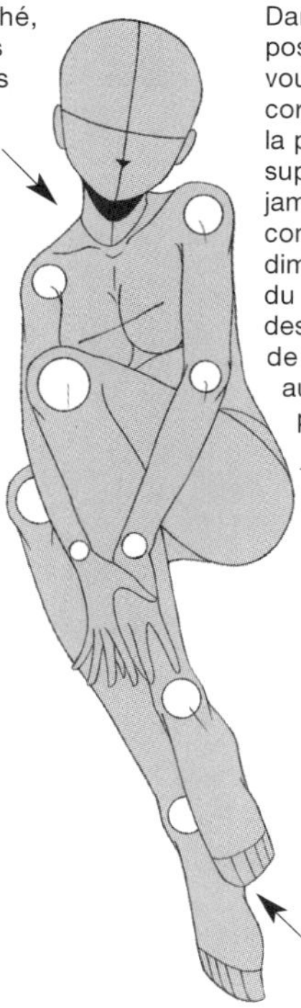

Dans cette posture, si vous voulez dessiner correctement la partie supérieure des jambes, tenez compte des dimensions du siège et des éléments de décor autour du personnage.

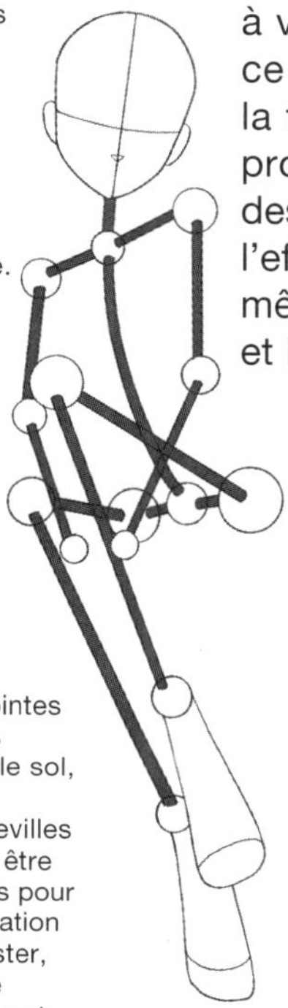

Ici, les pointes des pieds touchant le sol, les orteils ou les chevilles devraient être pliés, mais pour une illustration ou un poster, où le style compte avant tout, les pieds tendus produisent un effet plus élégant.

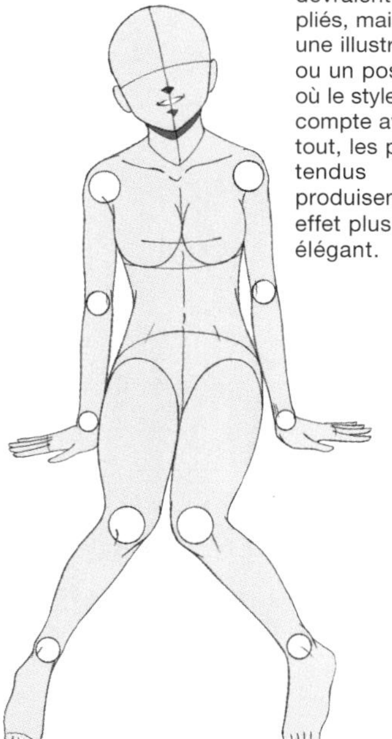

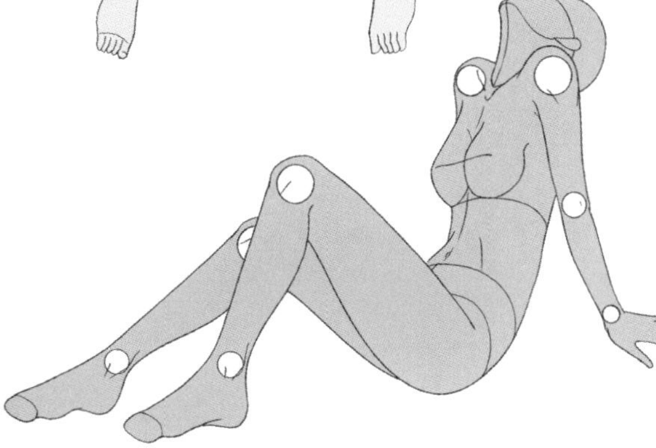

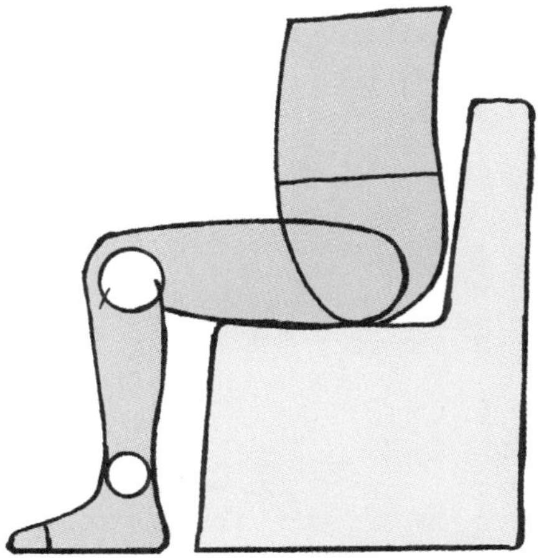

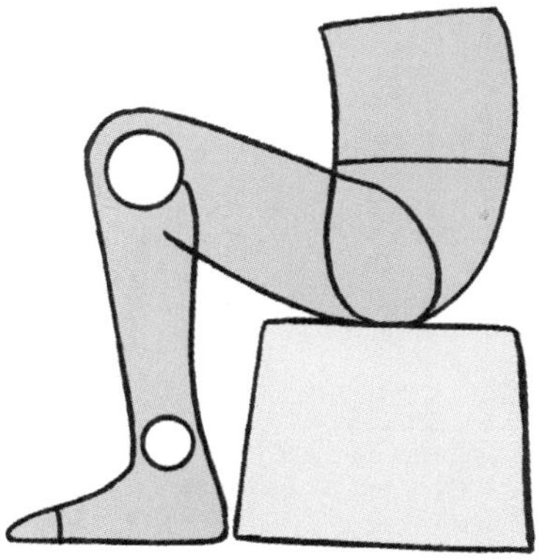

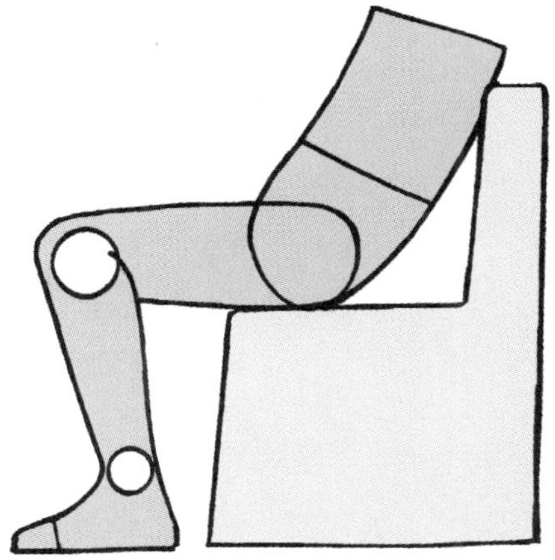

Positions assises

Pensez toujours à l'expression du caractère et des émotions d'un personnage, même s'il est assis. Essayez de changer l'angle et de représenter également le siège sur lequel il est assis.

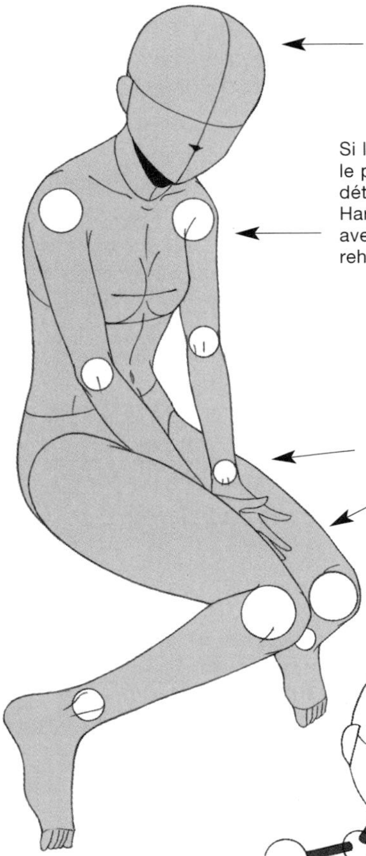

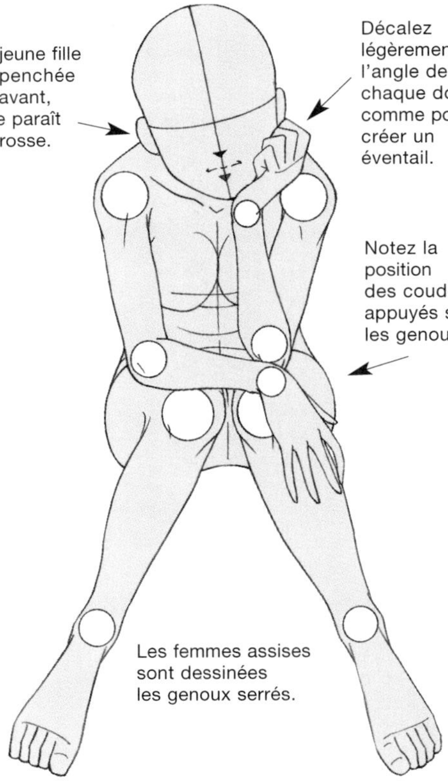

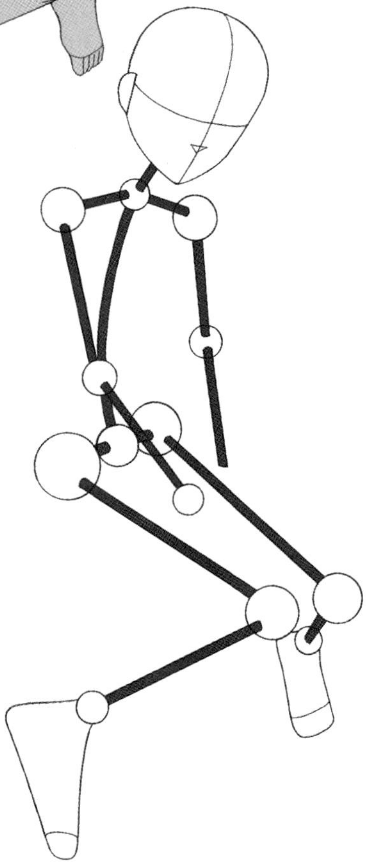

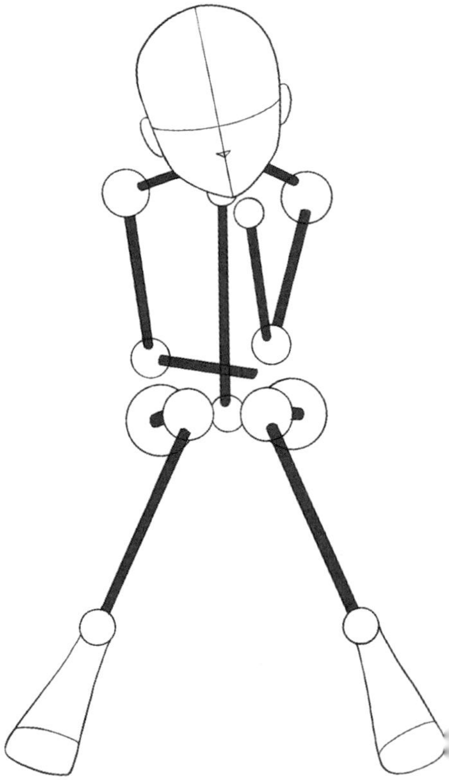

Quand vous dessinez une femme assise, n'oubliez pas de prévoir une silhouette en S ou en Z, en jouant sur la position de la tête, du buste et de la taille.

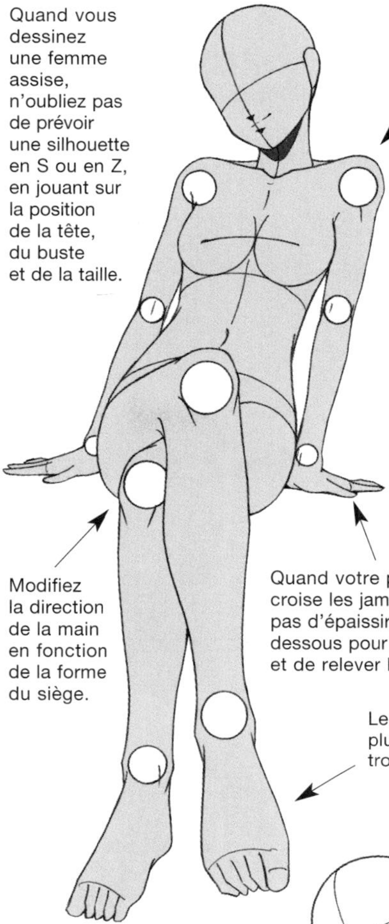

Les bras et les épaules sont tendus, et vous regardez le personnage d'en bas. C'est pourquoi les épaules semblent plus hautes.

En inclinant le buste du personnage sur le côté au lieu de le dessiner droit, vous traduisez l'idée de mouvement. Votre héroïne semble en outre plus détendue ainsi.

Modifiez la direction de la main en fonction de la forme du siège.

Quand votre personnage croise les jambes, n'oubliez pas d'épaissir la jambe du dessous pour marquer l'appui et de relever le genou.

Le pied droit semble plus gros parce qu'il se trouve au premier plan.

Le dos est arrondi et l'héroïne tient sa jambe, de sorte que les deux épaules avancent.

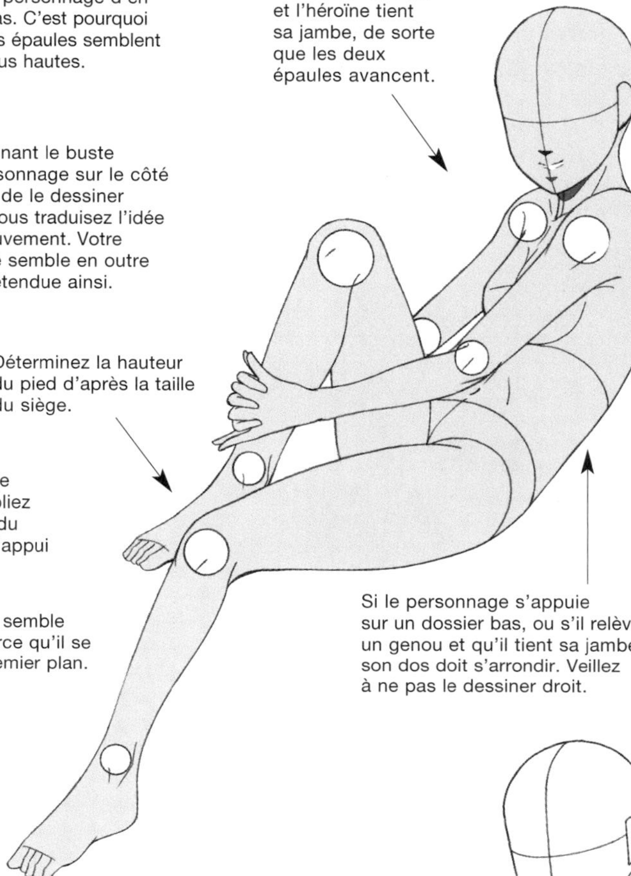

Déterminez la hauteur du pied d'après la taille du siège.

Si le personnage s'appuie sur un dossier bas, ou s'il relève un genou et qu'il tient sa jambe, son dos doit s'arrondir. Veillez à ne pas le dessiner droit.

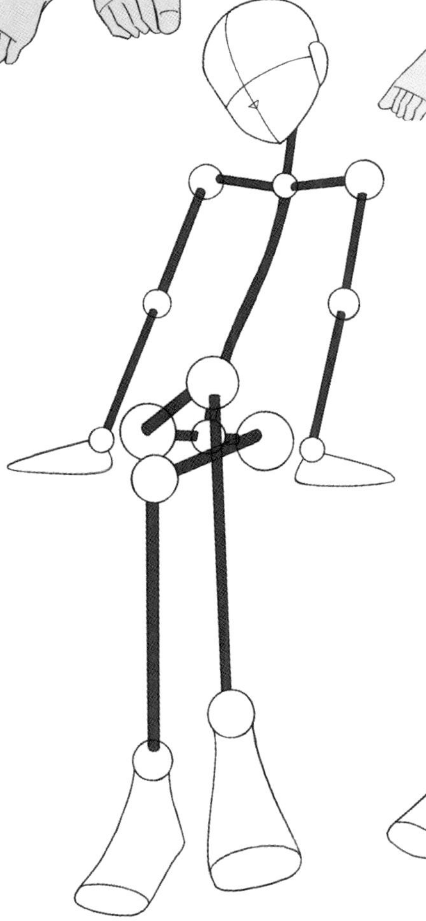

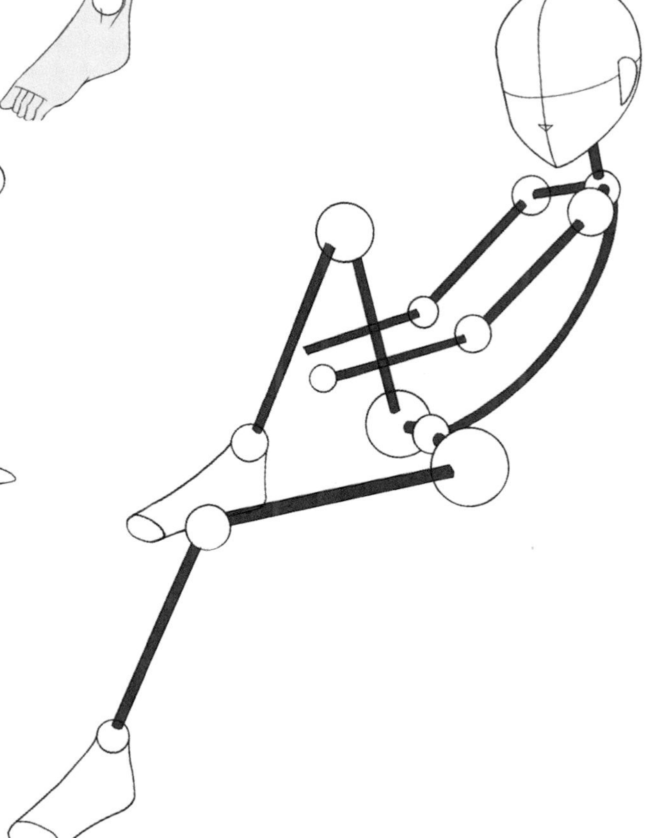

La position assise *tai-iku*

La position assise présentée ci-dessous est appelée *tai-iku* au Japon. Elle doit son nom à la façon dont les écoliers sont assis pendant les cours de gymnastique (*tai-iku*). Les origines de ce terme se situent dans le manga et l'anime. Seuls les *otaku* (amateurs de mangas) l'ont utilisé au début, mais il appartient aujourd'hui au langage courant.

La posture *tai-iku* semble plus féminine si le personnage croise les jambes tout en remontant les genoux. Pensez également à lui faire croiser les bras sur les genoux pour maintenir les jambes serrées. Choisissez la main à placer au-dessus et déterminez la position des doigts, pliés ou croisés.

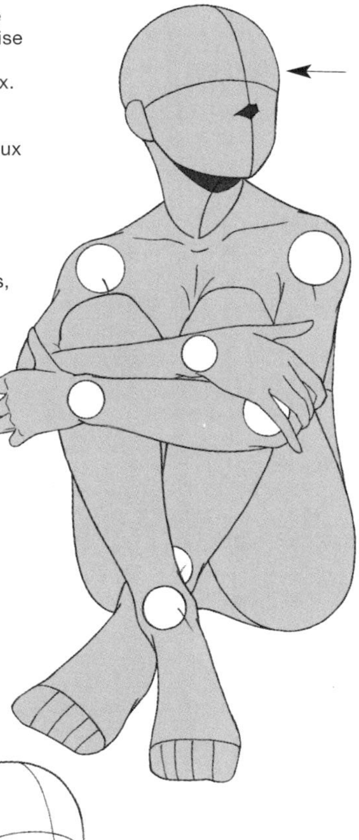

Il n'est pas indispensable de représenter la tête sous cet angle, qui pose des difficultés même aux pros. Mais il offre l'avantage, lorsqu'on le choisit, d'enrichir la composition. Commencez par vous entraîner à dessiner la tête dans une position plus facile.

Notez l'avancement des épaules.

Selon la tension du corps, le dos sera droit ou arrondi.

Voici la position classique *tai-iku*, caractérisée par les pieds joints et le dos droit.

Si les bras ne retiennent pas les jambes, celles-ci s'écartent.

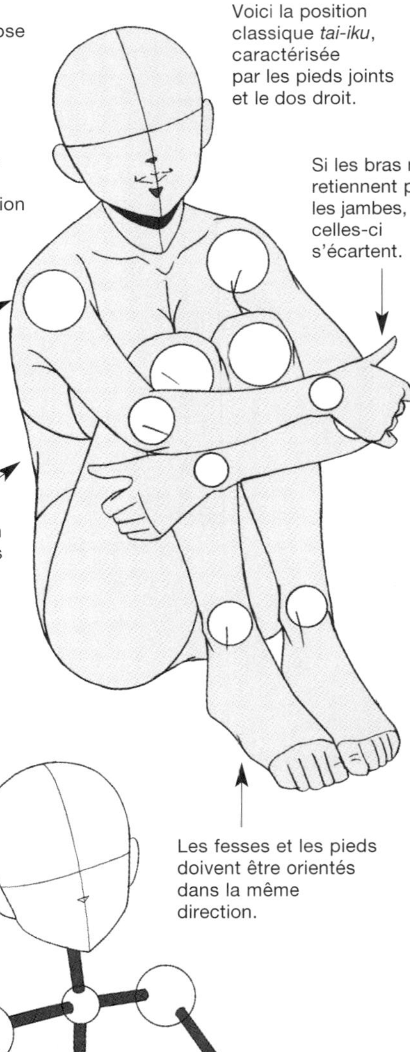

Les fesses et les pieds doivent être orientés dans la même direction.

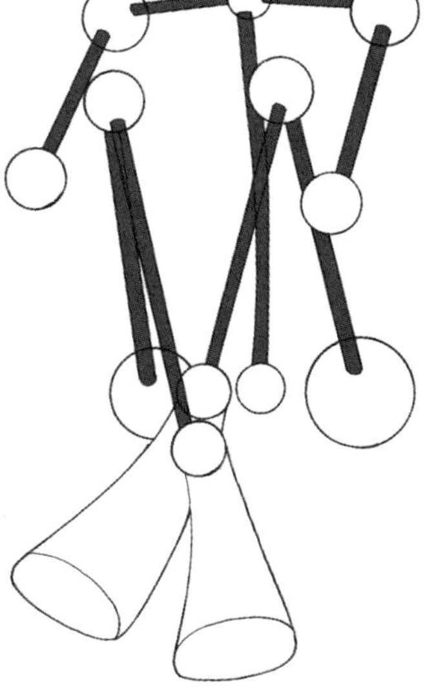

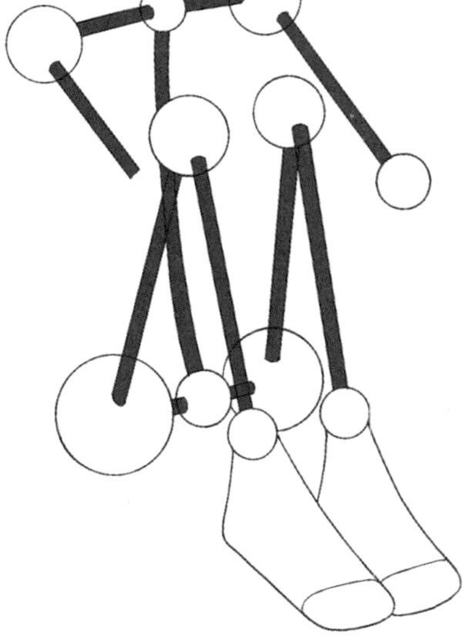

Le dos est plus arrondi parce que la jeune fille se penche plus en avant que dans la position *tai-iku* normale.

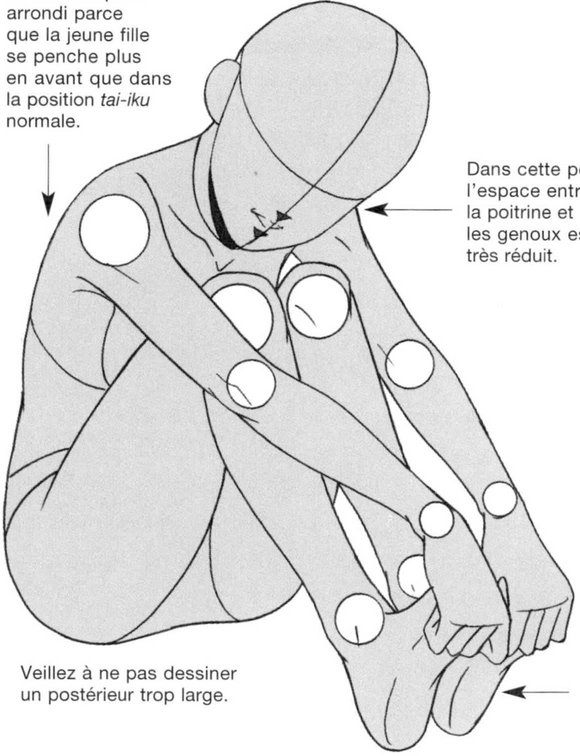

Dans cette posture, l'espace entre la poitrine et les genoux est très réduit.

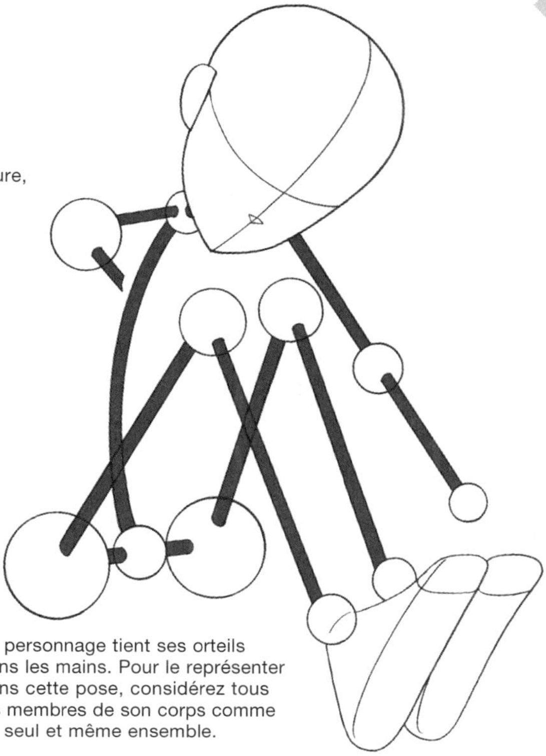

Veillez à ne pas dessiner un postérieur trop large.

Le personnage tient ses orteils dans les mains. Pour le représenter dans cette pose, considérez tous les membres de son corps comme un seul et même ensemble.

La courbure du dos est très prononcée. S'il était plus raide, le personnage aurait l'air d'un robot.

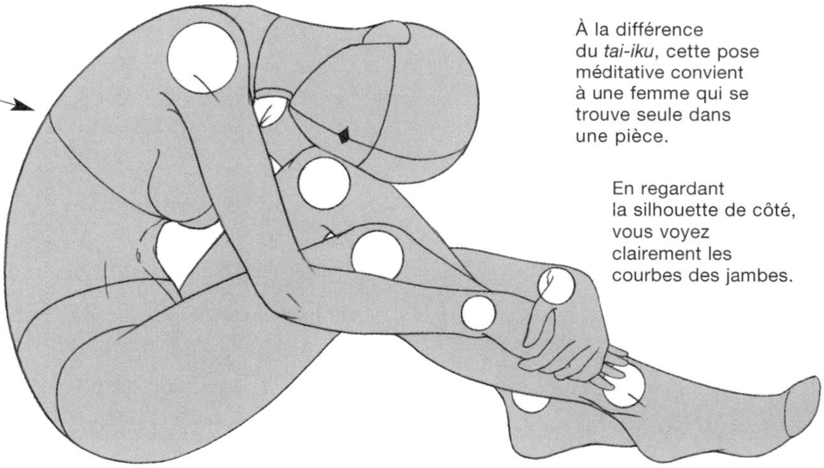

À la différence du *tai-iku*, cette pose méditative convient à une femme qui se trouve seule dans une pièce.

En regardant la silhouette de côté, vous voyez clairement les courbes des jambes.

Mieux vaut éviter de représenter les jambes et les pieds trop parallèles.

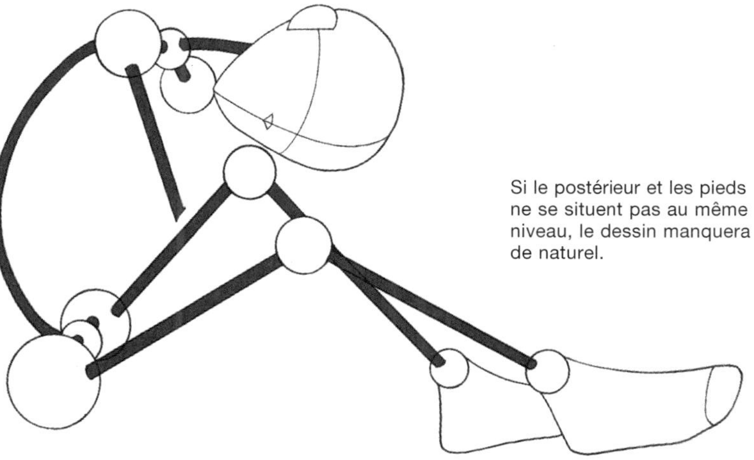

Si le postérieur et les pieds ne se situent pas au même niveau, le dessin manquera de naturel.

Femme assise

Voici une autre posture typique, dite de la « femme assise ». Celle-ci a les genoux repliés et son postérieur repose sur le sol. Comme l'indique son nom, ce n'est pas une attitude masculine, au contraire : on la trouve systématiquement en tant que symbole de féminité dans les anime, mangas et jeux vidéo du genre *bishojo* (œuvres destinées aux garçons et dont le sujet est une belle jeune fille). Les créateurs doivent donc en maîtriser parfaitement le dessin.

Même si les angles de la tête et de la poitrine sont différents, les yeux doivent toujours se diriger vers le lecteur.

Le personnage semblera raide si le corps ou la tête sont présentés parfaitement de face. Pensez à les dessiner de biais.

Sous cet angle, vous voyez clairement l'écartement des pieds, détail caractéristique de la pose de la « femme assise ».

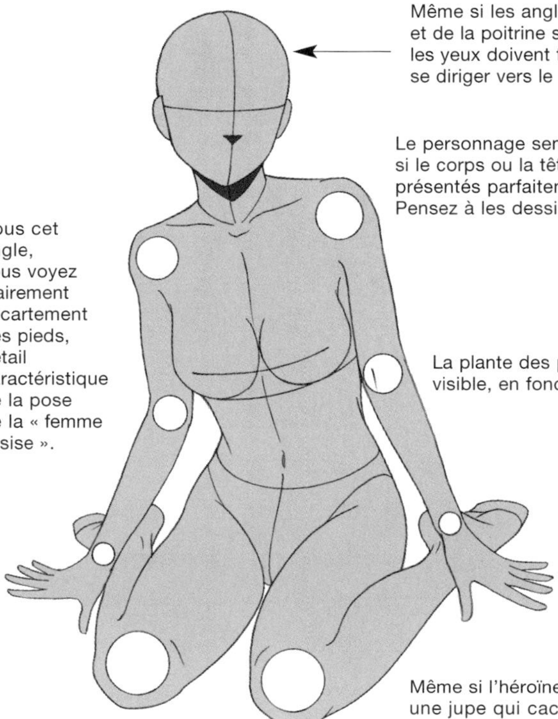

La plante des pieds est parfois visible, en fonction de l'angle.

Bien que cela se voit à peine, notez comme la moitié supérieure du corps avance un peu plus que le bas. Il s'en dégage une sensation de douceur naturelle et de mouvement. C'est ce type d'expression subtile qui donne un air professionnel à un dessin ; vous ne ferez de progrès que si vous travaillez sur les nuances de ce genre.

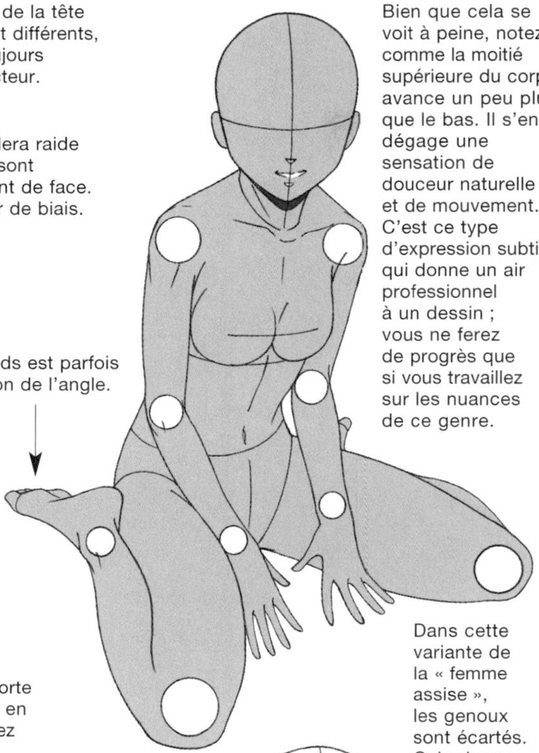

Même si l'héroïne porte une jupe qui cache en partie le corps, veillez à la position et à la hauteur des chevilles.

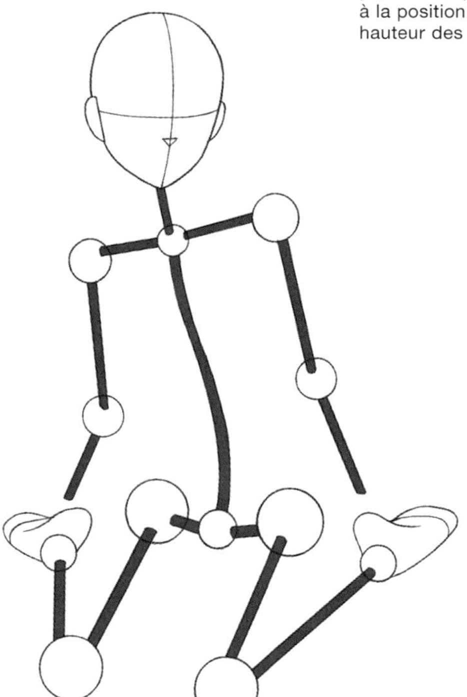

Dans cette variante de la « femme assise », les genoux sont écartés. Cela donne à l'héroïne un air plus jeune.

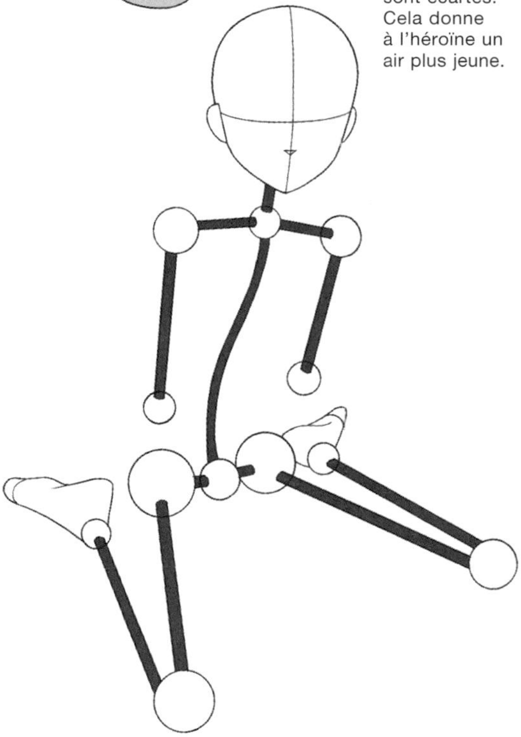

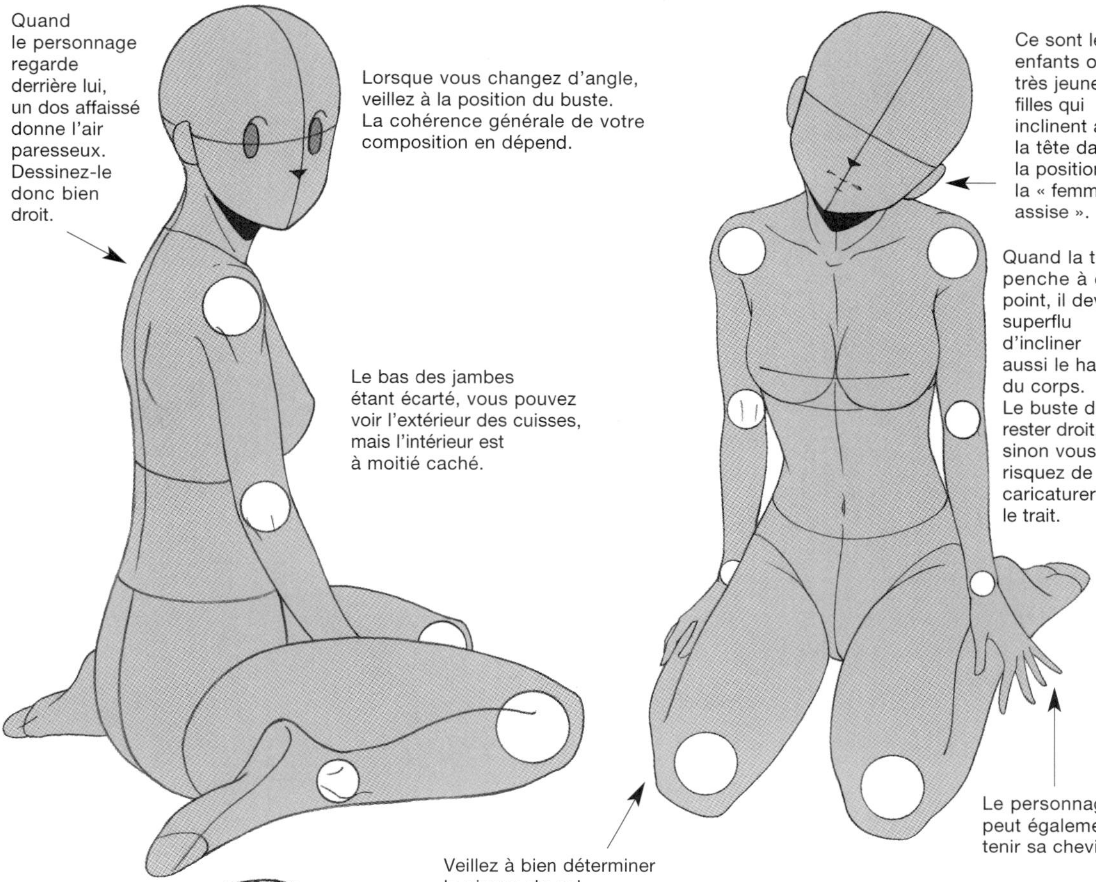
Quand le personnage regarde derrière lui, un dos affaissé donne l'air paresseux. Dessinez-le donc bien droit.
Lorsque vous changez d'angle, veillez à la position du buste. La cohérence générale de votre composition en dépend.
Le bas des jambes étant écarté, vous pouvez voir l'extérieur des cuisses, mais l'intérieur est à moitié caché.
Ce sont les enfants ou les très jeunes filles qui inclinent ainsi la tête dans la position de la « femme assise ».
Quand la tête penche à ce point, il devient superflu d'incliner aussi le haut du corps. Le buste doit rester droit, sinon vous risquez de caricaturer le trait.
Le personnage peut également tenir sa cheville.
Veillez à bien déterminer le niveau du sol.

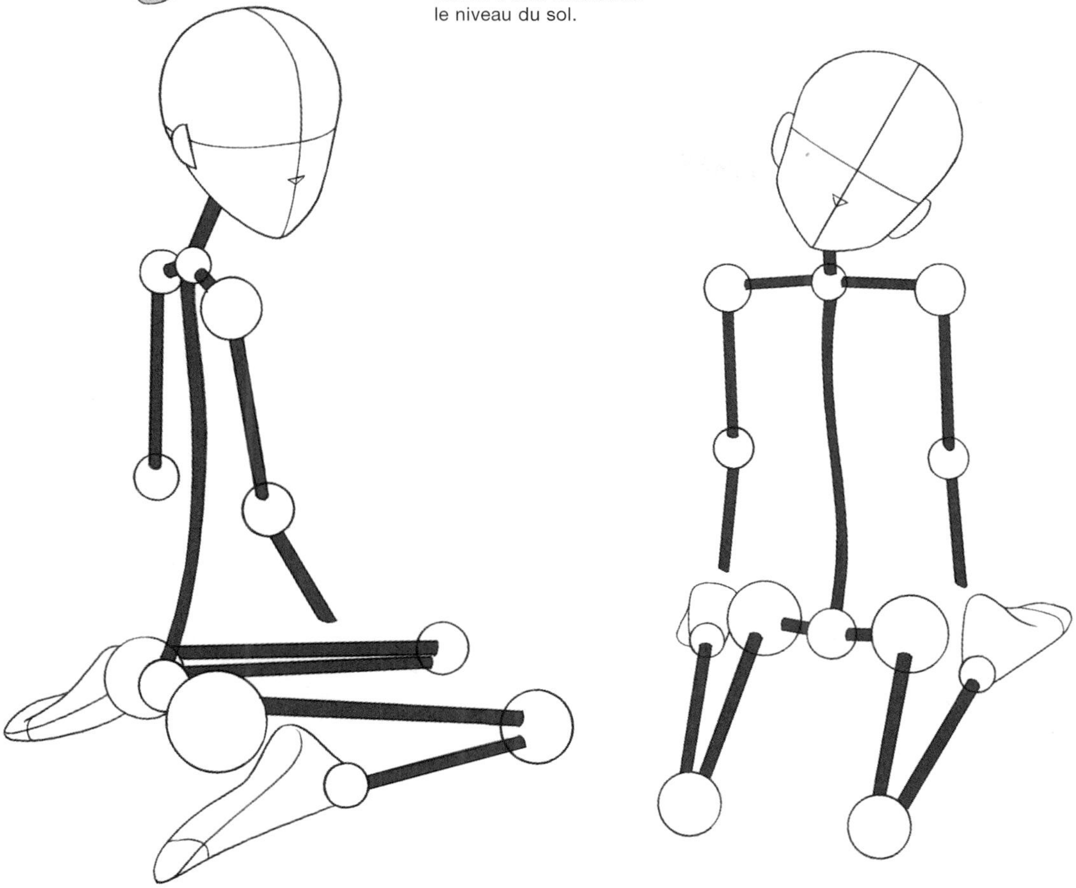

Relâcher les genoux

Les postures suivantes présentent des variantes de la « femme assise » destinées plutôt aux enfants, mais valables aussi pour les femmes de tous âges. Ces variantes consistent à faire reposer le poids du corps sur une fesse et non plus sur les genoux. La ligne du dos change selon que les mains touchent ou non le sol.

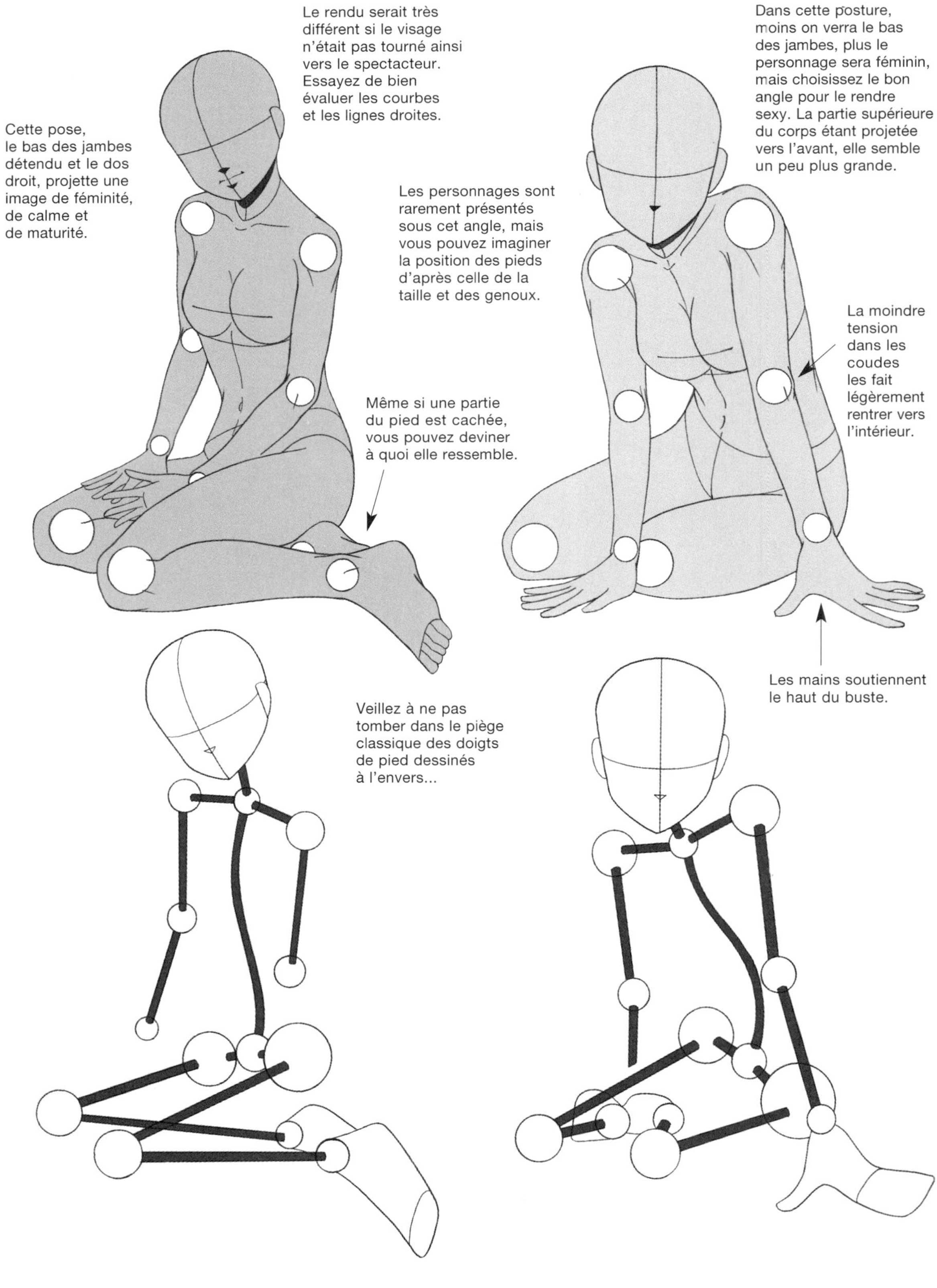

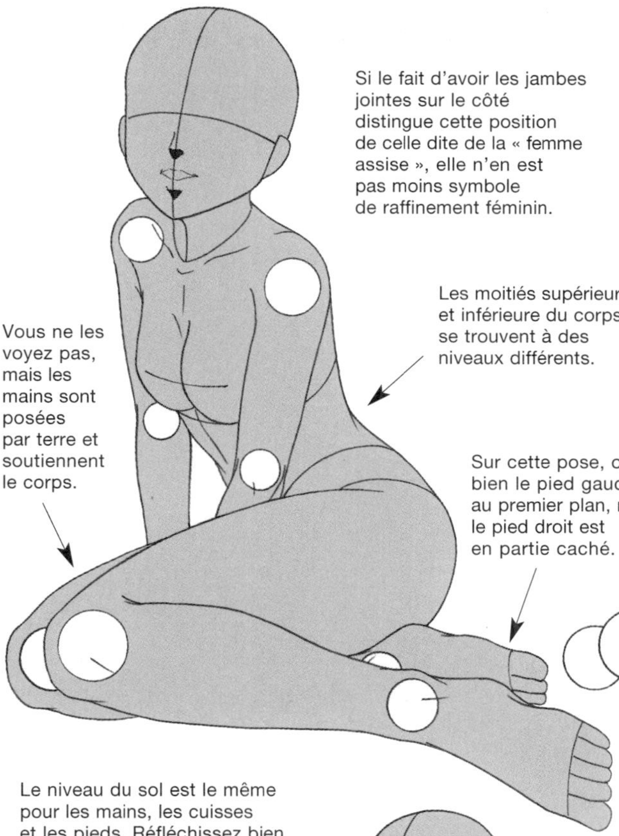

Si le fait d'avoir les jambes jointes sur le côté distingue cette position de celle dite de la « femme assise », elle n'en est pas moins symbole de raffinement féminin.

Les moitiés supérieure et inférieure du corps se trouvent à des niveaux différents.

Vous ne les voyez pas, mais les mains sont posées par terre et soutiennent le corps.

Sur cette pose, on voit bien le pied gauche au premier plan, mais le pied droit est en partie caché.

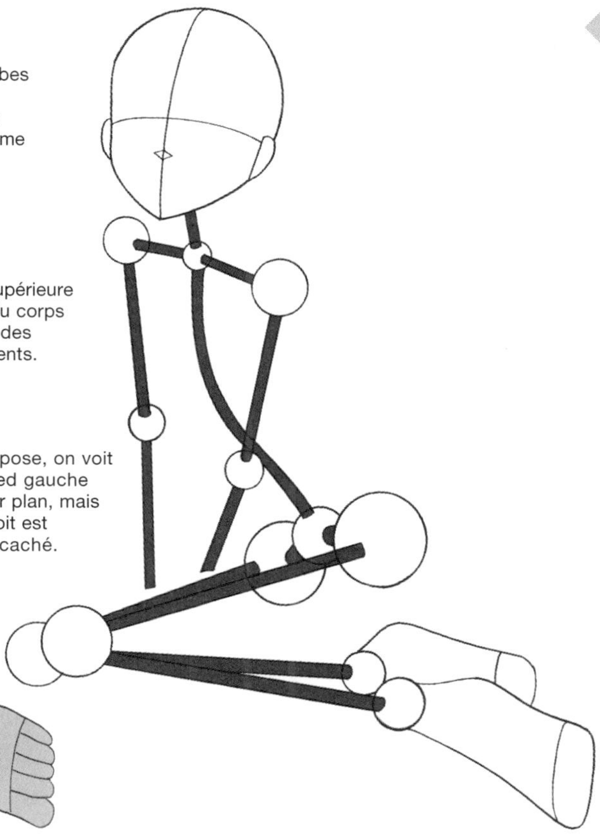

Le niveau du sol est le même pour les mains, les cuisses et les pieds. Réfléchissez bien à la perspective.

Lorsque les jambes sont repliées du même côté, le buste ne peut pas être droit. Les êtres humains équilibrent naturellement le poids de leur corps.

Si le nez ne se situe pas dans l'axe de l'aine, le buste tombera ou aura besoin de soutien.

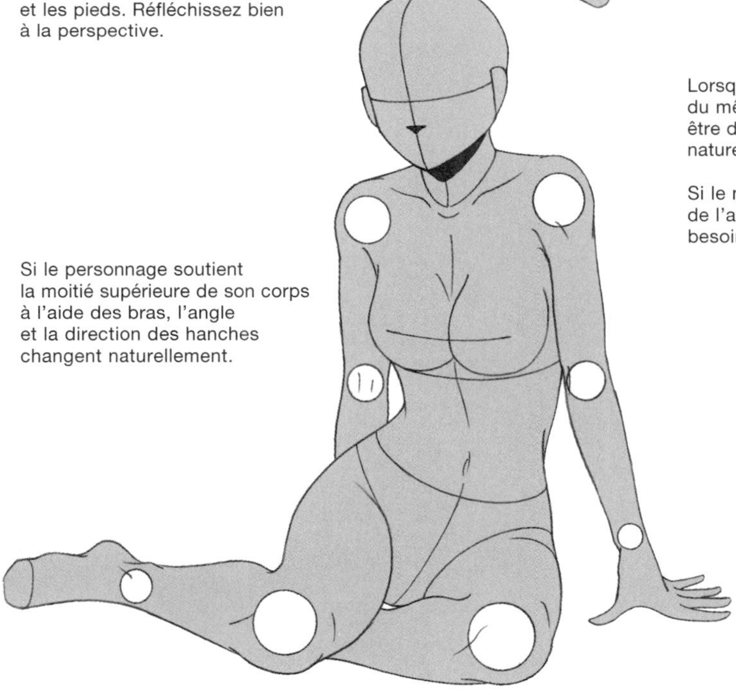

Si le personnage soutient la moitié supérieure de son corps à l'aide des bras, l'angle et la direction des hanches changent naturellement.

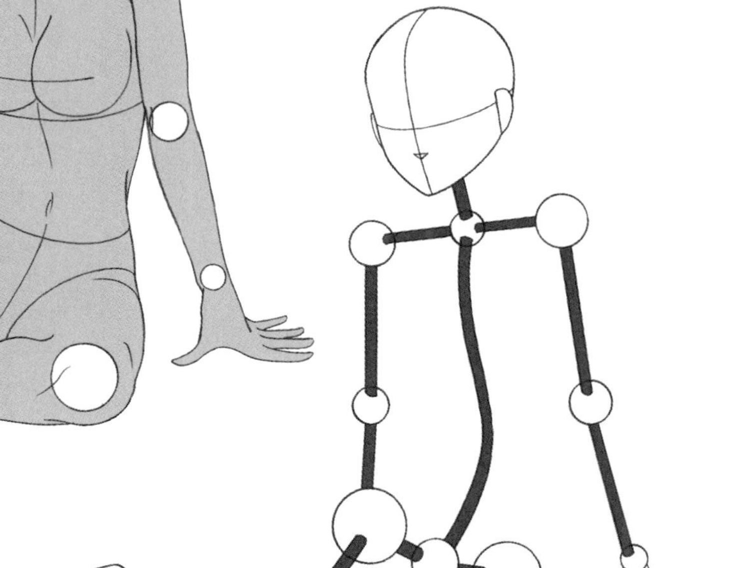

Position assise détendue

Dans une position assise détendue, le personnage écarte les jambes ou les allonge. Pour plus de réalisme, évitez d'arrondir ou de raidir le dos de manière excessive.

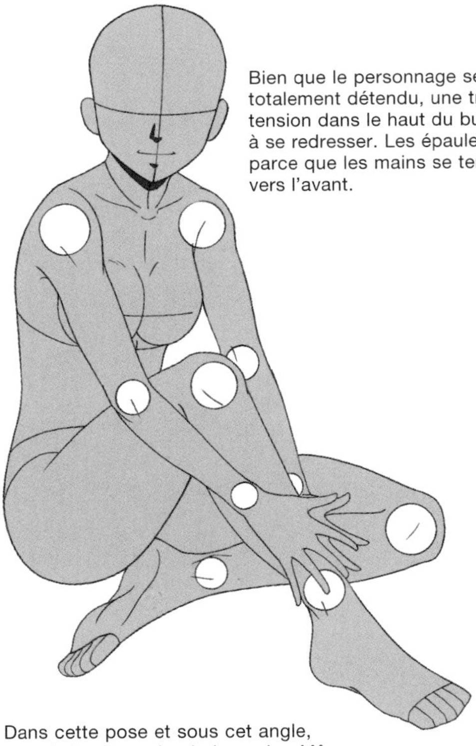

Bien que le personnage semble totalement détendu, une très légère tension dans le haut du buste l'oblige à se redresser. Les épaules s'arrondissent parce que les mains se tendent vers l'avant.

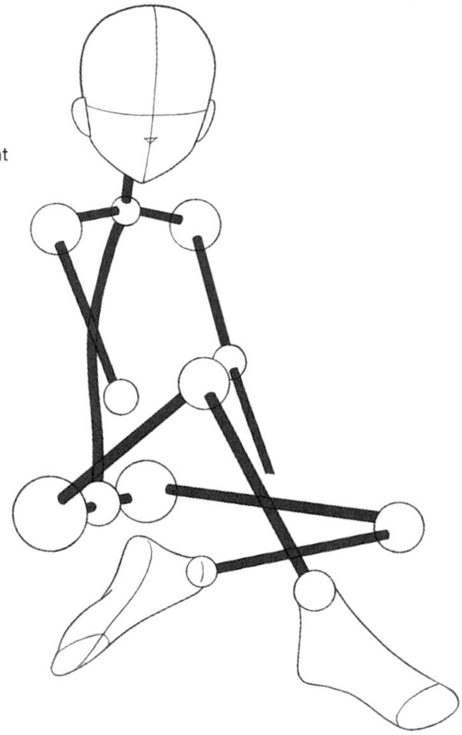

Dans cette pose et sous cet angle, on voit la plante du pied gauche. Même si cela semble peu naturel à première vue, c'est une position très confortable. Le poids du corps est réparti sur les fesses, le genou gauche et le talon droit.

Les talons et le postérieur se trouvant sur le même plan, pensez à la perspective et réfléchissez en termes de boîtes.

Le corps n'est pas entièrement relaxé. Une légère tension dans le pied assure l'équilibre, ce qui a pour effet de relever les orteils.

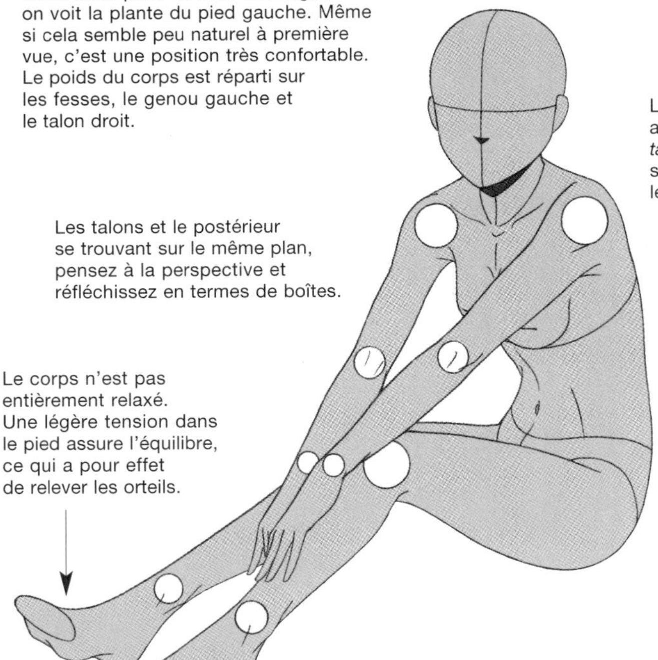

Le personnage qui se détend après avoir adopté la position *tai-iku* (voir p. 98) conserve son équilibre en avançant légèrement le buste.

Une très légère tension empêche le dos de trop s'arrondir.

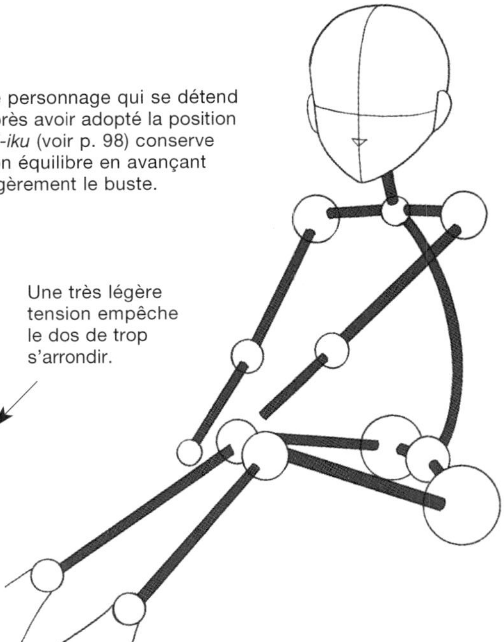

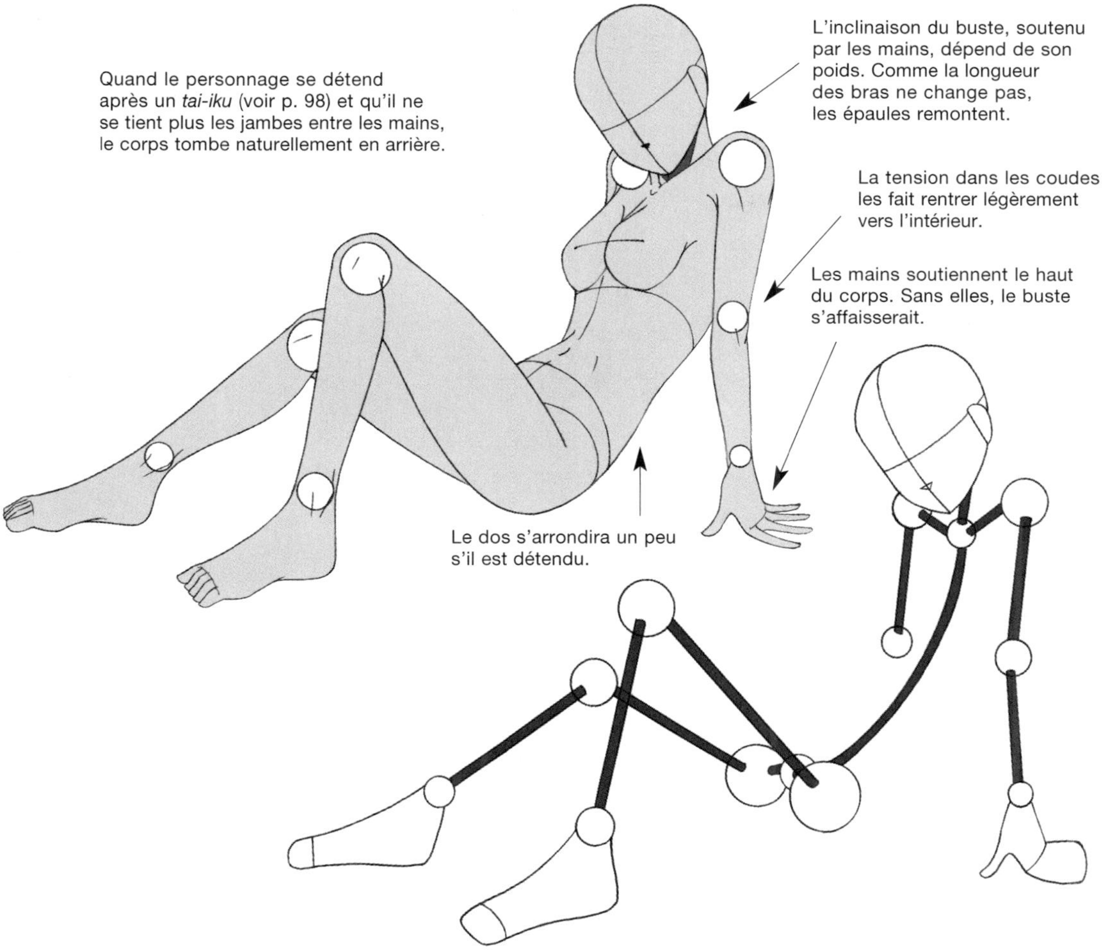
Quand le personnage se détend après un *tai-iku* (voir p. 98) et qu'il ne se tient plus les jambes entre les mains, le corps tombe naturellement en arrière.
L'inclinaison du buste, soutenu par les mains, dépend de son poids. Comme la longueur des bras ne change pas, les épaules remontent.
La tension dans les coudes les fait rentrer légèrement vers l'intérieur.
Les mains soutiennent le haut du corps. Sans elles, le buste s'affaisserait.
Le dos s'arrondira un peu s'il est détendu.

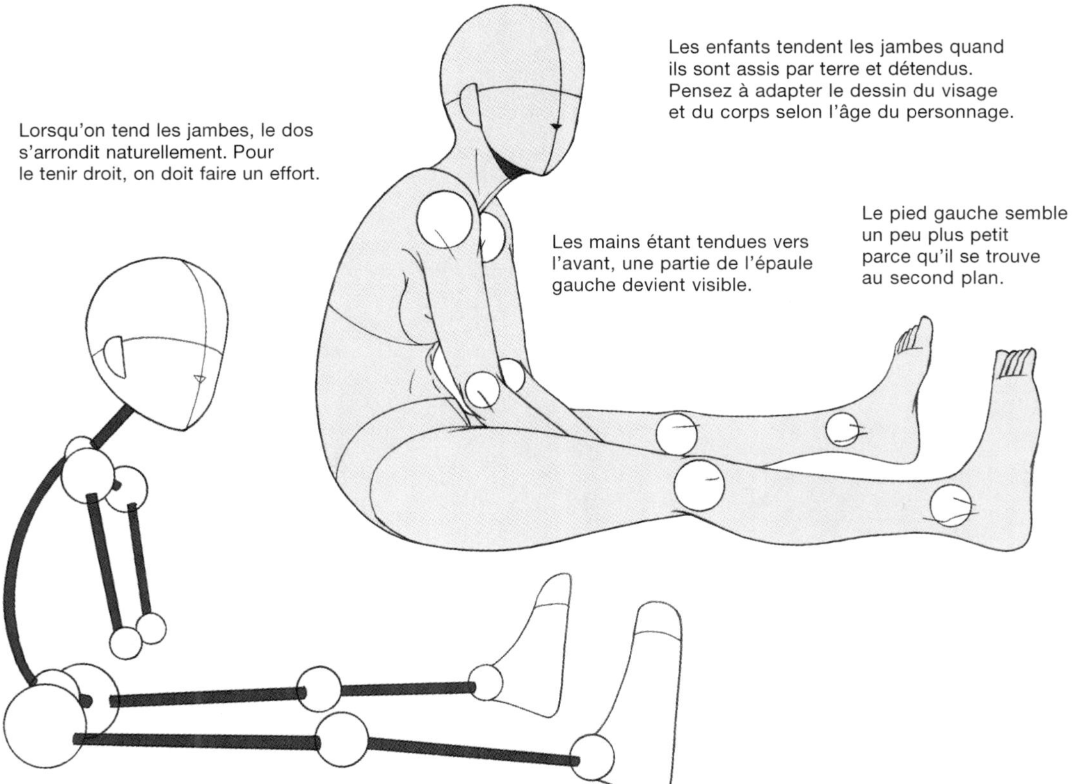
Les enfants tendent les jambes quand ils sont assis par terre et détendus. Pensez à adapter le dessin du visage et du corps selon l'âge du personnage.
Lorsqu'on tend les jambes, le dos s'arrondit naturellement. Pour le tenir droit, on doit faire un effort.
Les mains étant tendues vers l'avant, une partie de l'épaule gauche devient visible.
Le pied gauche semble un peu plus petit parce qu'il se trouve au second plan.

Position assise genoux serrés

Les enfants adoptent souvent ces positions, assises ou accroupies, genoux serrés. Mais ces postures conviennent également aux individus calmes et aux personnes vêtues d'un kimono. D'autres personnages peuvent être susceptibles de les adopter. Sachez seulement que, selon l'angle choisi, elles peuvent être plus ou moins faciles à dessiner.

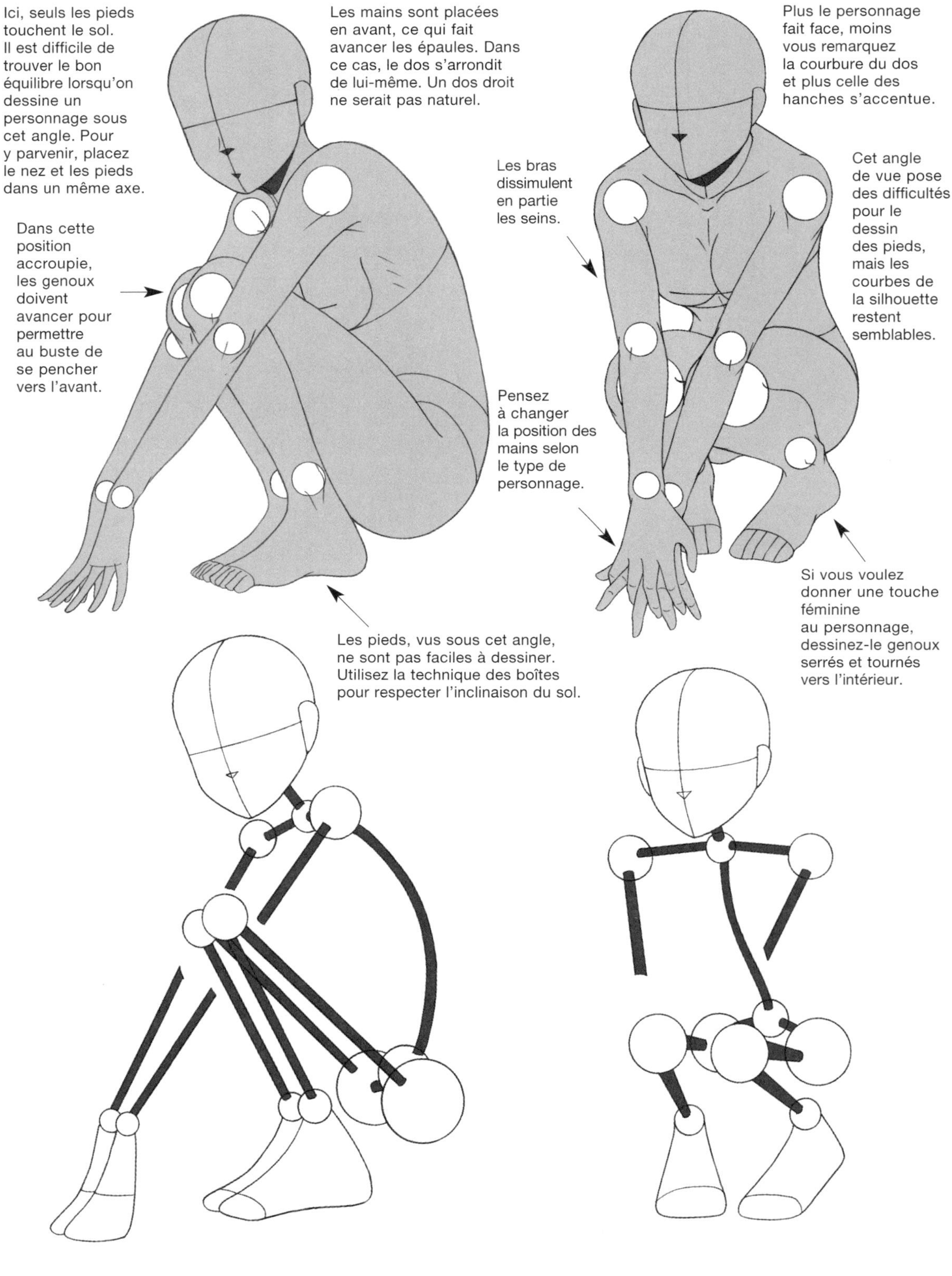

Voici une pose assise appelée *seiza*, identique pour les hommes et les femmes. Mais la personnalité et le sexe du personnage changent selon le dessin des mains.

Cette posture est correcte à condition que le dos soit droit.

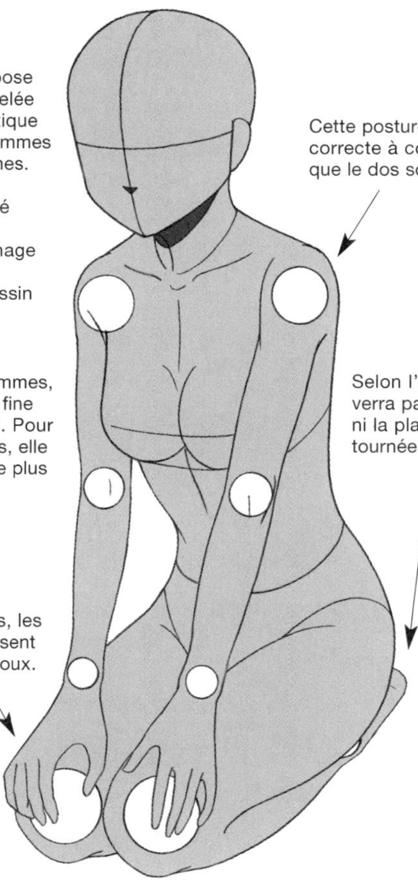

Pour les femmes, la taille est fine et incurvée. Pour les hommes, elle doit paraître plus épaisse.

Selon l'angle, on ne verra pas les chevilles, ni la plante des pieds, tournée vers l'intérieur.

Si les bras sont tendus, les mains reposent sur les genoux.

Si vous regardez la position *seiza* de côté, vous voyez mieux comment les jambes sont pliées.

La poitrine ressort, de telle façon que l'épaule droite devient apparente.

Le haut du buste avance légèrement. En raison de la tension, le dos adopte la forme d'un arc.

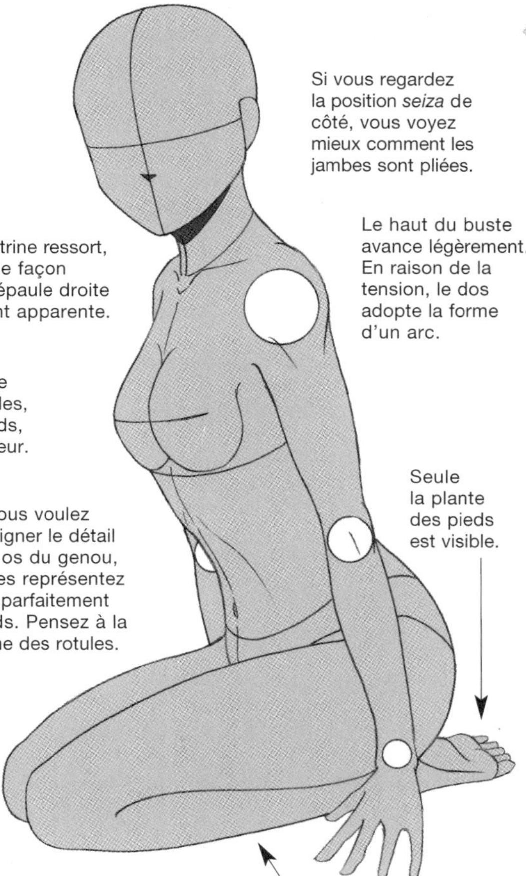

Seule la plante des pieds est visible.

Si vous voulez souligner le détail des os du genou, ne les représentez pas parfaitement ronds. Pensez à la forme des rotules.

Les cuisses reposent sur les mollets. Une ligne courbe marque la séparation entre les deux.

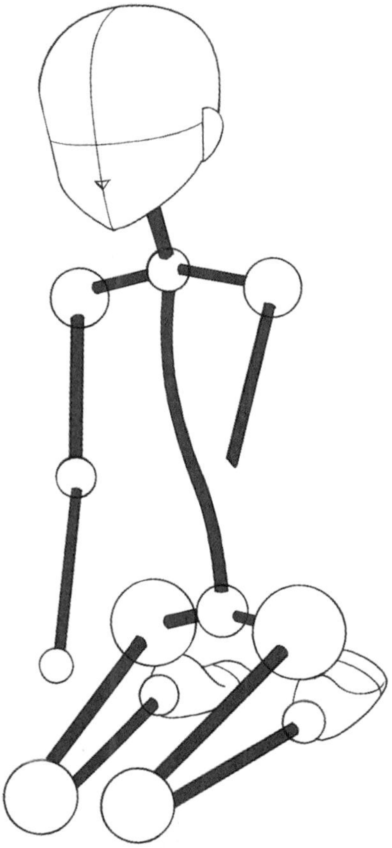

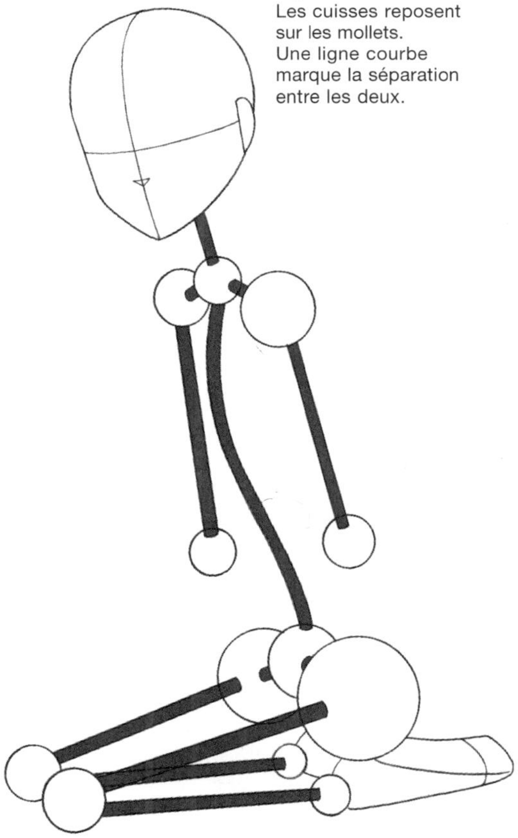

Variantes de la position assise

En se penchant en avant, le personnage révèle davantage son sex-appeal. Cette posture admet plusieurs variantes. Les anime et les mangas japonais utilisent beaucoup le déhanchement intentionnel, particulièrement pour les femmes, afin de leur donner un air aguicheur.

Cette jeune femme prend appui sur ses genoux et ses pieds. Cette pose, symbole de séduction féminine, est surtout utilisée pour les personnages de star ou de mannequin.

L'omoplate ressort davantage à cause de la tension dans les épaules. Le dos, au lieu d'être droit, se creuse légèrement.

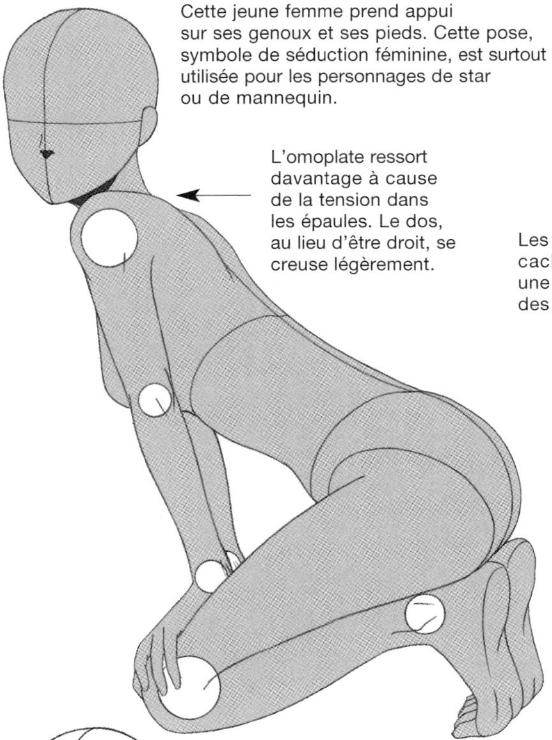

Dans cette pose, la tête est la partie du corps qui avance le plus : elle semble donc plus grosse. En considérant le buste comme une boîte en trois dimensions, vous constatez que les points de fuite sont très proches.

Les bras cachent une partie des seins.

Sous cet angle, les chevilles ne sont pas visibles.

Le nombril n'est pas apparent.

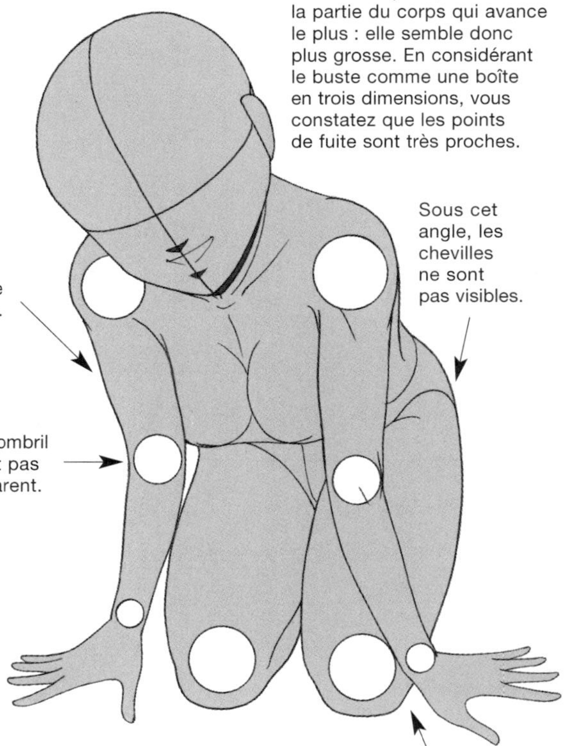

Le buste penche vers l'avant tandis que les mains soutiennent le corps. Le personnage perdrait l'équilibre s'il se penchait autant en avant sans soutien. Dessinez toujours cette pose en pensant à l'appui fourni par les mains. Quelle que soit la souplesse du corps et des chevilles dans votre imagination, pour cette pose, seules les pointes des pieds peuvent toucher le sol.

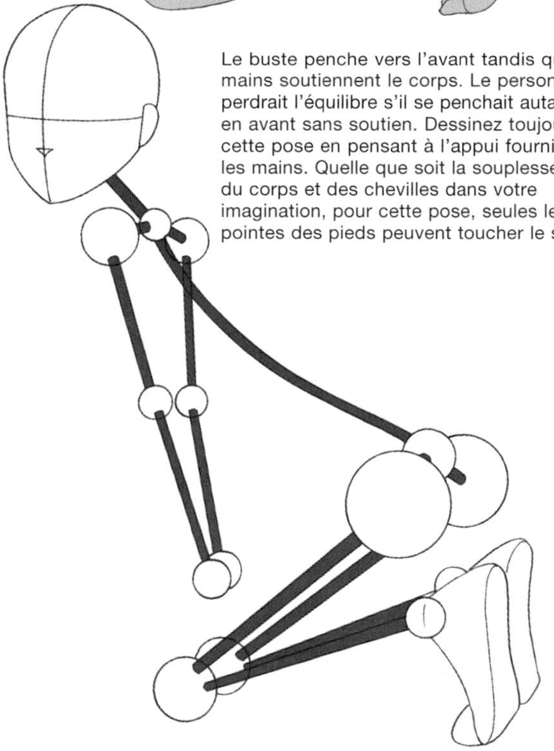

Les bras sont tendus et les coudes rentrent vers l'intérieur afin de projeter une image plus féminine. Chez un homme, les coudes seraient pliés vers l'extérieur.

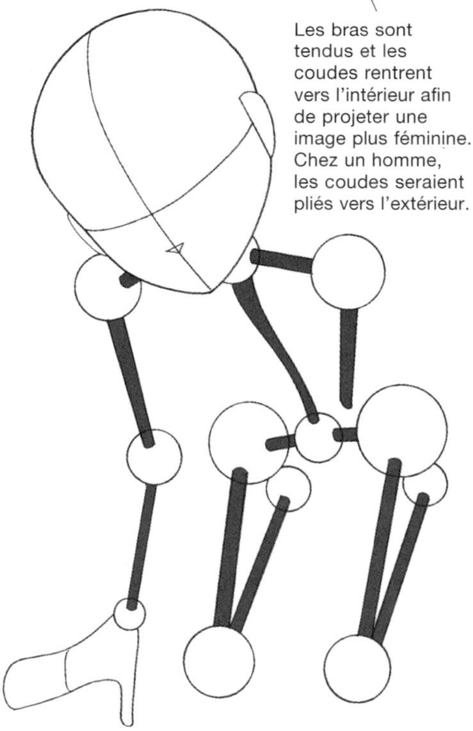

Le choix de l'angle joue sur la grosseur de la tête et de la taille.

Sous cet angle, les seins, la taille et les hanches se voient peu.

Sous cet angle, le dessus du pied est visible.

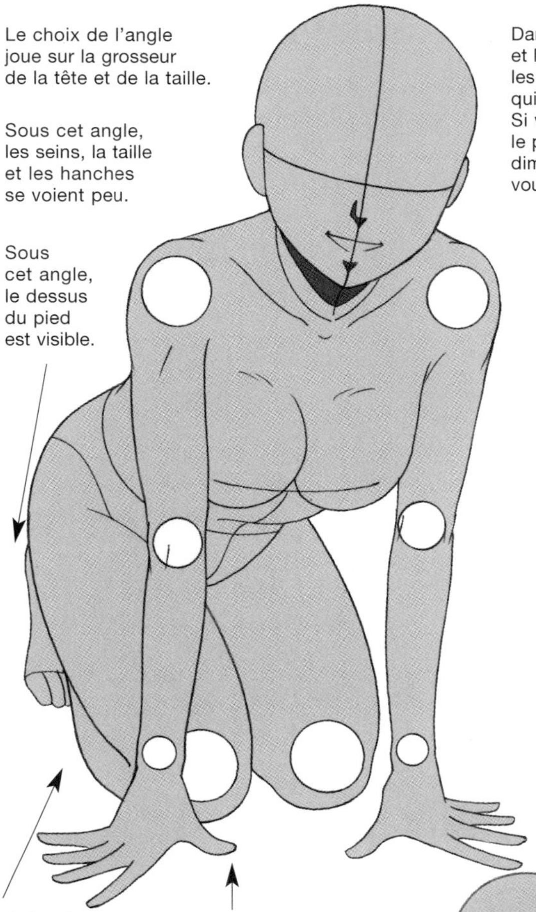

On voit à peine le mollet. C'est à ce genre de détail que l'on reconnaît un bon artiste.

Les mains soutiennent le haut du buste.

Dans cette pose la tête et le visage sont aussi les parties du corps qui avancent le plus. Si vous ne percevez pas le personnage en trois dimensions, cet angle peut vous poser des difficultés.

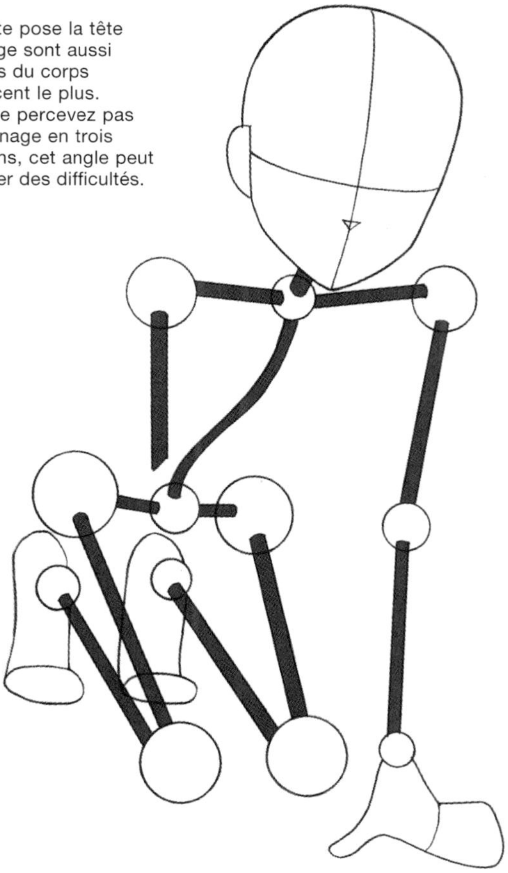

Voici un personnage dans une position confortable, les genoux détendus. La position du corps, et notamment des genoux, accentue le sex-appeal de cette jeune femme.

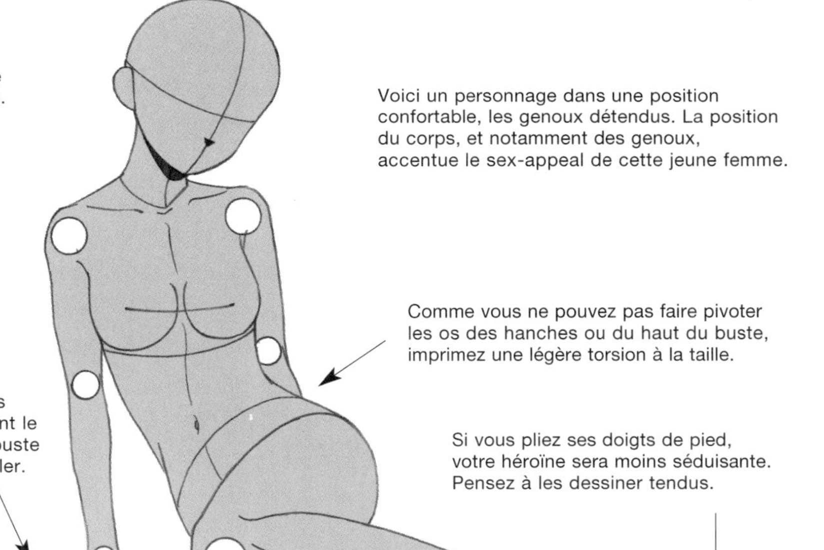

Comme vous ne pouvez pas faire pivoter les os des hanches ou du haut du buste, imprimez une légère torsion à la taille.

Si vous pliez ses doigts de pied, votre héroïne sera moins séduisante. Pensez à les dessiner tendus.

Les mains empêchent le haut du buste de basculer.

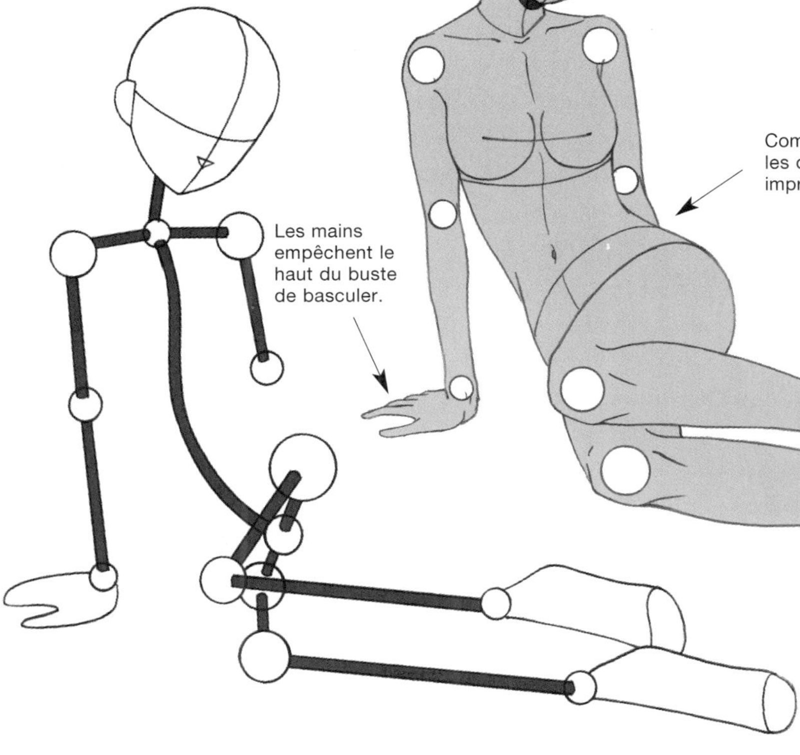

Variantes de la position assise

Le dessin d'une position assise varie selon l'angle que vous adoptez. Si vous représentez la plante des pieds vue de face, ceux-ci apparaîtront plus larges et donneront une bonne idée de la perspective.

La position en tailleur, qui convient autant aux hommes qu'aux femmes, n'est pas facile à dessiner, l'un des pieds étant caché. Choisissez la jambe que vous souhaitez placer au-dessus de l'autre.

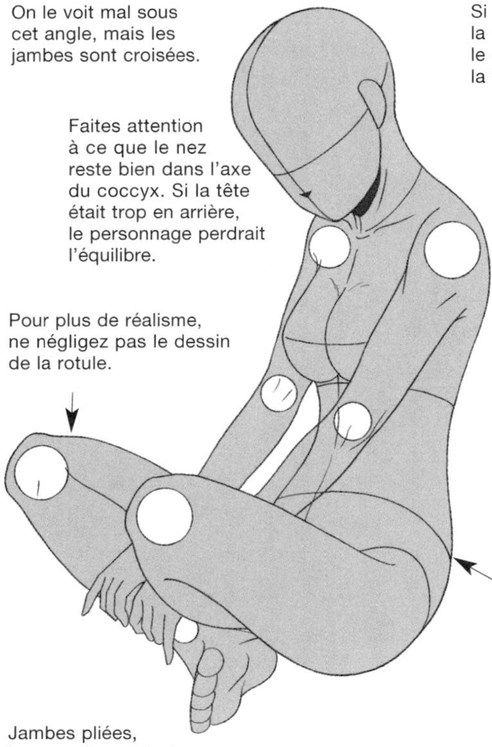

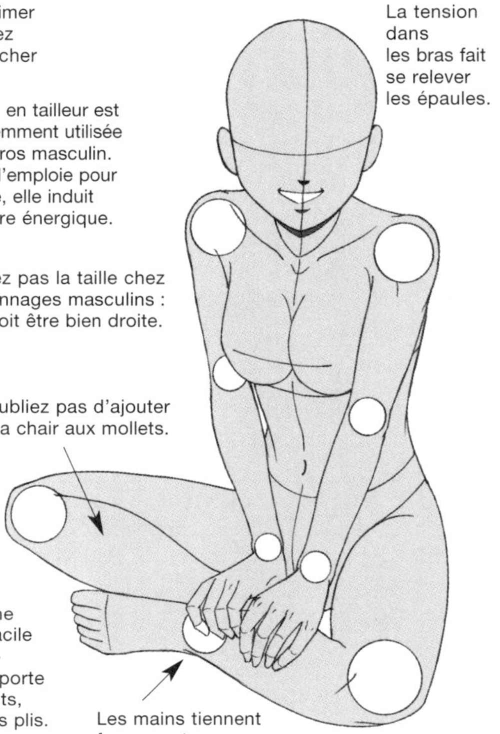

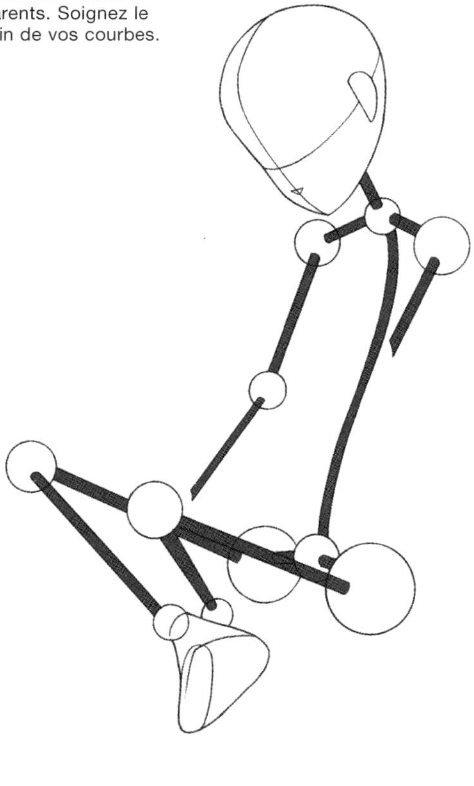

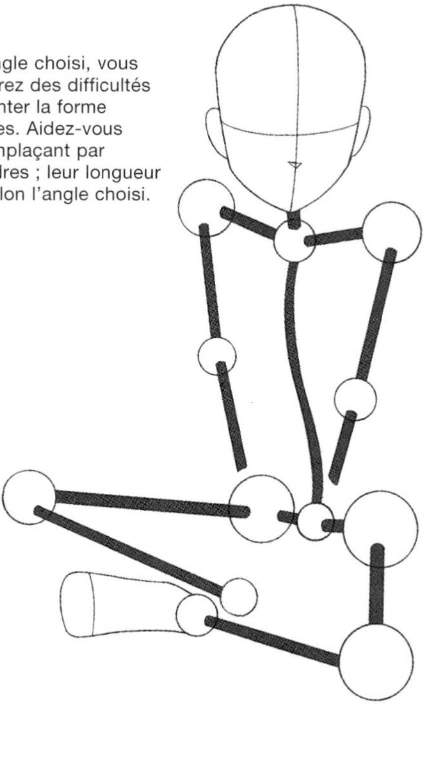

Compte tenu de la torsion des hanches et du buste, soignez la perspective de la tête en vous aidant de la technique des boîtes.

La largeur des hanches détermine celle de la partie au sol.

La perspective du personnage, assis et détendu, est ici exagérée.

Comme les mains soutiennent le haut du buste, les épaules apparaissent au même niveau.

Pensez à la partie invisible du mollet, située sous le genou gauche.

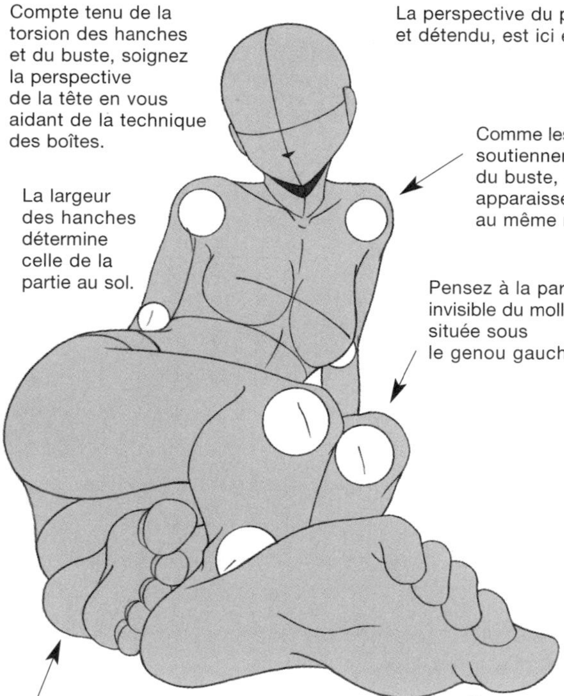

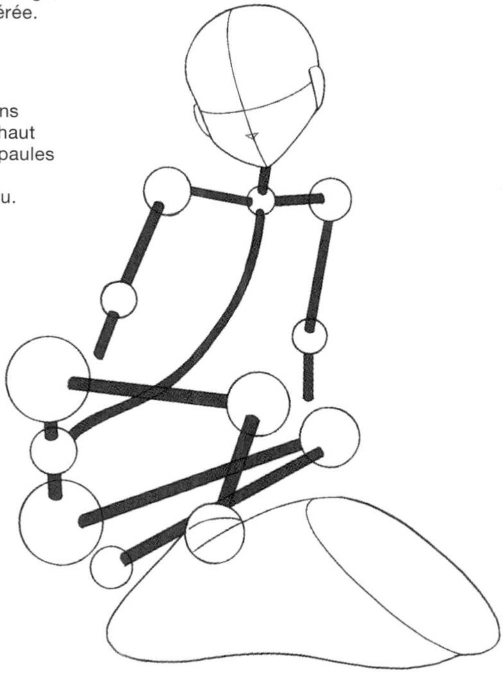

Le pied gauche se trouve plié sous les jambes et le pied droit se tend.

Projeté au premier plan, le pied droit semble très grand.

Cette pose détendue, jambes allongées, convient aussi bien aux femmes qu'aux hommes. L'équilibre entre la longueur des bras et celle des jambes est difficile à trouver dans le dessin de personnage assis, contrairement au dessin de personnage debout. Adaptez cette longueur aux proportions de la tête et du corps.

Les deux mains soutiennent le poids du corps, même si, sous cet angle, la main gauche est invisible.

Les jambes tendues touchent le sol, mais ne soutiennent pas le corps.

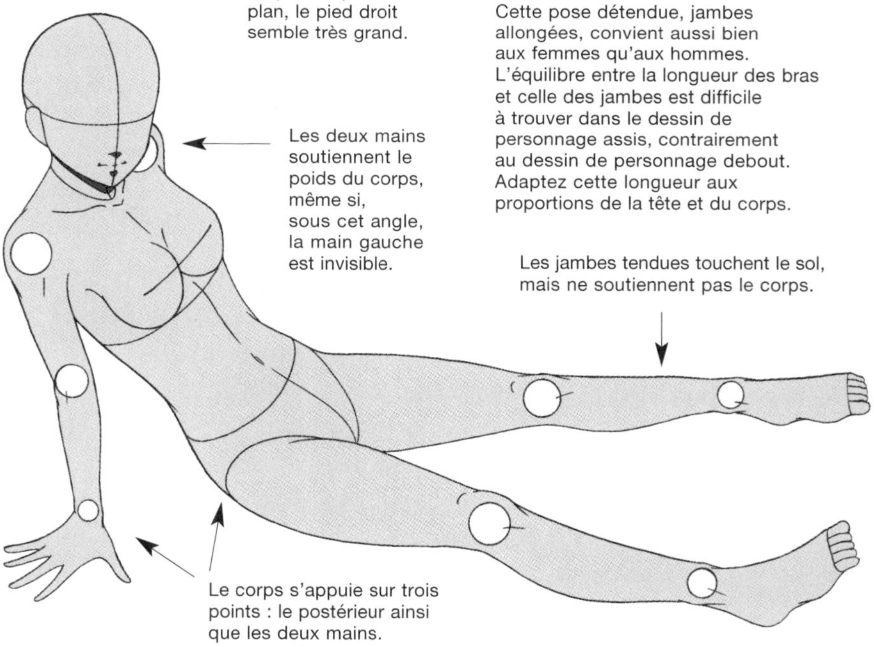

Le corps s'appuie sur trois points : le postérieur ainsi que les deux mains.

Le dessin des jambes vous offre une certaine liberté, tant dans leur forme que dans leur position. Pensez cependant à représenter les articulations dans le bon sens.

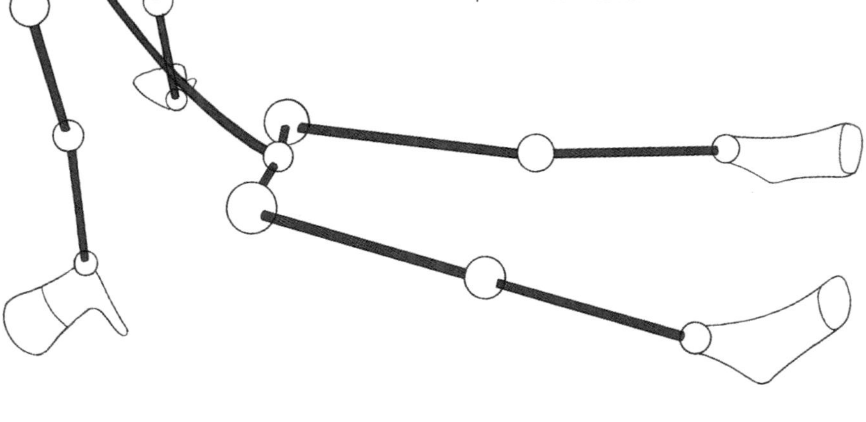

Position allongée

Dans cette position, les jambes ne nécessitent pas autant d'attention que lorsque le sujet est debout. Veillez cependant à respecter la perspective en fonction de l'angle de vue et raisonnez en termes de boîtes pour dessiner correctement la taille et le bassin.

Quand vous dessinez un personnage allongé, le calcul des proportions de la tête et du corps peut s'avérer difficile. Déterminez les trois dimensions à l'aide de la technique des boîtes.

Sous cet angle, si vous faites remonter es pieds, les plantes deviennent visibles.

Une cuisse est parfois cachée, comme ici.

Le coude reste immobile, mais la main peut bouger.

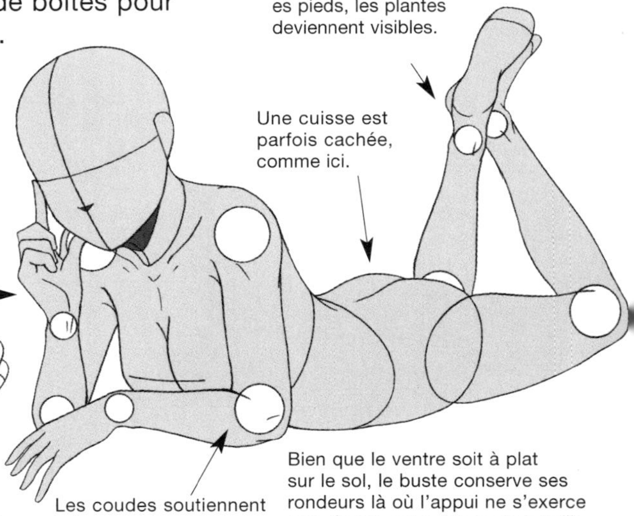

Les coudes soutiennent le haut du corps.

Bien que le ventre soit à plat sur le sol, le buste conserve ses rondeurs là où l'appui ne s'exerce pas. Courbez les lignes de la taille ou marquez-les avec une ceinture ou le bas d'une chemise.

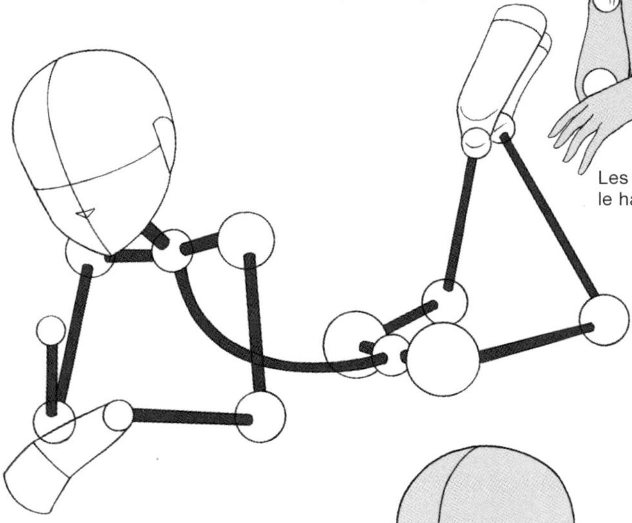

Si le personnage est allongé, l'équilibre est plus facile à trouver. Vous pouvez jouer sur l'angle pour mettre en valeur la perspective. Pensez à dessiner la ligne de la colonne vertébrale.

Les omoplates ressortent légèrement.

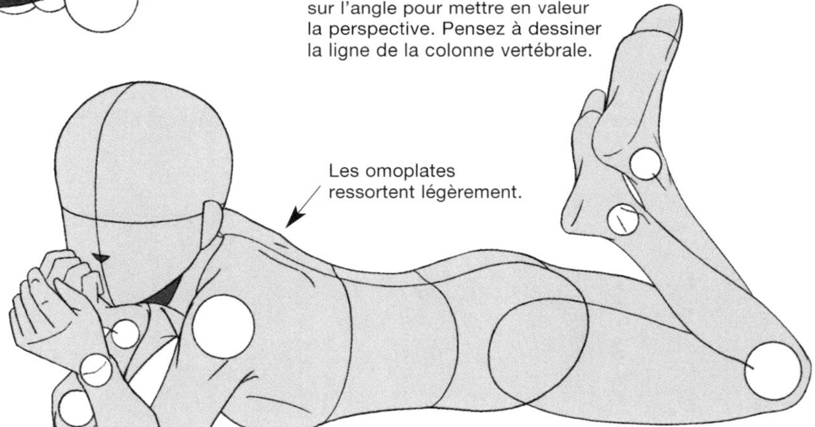

Sur un lit ou toute autre surface molle, le corps s'enfonce davantage aux points de pression.

Comme dans les positions debout, les jambes croisées ajoutent une note féminine à la silhouette.

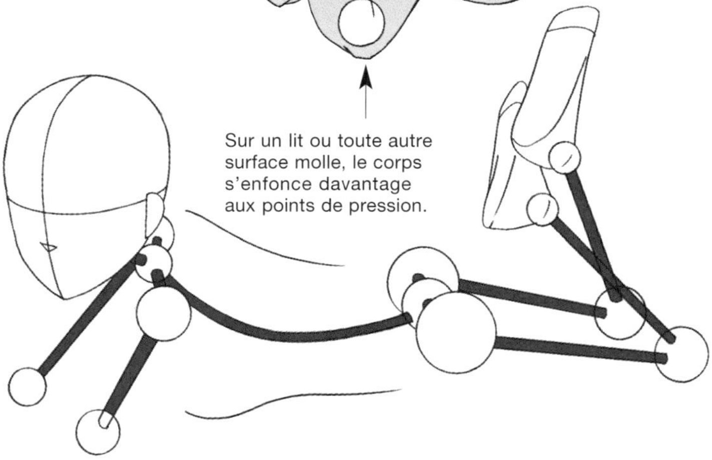

Essayez de dessiner votre héros sous des angles inhabituels. Même si vous vous révélez un peu maladroit, c'est un très bon exercice, qui vous fera progresser. Vous pouvez tourner votre feuille pour vous aider.

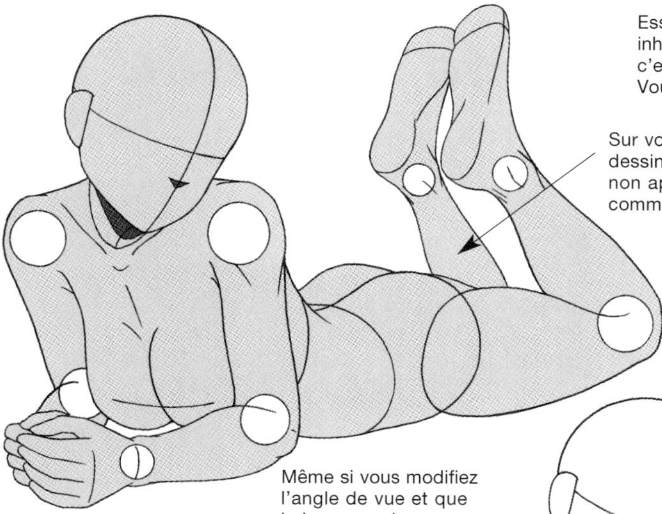

Sur vos esquisses, dessinez les parties non apparentes, comme ici la cuisse droite.

La composition aura plus d'effet si vous pliez les jambes du personnage au lieu de les allonger.

Lorsque les coudes sont pliés, le haut du buste se soulève et le dos se creuse.

Même si vous modifiez l'angle de vue et que la longueur des muscles semble différente, ces derniers conservent leur forme. Pensez également aux parties les plus arrondies.

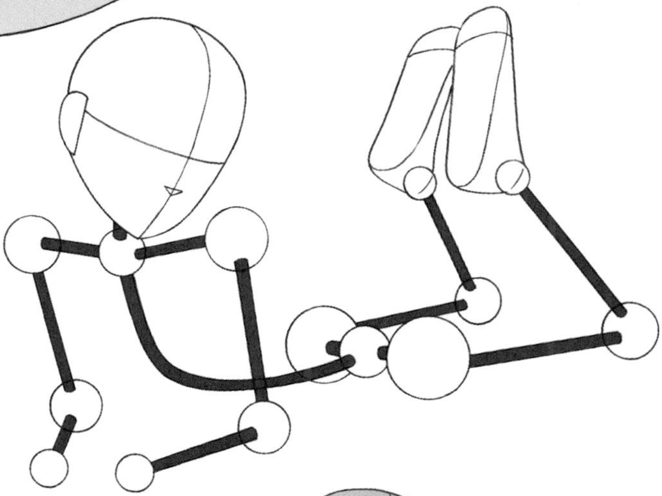

Pour inverser la pose, il suffit de retourner votre feuille et de jouer sur la symétrie. Les professionnels utilisent souvent cette technique.

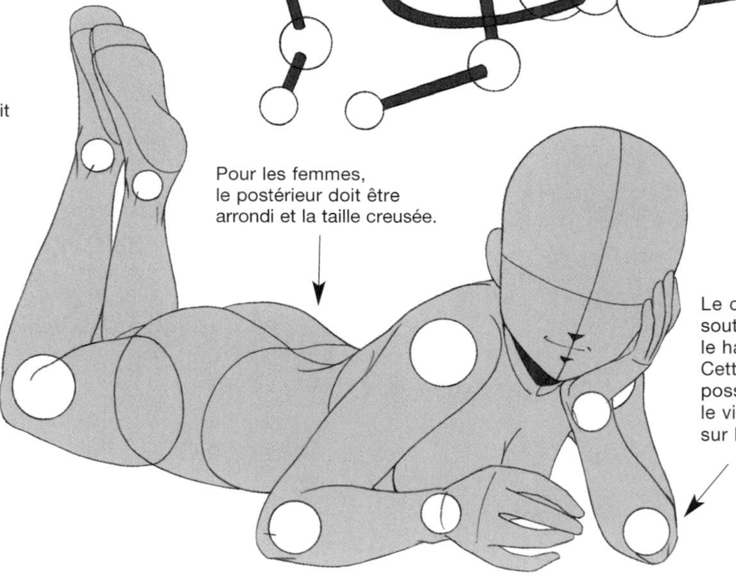

Pour les femmes, le postérieur doit être arrondi et la taille creusée.

Pensez toujours à la forme des genoux lorsque vous dessinez un personnage réaliste.

Le coude gauche soutient entièrement le haut du buste. Cette pose devient possible parce que le visage repose sur la main gauche.

La main droite peut adopter différentes poses.

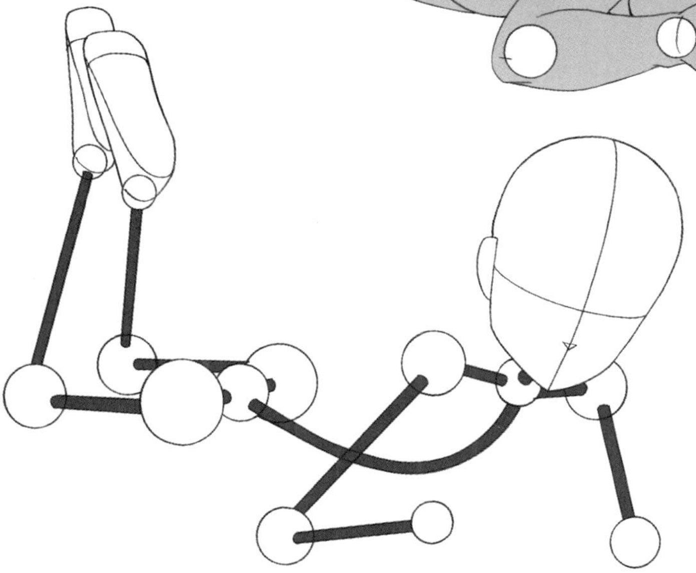

L'importance de la mode

L'anime et le manga présentent parfois quelques faiblesses dans le dessin des tenues vestimentaires. Idéalement, les vêtements doivent correspondre au style du personnage, à l'histoire et au contexte. Or, certaines œuvres à petit budget mettent en scène des héros habillés de la même façon été comme hiver.

Avec le succès grandissant des mangas, la situation s'améliore, même si les costumes restent assez simples et neutres.

La mode n'est pas la priorité des animateurs et des créateurs de mangas. Il faut pourtant espérer que la jeune génération de dessinateurs tiendra compte de cet aspect important.

Observez ces deux personnages : bien que leurs styles vestimentaires soient assez proches, il est possible de les différencier par quelques détails. Par exemple, sachez que les amateurs de hip-hop portent la veste de sport de multiples façons.

Pour renouveler l'anime et le manga, accordez donc davantage d'attention à la mode.

Chapitre 5

Exemples de personnages

Personnages masculins

Lorsque vous dessinez un personnage de manga, masculin ou féminin, vous devez toujours avoir votre cible à l'esprit : quel est son âge, son style, son sexe ? Votre objectif est que le lecteur s'identifie au héros, qu'il partage ses sentiments ; si le personnage est soucieux, le lecteur doit l'être aussi ; s'il est vaincu, le lecteur doit en être désolé. Si votre cible est une lectrice, rien de tel qu'un beau jeune homme pour gagner son cœur. Pour le mettre en valeur, n'hésitez pas à l'entourer de personnages plus ordinaires.

Personnages masculins

Guerriers

Ce sont surtout les armes, les armures et les uniformes qui donnent vie aux guerrier, le style variant selon l'époque et le pays.

Pour vous entraîner, reproduisez des dessins d'œuvres de fiction et parcourez les livres d'histoire. La visite d'un musée peut également vous inspirer. Quand vous créez un personnage, n'hésitez pas à faire des recherches afin de rendre votre dessin le plus crédible possible.

Guerriers

Personnages féminins

Le style vestimentaire des personnages féminins évolue avec la mode et varie selon la culture et l'âge de l'héroïne. Les poses, en revanche, sont souvent les mêmes, et il est donc facile de mémoriser les plus courantes. Que la jeune femme porte les cheveux longs ou courts, qu'elle soit petite ou grande, sa personnalité doit se refléter dans votre dessin.

Les critères de beauté varient là encore selon les lecteurs, mais si votre dessin est réussi, ils seront sous le charme.

Personnages féminins

Personnages comiques

Pour dessiner des personnages comiques, il est bon d'en modifier les proportions en grossissant leur tête de façon à ce que la taille de celle-ci soit reproduite seulement trois à cinq fois dans la hauteur totale du corps. Vous pouvez aussi agrandir les proportions des pieds et des mains pour créer un équilibre avec la taille de la tête. Au-delà du caractère insolite de la silhouette et du costume des personnages comiques, il importe surtout qu'ils soient mignons et que l'histoire fonctionne.

Personnages comiques

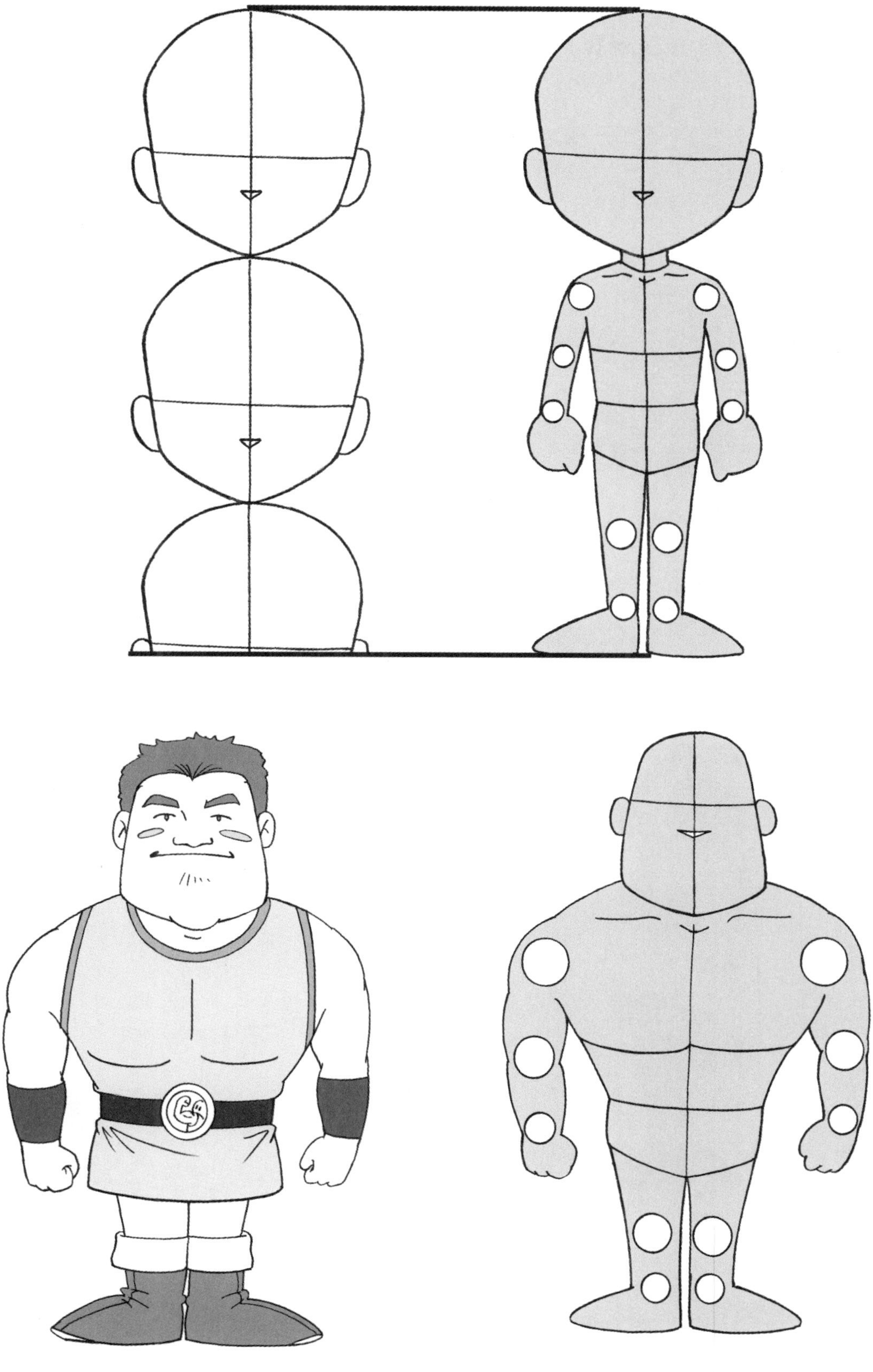

Personnages comiques

Dans les récits comiques, il est assez rare de rencontrer un personnage vraiment méchant. Le héros doit certes lutter contre des adversaires, mais ces derniers finissent souvent par être tournés en ridicule. Pour imaginer vos personnages, vous pouvez vous inspirer de vos proches, même pour dessiner un affreux sorcier.

La femme âgée et quelque peu sénile est l'un des personnages récurrents de ce type de récit. En général elle s'oppose au héros mais parvient rarement à ses fins.

Personnages comiques

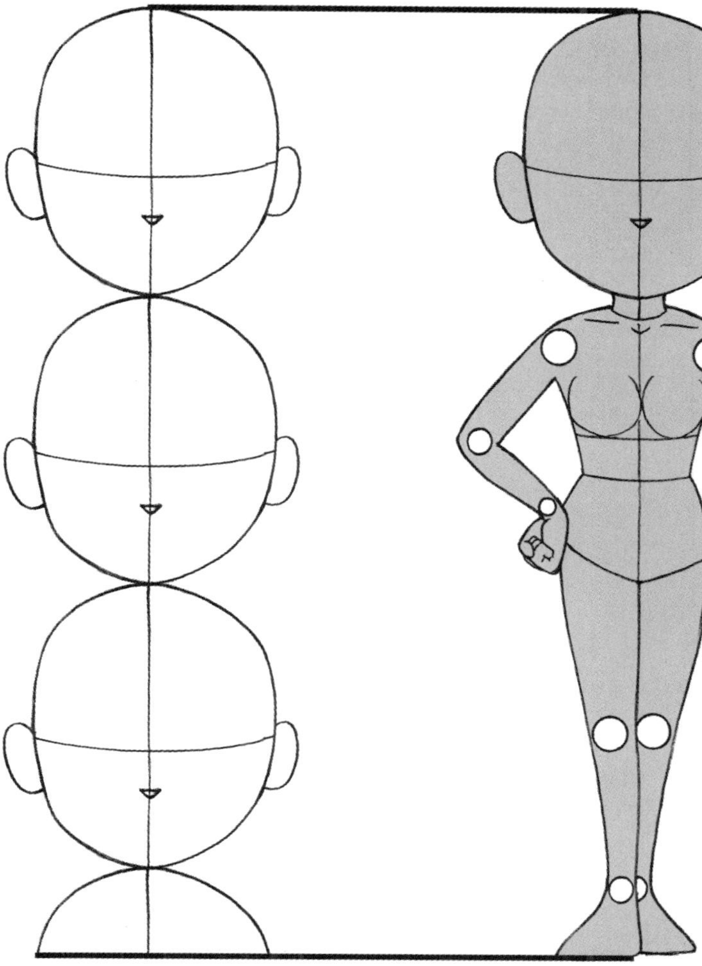

Femmes âgées

Les personnages féminins âgés apparaissent dans les mangas plus souvent que vous ne le croyez. Une déesse d'âge mûr est souvent plus convaincante qu'une jeune femme. Ce type de personnage peut servir à faire rebondir votre histoire quand vous hésitez sur le tour à lui donner. Introduisez par exemple une vieille villageoise, la grand-mère du héros, une servante, pour relancer le récit.

Femmes âgées

Hommes âgés

Les vieillards au visage ridé sont souvent représentés avec une barbe et le dos voûté. Ils expriment la sagesse.

Lorsque vous créez un manga ou un anime, vous pouvez établir des contrastes entre les personnages : bons et mauvais, alliés et ennemis. Inventez en même temps le héros et son pire ennemi, et construisez un scénario en jouant sur ces antagonismes. L'histoire devient ainsi plus facile à suivre.

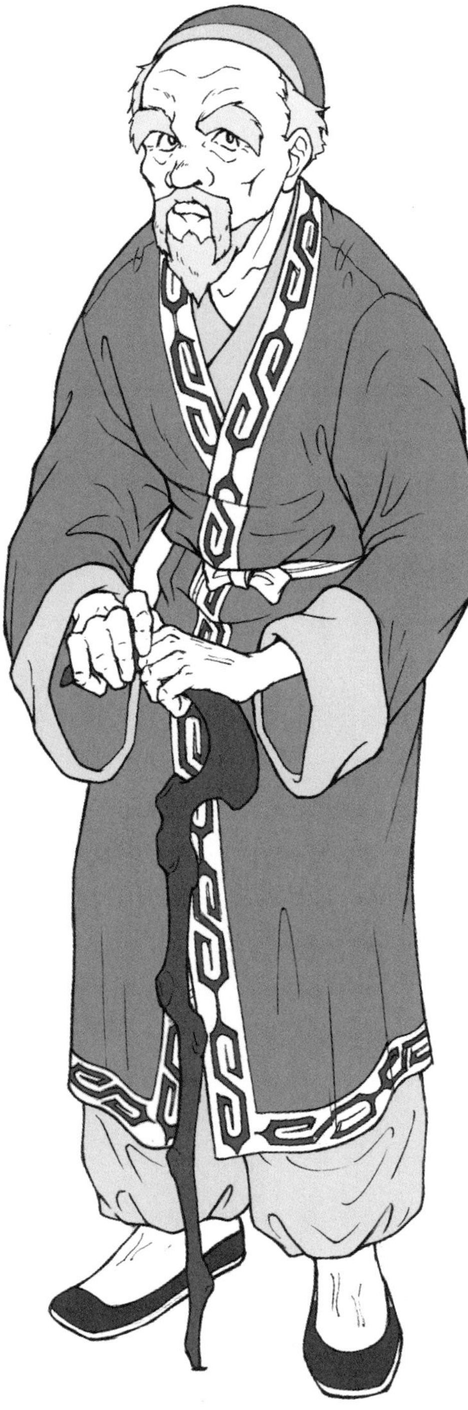

Hommes âgés

Vieux et méchants

Il faut pouvoir reconnaître du premier coup d'œil les méchants, c'est-à-dire les ennemis du héros. Dotez-les d'un regard perçant. Il ne suffit pas pour cela de relever le coin extérieur des yeux. Ces derniers doivent être petits et toujours fixer l'interlocuteur. De plus, il convient de représenter les méchants plus forts, plus grands et plus musclés que le héros. Sinon, la lutte ne durerait pas assez longtemps et la victoire serait sans gloire. Pour qu'un récit passionne ses lecteurs, il faut que le gentil héros ait su vaincre un ennemi plus fort lors d'une terrible bataille.

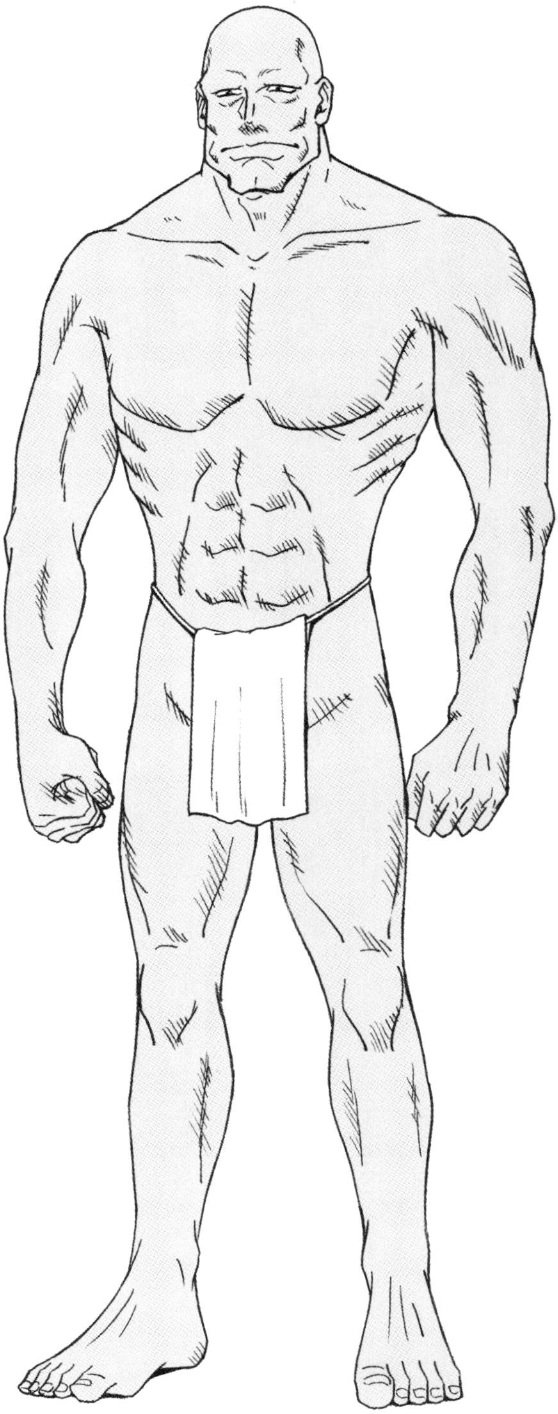

Méchants

Signes distinctifs

Les anime, les mangas et les jeux vidéo sont remplis de personnages de toutes sortes. Le dessin permet de les caractériser comme gentils ou méchants, mais il varie aussi en fonction de leur profession. Leur tenue vestimentaire dépend de leur culture, de leur civilisation et de leur religion.

Un simple détail comme la coupe du costume, croisé ou droit, ne produira pas le même effet. D'ailleurs, le type de complet peut influencer votre façon de dessiner ce personnage. Par exemple, si vous voulez distinguer un président d'un Premier ministre, vous pouvez choisir pour l'un un complet droit et pour l'autre un complet croisé. L'essentiel est que vous soyez capable de créer deux styles de personnages différents. Il n'est pas nécessaire de chercher à représenter des tenues compliquées. Inspirez-vous des vêtements que porte votre entourage afin de glaner quelques idées pour habiller vos personnages.

Sur les pages suivantes, observez les différences entre les dessins et notez l'effet produit par les changements de costume.

Président

Pour donner d'emblée le ton, dessinez un homme assez jeune et énergique vêtu d'un complet droit à une seule rangée de boutons.

Premier ministre

Pour que son look contraste avec celui du président, dotez-le d'un complet croisé avec double boutonnage et de quelques années de plus. Remarquez aussi que l'un porte une cravate, l'autre un nœud papillon.

Signes distinctifs

Certains détails peuvent aussi vous aider à différencier les personnages les uns des autres, à identifier les gentils et les méchants, les personnages intelligents et ceux qui le sont moins. D'un seul regard, le lecteur doit pouvoir distinguer le chef des gangsters du conseiller présidentiel. Si vous soignez ces détails, votre dessin n'en sera que meilleur.

Chef des gangsters

Vêtu d'une chemise hawaïenne, il ne porte pas de cravate. C'est un homme fortement charpenté et d'un certain âge. Les costumes croisés conviennent bien à ce type de physionomie.

Conseiller présidentiel

Il porte une cravate et des lunettes qui lui donnent un petit air intellectuel. Afin de renforcer cette impression, il est habillé d'une chemise classique et d'un costume droit, comme le président de la page précédente. Son allure est celle d'un jeune diplômé. Ajoutez un détail réaliste : ici, par exemple, le badge fixé sur sa veste.

Signes distinctifs

Qu'il s'agisse de jeux vidéo, d'anime ou de mangas, il est important de donner aux personnages des caractères et des vies contrastés, afin de permettre à l'histoire de se développer. Pour commencer, séparez vos personnages en deux groupes : les bons et les méchants. Puis étoffez-les en attribuant à chacun des traits physiques différents. Alternez les figures de guerriers, de méchants et de héros pour enrichir votre histoire.

Tout en restant cohérent, mélangez les origines sociales et géographiques. Votre scénario y gagnera en dynamisme.

Guerrier de la tribu Mani

Ce dessin s'inspire d'un héros de manga dont l'adaptation en anime a remporté un grand succès. L'armure et le sabre apportent une note asiatique à la silhouette.

Chevalier en armure

Ce personnage est lui aussi le héros d'un anime célèbre, mais il a ici l'aspect d'un chevalier européen. En voyant ces deux dessins côte à côte, le lecteur imagine immédiatement un contexte : par exemple, un monde divisé entre deux grands empires, l'un en Occident, l'autre en Orient.

Signes distinctifs

Si votre récit s'étire dans le temps, il va de soi que les saisons vont changer. Vous devez donc habiller vos personnages de manière différente en été et en hiver. Les mangas et les anime bien construits ne négligent jamais ce type de détail : adaptez constamment le style vestimentaire des personnages à la scène, à la situation, à l'action... Vous les rendrez ainsi plus crédibles.

En hiver

La tenue de base d'un jeune homme contemporain comporte une veste de sport à manches longues et un bonnet de laine. Plongez dans votre propre penderie pour y trouver l'inspiration !

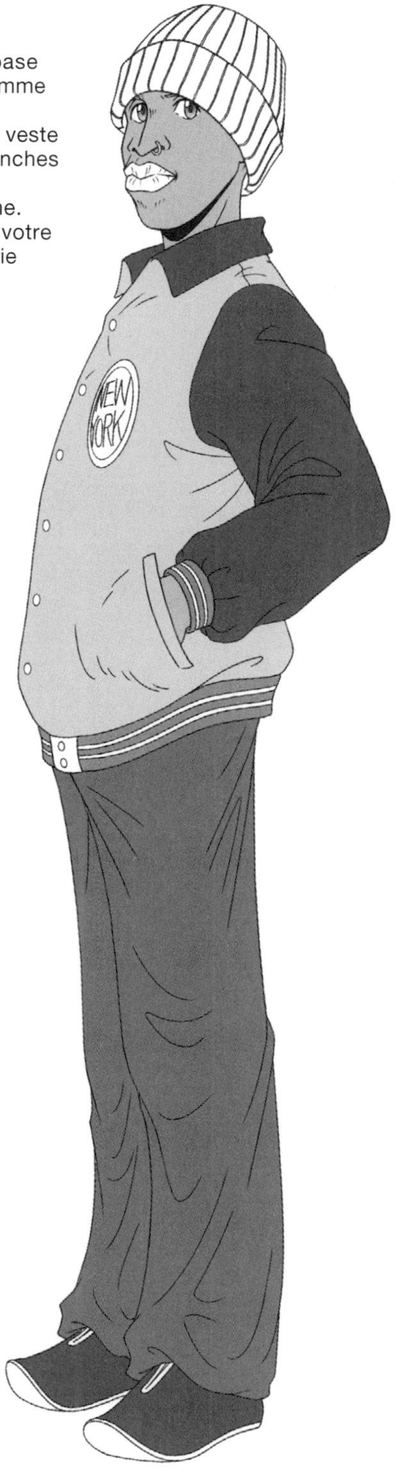

En été

Un short et un tee-shirt suffisent généralement, mais cette tenue donne ici un style *streetwear*. Les bras minces et dénudés du personnage contrastent avec les manches épaisses de la version hivernale.

Monstres

Pour réussir ces personnages mi-hommes, mi-bêtes, il faut apprendre à dessiner les animaux autant que les êtres humains. Ces êtres hybrides sont en général dotés de têtes, de pieds et de doigts d'animaux, tandis que leur musculature est humaine. Réalisez des croquis pour mettre au point le caractère du personnage et voyez si les parties animales s'intègrent bien à l'ensemble.

Monstres

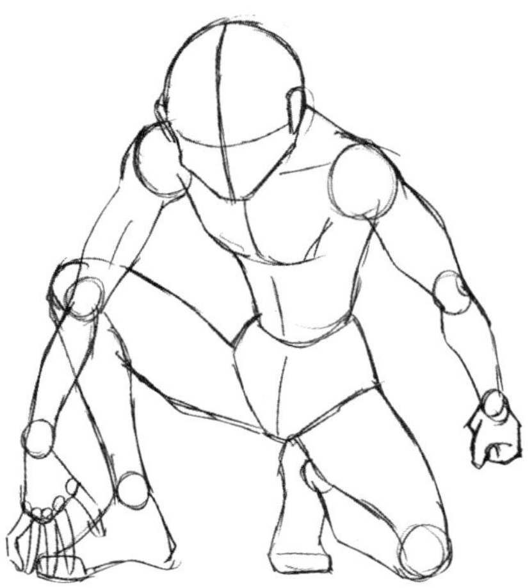

L'auteur
TADASHI OZAWA

Avant de vous quitter, je souhaite me présenter. Aujourd'hui, je travaille comme dessinateur indépendant. Le dessin est ma passion depuis toujours. Mes parents racontent que, tout petit déjà, je saisissais la moindre occasion de m'emparer d'un morceau de papier et d'un crayon pour reproduire ce que je voyais autour moi.

À la fin de mes études, j'ai décidé de faire du dessin mon métier.
J'ai eu la chance de pouvoir effectuer mes premiers pas chez Top Craft, un important studio d'anime et de manga qui n'existe plus.

Au bout de quelques années, j'ai rejoint Mad House, un autre studio, qui s'est rendu célèbre par un certain nombre de productions et que les amateurs parmi vous connaissent certainement.
J'ai pu y perfectionner mes talents de dessinateur en participant à la production de nombreux anime et mangas.
J'y ai également encadré des équipes de jeunes dessinateurs.

Vous l'avez bien compris, c'est toute mon expérience et mon savoir-faire que j'ai cherché à transmettre à travers cet ouvrage.

Je remercie tous les membres de l'équipe qui ont participé à son élaboration. Je souhaite également vous exprimer ma gratitude, à vous, chère lectrice et cher lecteur, pour toute l'attention que vous lui avez porté et pour l'honneur que vous me faites de vous en inspirer pour vos dessins.

Dans la même collection :

Pour les mordus du dessin de mangas…
Collection Fude Sabaki